北九州の近代化遺産

北九州地域史研究会［編］

弦書房

北九州の近代化遺産◉目次

補論

近代化遺産の歴史的背景

保存活用の取り組み

この（本書掲載の）地図は、国土地理院長の承認を得て、同院発行の二万五千分の一地形図、五万分の一地形図、二〇万分の一地勢図を複製したものである。（承認番号　平18九複、第192号）

はじめに――出版への想い

「近代化遺産」とは、これまでの整理によると、近代化を担った各種の建造物・工作物、そして施設に関係する設備・機械・備品などを含むもので、土木・交通・産業の三分野がある。そして今や、これらの近代化遺産を保存・活用したまちづくり・記念館・観光施設が、日本全国で展開している。

ところで、こうした近代化遺産の保存・活用の取り組みを歴史的に見ると、使われなくなった旧いものを取り壊して効率の良いものに取り換える開発・再開発に対する異議申し立ての試みとして始まった。

一九六〇年代後半、効率主義優先の経済成長路線による開発によって、歴史的・伝統的な町並みや景観が破壊の危機に瀕した。これに対して住民・市民運動が対抗を始めた。鎌倉鶴岡八幡宮裏山の宅地造成反対運動などがきっかけとなった。その後、町並み保存が全国各地で取り組まれるようになった。

この歴史的建造物・景観の一分野といえる近代化遺産の保存・活用の取り組みは、一〇年余に及ぶ激しい住民運動となった「小樽運河」保存運動が初期の教訓的な意義を担った。その後、学術団体である産業考古学会の発足（一九七七年、九州産業考古学会は一九八九年）、日本土木学会の近代土木遺産調査、文化庁の「近代化遺産総合調査」（一九九〇～）を経て、一九九六年の文化財の「登録制」によって画期的に進むことになった。

中央官庁も文化庁に始まり、建設省・自治省が各種の支援事業を推進し、「文化を育む地域づくり・まちづくり」、「歴史的遺産活用による地域おこし」が全国的に展開している。今や歴史的景観の保存は、町おこし・村おこしの「観光地」化を競っている。

かって「四大工業地帯」を謳歌した北九州市は、基礎素材産業と支店経済に偏った経済構造のゆえに、高度成長期に取り残された。再開発されることなく、旧施設が残骸を晒していた。このために、歴史の皮肉ともいえるが、産業分野に偏るとはいえ、豊かな近代化遺産に恵まれることになる。

北九州市域では、七〇年代から松本邸、門司港駅舎など重要文化財的価値を持つ建築物の文化財指定が始まった。八〇年代後半になると、国の「ふるさと事業」と結びついて「門司港レトロ」事業が推進され、北九州市発足以来「場末」化していた地域は、近代化遺産を観光資源に活用することによって再開発されていった。戦前日本の近代化の特質を代表する「世紀のプロジェクト」である官営製鐵所建設を象徴する「1901東田高炉」は、史跡として凛として聳え、旧古河鉱業ビルは補修されて、かつて日本一を誇った石炭積出港の若松港の面影を残すことになった。

しかし、他方で、明治半ばまで筑豊炭の運送動脈であった「堀川」は変わり果てた姿となり、鉄道網の結節点であった折尾駅舎は解体の危機に瀕している。地域の「食の西洋化」を明治時代から担った「明治屋門司支店」は、知られることなく昨夏忽然と姿を消した。北九州市においても、観光資源となる建造物のみが保存・活用の対象になろうとしている。

「近代化遺産」を保存・活用すること、したがって「近代化遺産」そのものは、私たち地域住民にとってどのような意味をもつのだろうか。

古いものがそれだけで保存価値をもっているかどうかについては、確かに疑問があろう。しかし他方で、とりわけ経済主義的な観光資源としての価値によってのみ、近代化遺産の保存・活用がさだめられるべきでもないだろうと考える。地域の歴史は、伝承されるだけでなく、目に見える形で残すことが極めて重要である。跡形を亡くしたものを語ることは困難が多く、歳月が過ぎ去るとともに忘却の彼方に追いやられてしまう。私たちの現在がどのように辿ってきたのか、この歴史に対する確信なしには、私たちの現在と将来は覚束ないものになってしまう。そしてまた、こうした歴史を踏まえて醸成されるアイデンティティを欠落する時、私たちの地域生活はデラシネのごとく浮遊してしまう。「過去との接触を失う時、人はその魂を見失う……。もしわれわれが過去の建築、また先人から学びとるべき教訓を否定するなら、その時われわれの時代の建物も魂を失う」。人は歴史的存在であり、歴史的環境の中に息づいている。

北九州市の近代化遺産に関して、私たちは『北九州市の建築』、『北九州市の土木』という優れた記録をもっている。またこれらが市民に好評を博していることを知っている。それにもかかわらず、今回私たちは、屋上屋を架すような出版を企画した。それはひとえに、「北九州の近代化遺産」そのものを考える材料を提供したいがためである。

「近代化遺産」は、設計者が著名であり、建築様式が貴重であるという建築的価値だけでリストアップされ、保存・活用が検討されるべきではない。歴史的建造物を前にした時、私たちはその姿・形に感嘆すると同時に、その来し方、地域生活に果たしていた意義に想いがはしる。それらは、ある場合には地域の繁栄、そして富の象徴であり、あるいは住民に苦難を強いた歴史を秘めている。人々の生活と乖離し、住民に親しまれる存在であったとは限らないこともある。このような負の側面を含めて、現存の遺産にはかっての人々の様々な生活の痕跡が刻まれており、現在の人々には場所と結びついたアイデンティティを物語る存在である。「近代化遺産」の記録は、どのような近代化であり、それにどのように関わったのかが記されなければならないと考える。

そしてまた、歴史的伝統がしっかりと息づいたまちと地域づくりを考える時、「歴史往還」の検討素材はより網羅的であることが望ましい。象徴的な「点」としての近代化遺産だけでなく、「面・場所」としての保存・活用が歴史を多様に物語る。観光資源に活用できる著名な建造物だけが「近代化遺産」ではないのだから。

これまでの出版物は、こうした内容を充分に満たすものではなかったと思う。

私たちの記録が、住民によるまち・地域づくりの基礎データたることを望みたい。地域住民の手づくりこそが、地域文化と生活を豊かに創造していくのだからと願っている。

（編集責任者・清水憲一）

凡例

＊建築物の名称は、建築物の建築当時の使用者・名称である「旧名称」を今後も変更されることがないのでメイン・タイトルとし、（　）内に現状を記している。旧名称と現名称が同一の場合には、（　）を略している。ただし、煩雑さを避けるために、「目次」タイトルは、メイン・タイトルのみとした。

＊建造物については、①所在地、②竣工年次／建築様式、③建築主／設計者／施工業者の順に記している。

＊解説は、⑴対象の沿革、建造された歴史的背景、⑵建築的価値とその特徴・見所、⑶その対象をめぐるエピソード・物語り、これら三点を基本的には記している。とくに対象の物語りを考えてほしいという趣旨である。しかしすべてを、こうした点で統一することができていない。今後の課題でもある。

＊解説文末尾に執筆者氏名を記した。文責は執筆者および編集者にある。

＊年号については、煩雑になることを避けて、主要な年次については西暦（元号）年としたが、その他は元号表記とした。

＊漢字は、旧字体ではなく新字体で統一したが、八幡製鐵所は頻出するので「製鐵所」と表記している。

〔20 万分の 1 図「福岡」〕

「北九州の近代化遺産」の収録範囲。数字の 1 ～ 14 は 9 頁～ 16 頁の地図番号を示しています。

〔2万5千図「下関」〕

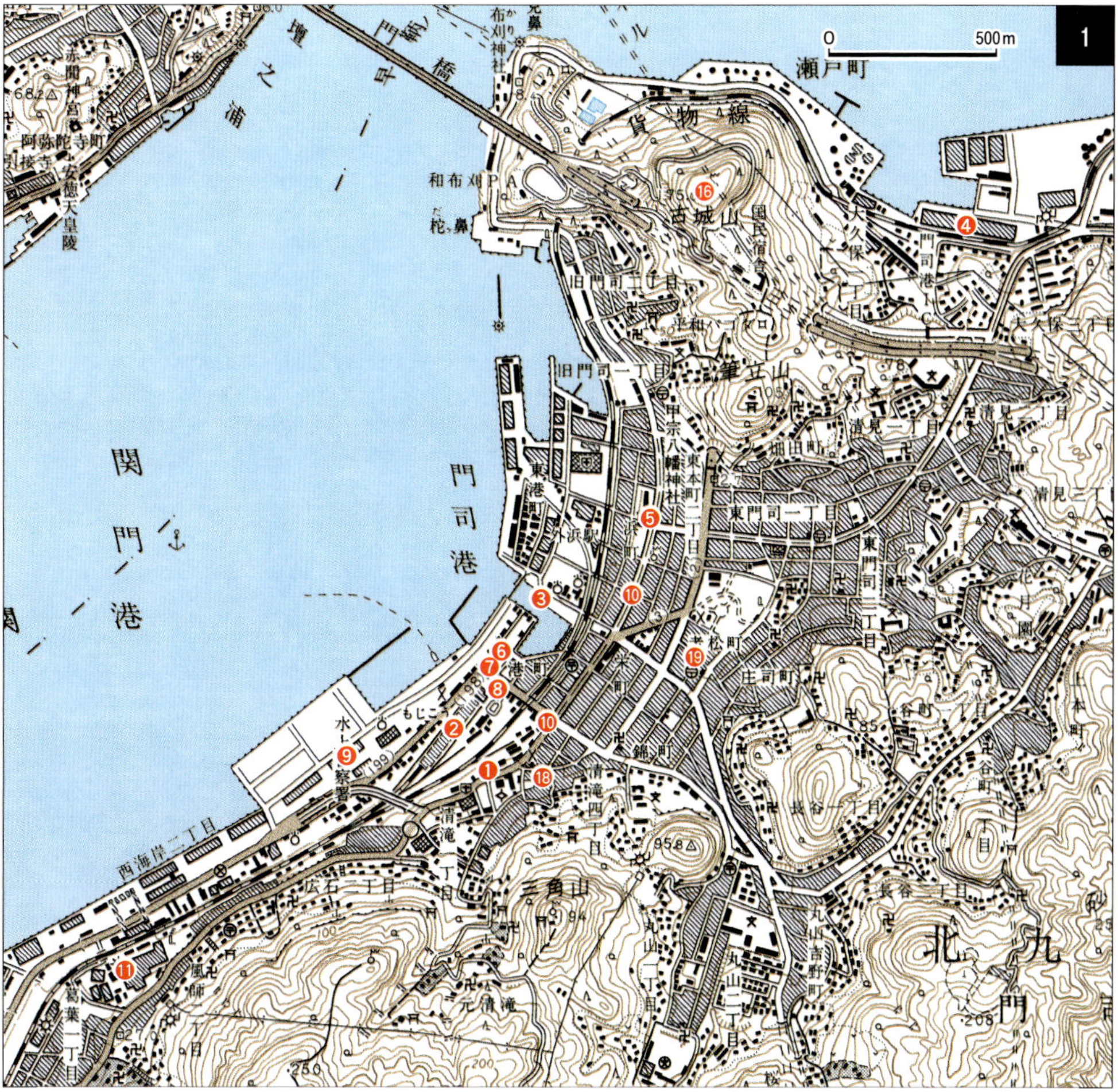

❶九州鉄道本社
❷門司駅舎
❸門司税関
❹農林省米穀倉庫
❺門司郵便局電話課
❻大阪商船門司支店
❼日本郵船門司支店
❽三井物産門司支店
❾門司税関一号上屋
❿門司の銀行建築群
⓫浅野セメント門司工場
⓰下関要塞の北九州側砲台
⓲三宜楼
⓳門司救護会日用品市場

＊地図中の丸囲み数字は目次・本文掲載の項目番号と一致しています。

〔2万5千図「小倉」〕

〔2万5千図「小倉」〕

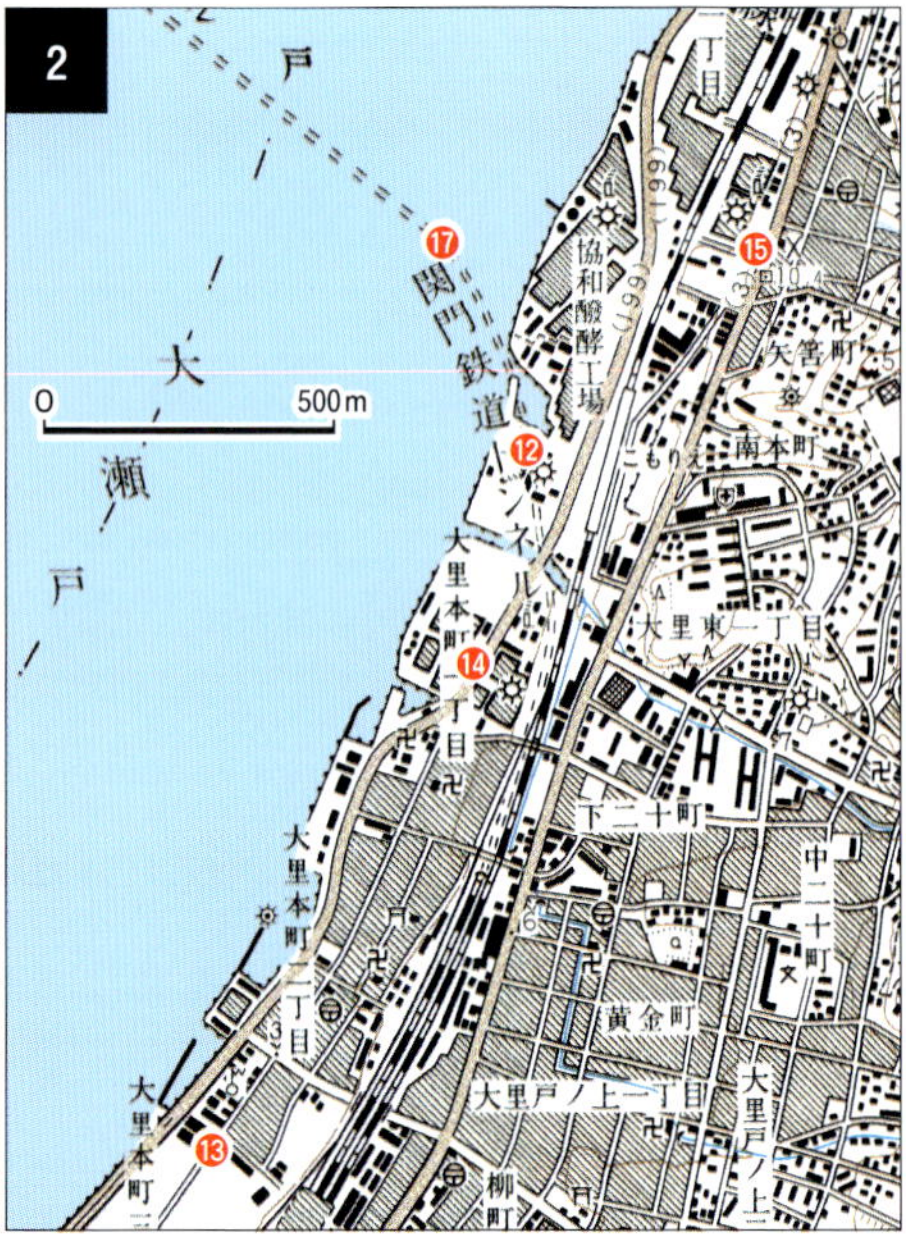

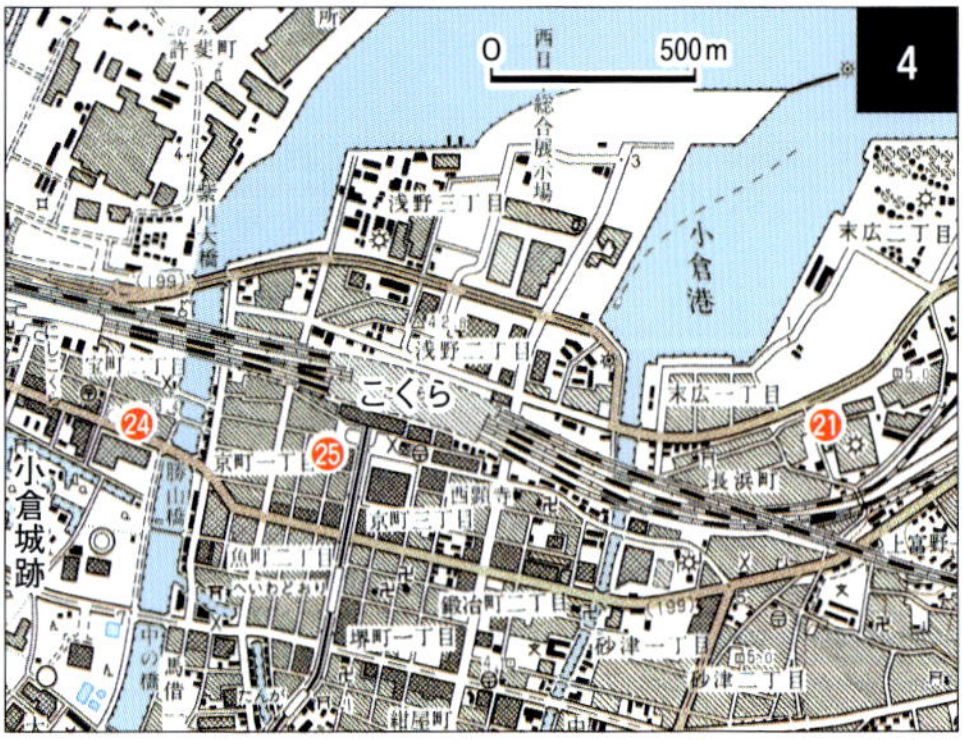

〔2万5千図「小倉」〕

⓬大里製粉所製品倉庫

⓭帝国麦酒門司工場

⓮大里精糖所

⓯神戸製鋼所門司工場本事務所

⓰下関要塞の北九州側砲台

⓱関門鉄道トンネル

㉑東京製綱小倉分工場

㉔小倉警察署

㉕湖月堂酒類倉庫

〔5万図「行橋」〕

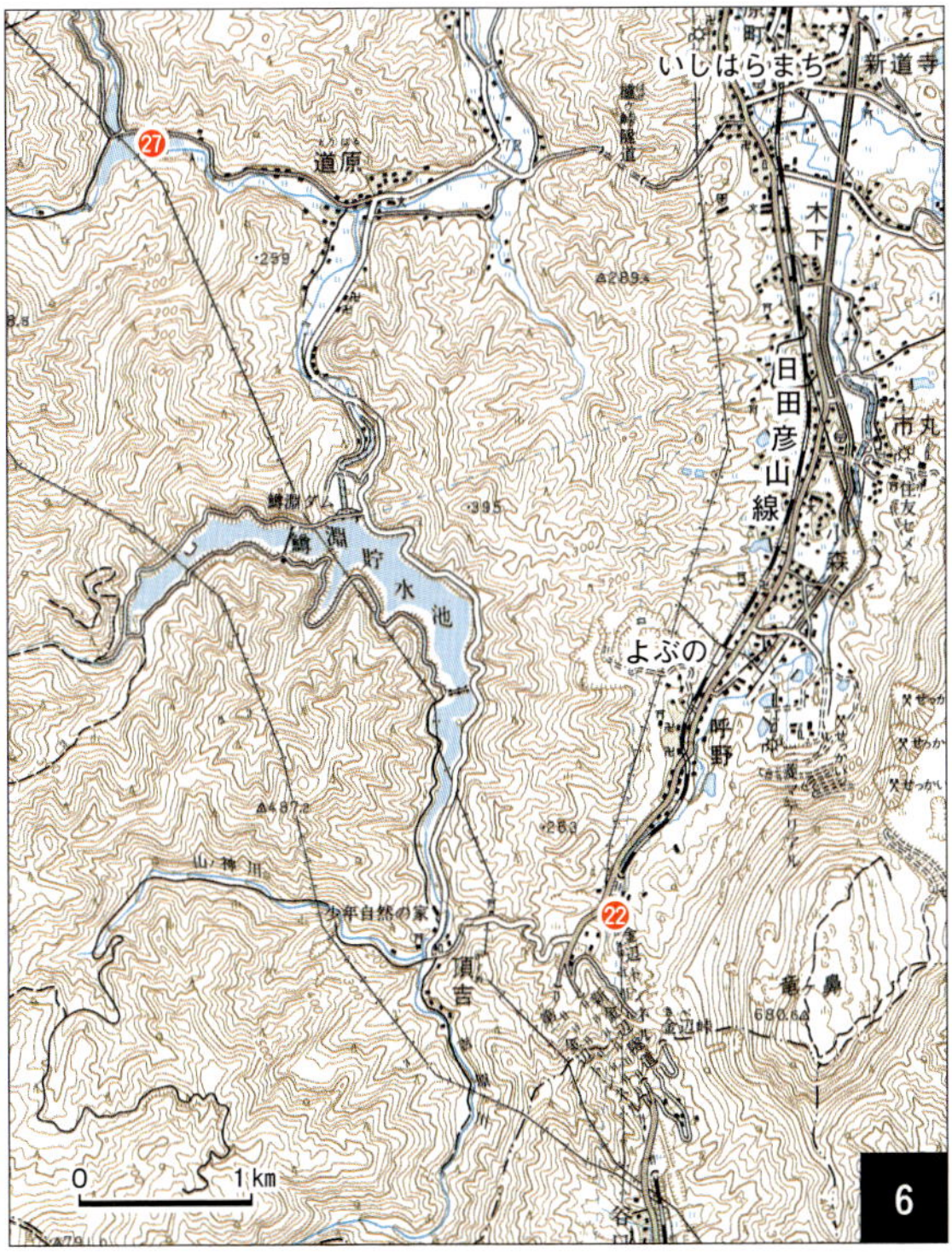

〔2万5千図「八幡」〕

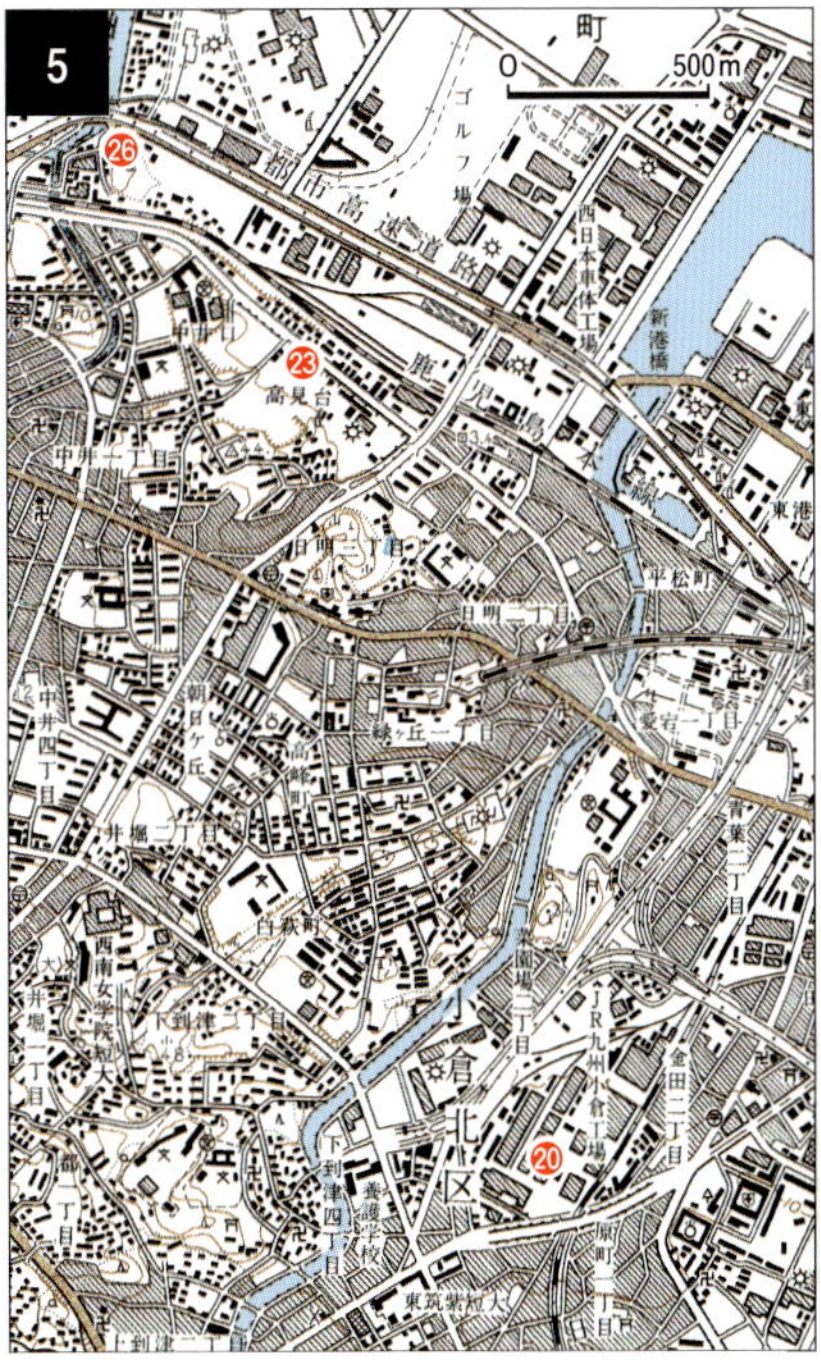

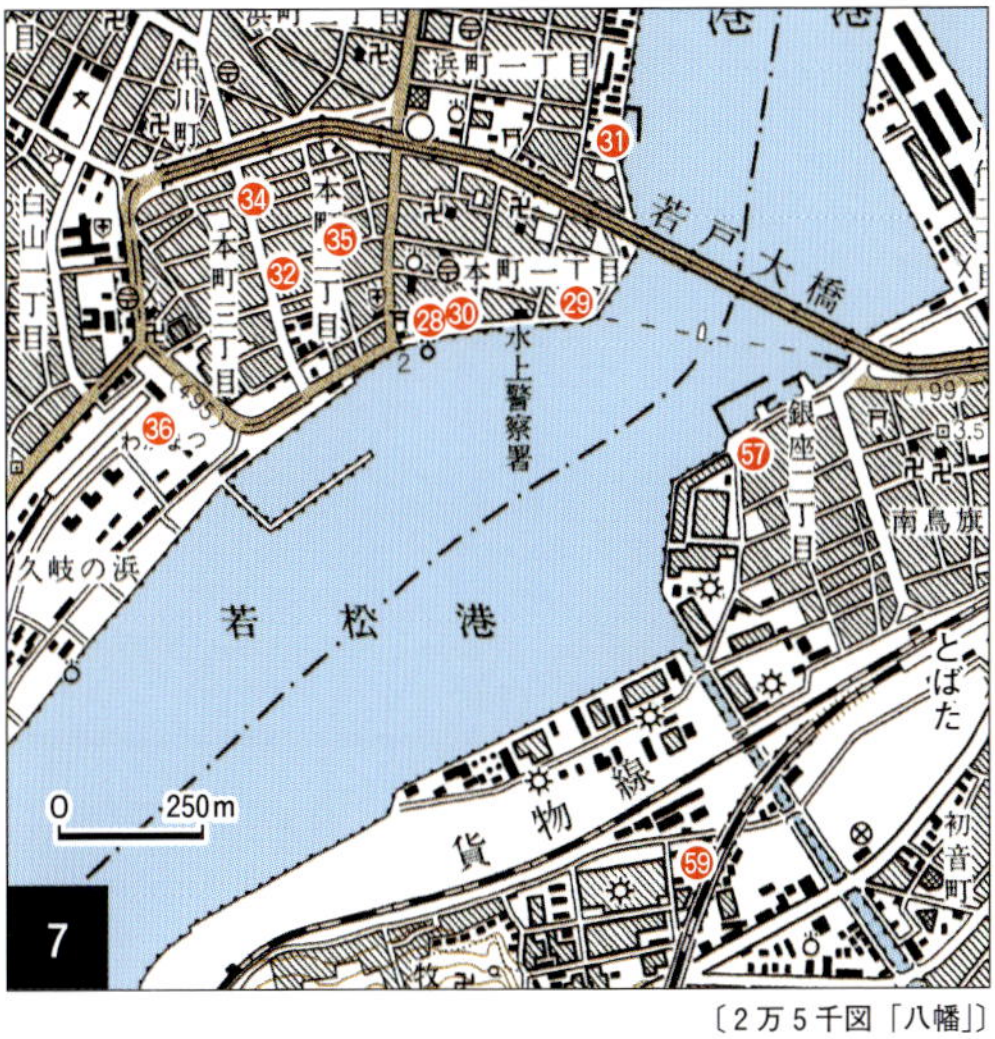

〔2万5千図「八幡」〕

⑳九州鉄道小倉工場
㉒金辺トンネル
㉓大阪曹達小倉工場
㉖櫓山荘
㉗道原貯水池
㉘若松石炭商同業組合
㉙三菱合資若松支店
㉚麻生商店若松支店
㉛若松港口の石垣護岸
㉜住友銀行若松支店
㉞料亭金鍋
㉟園山呉服店
㊱ 19633 号蒸気機関車
57共同漁業ビル
59明治紡績

〔5万図「小倉」〕

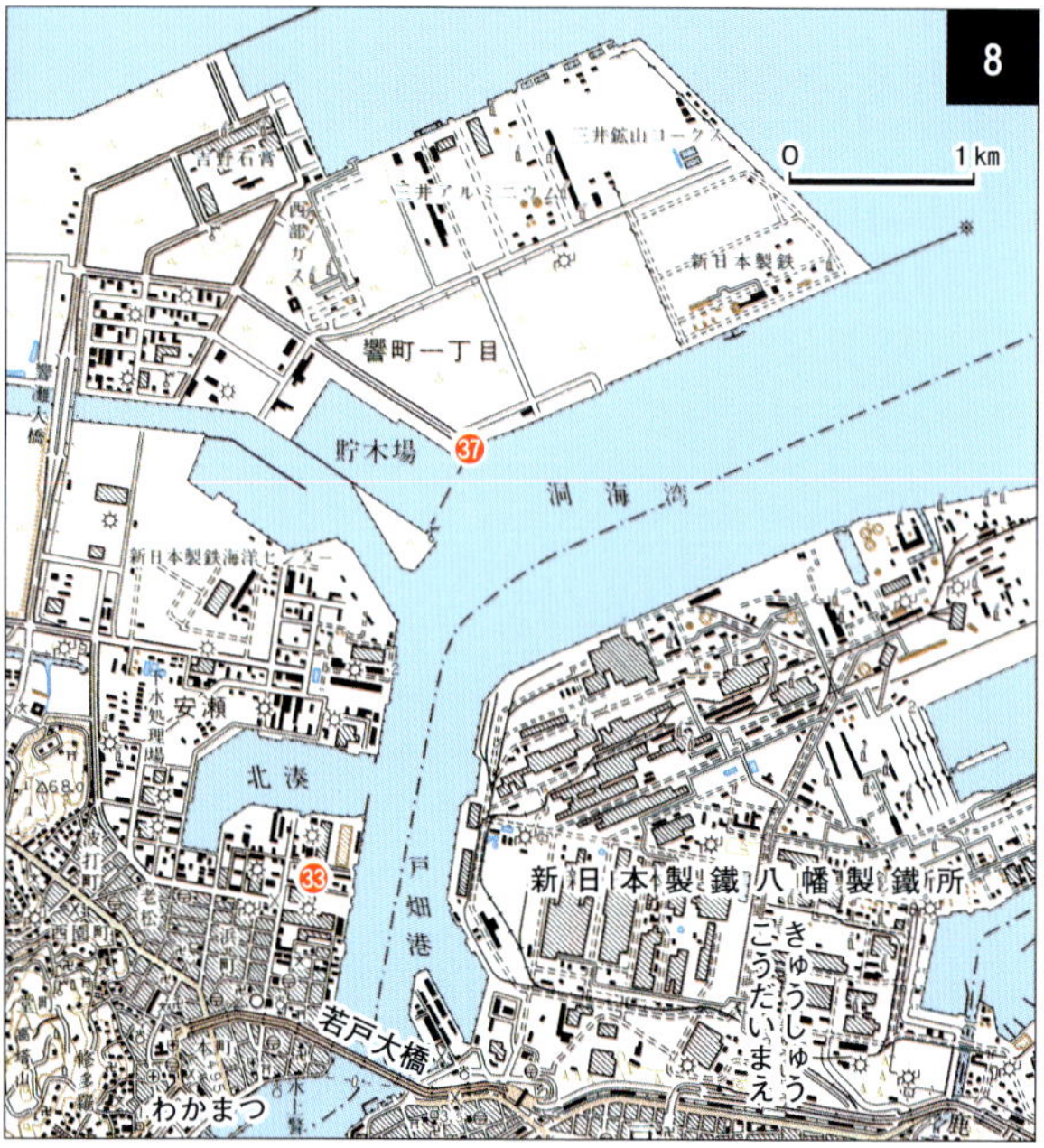

〔2万5千図「八幡」〕

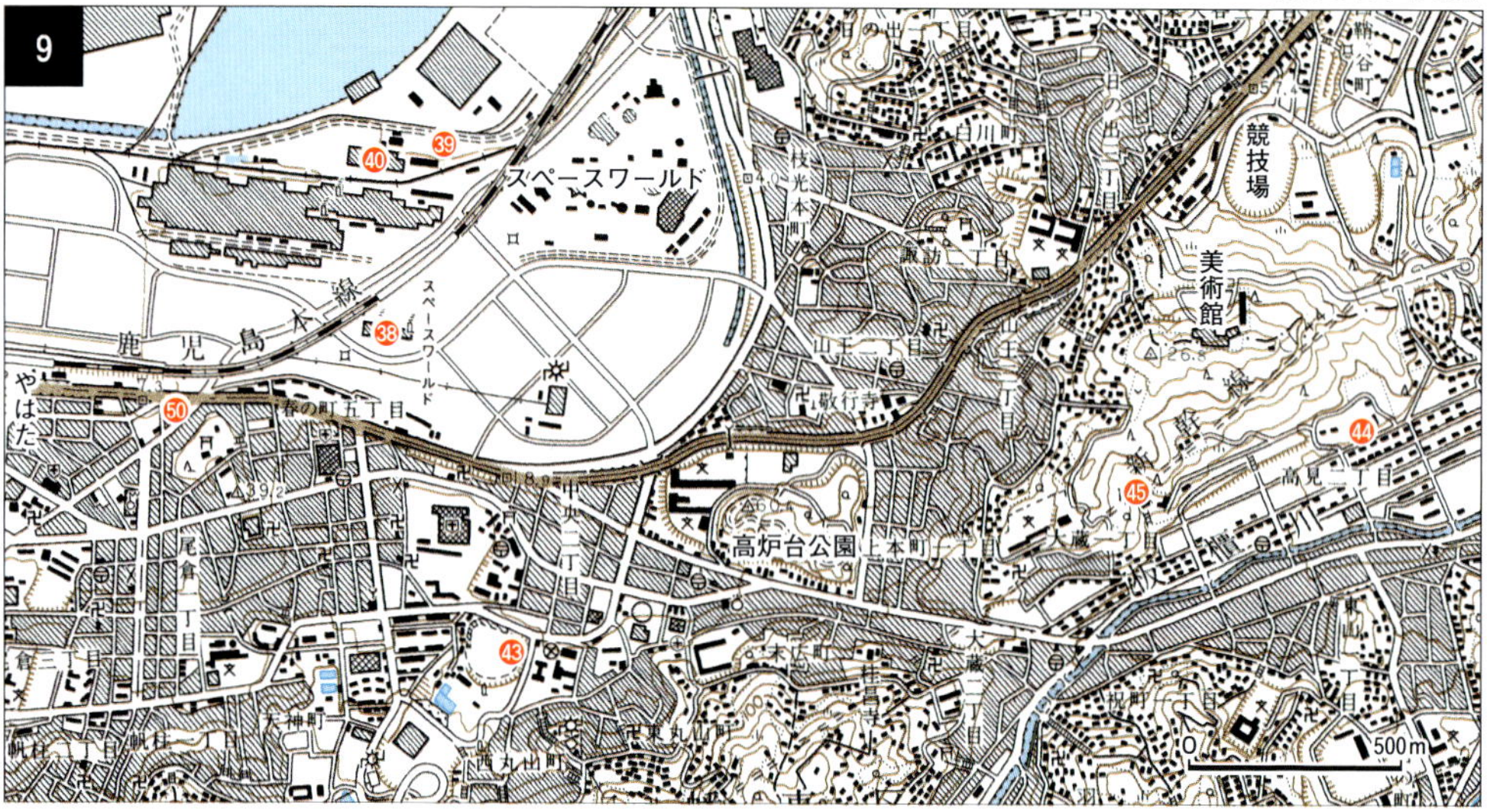

❸❸日本油脂工業若松工場
❸❼軍艦防波堤
❸❽東田第一高炉史跡
❸❾製鐵所本事務所
❹⓿製鐵所工場群
❹❸大谷会館その他福利厚生施設
❹❹公餘倶楽部
❹❺高見神社
❺⓿百三十銀行八幡支店

〔5万図「直方」〕

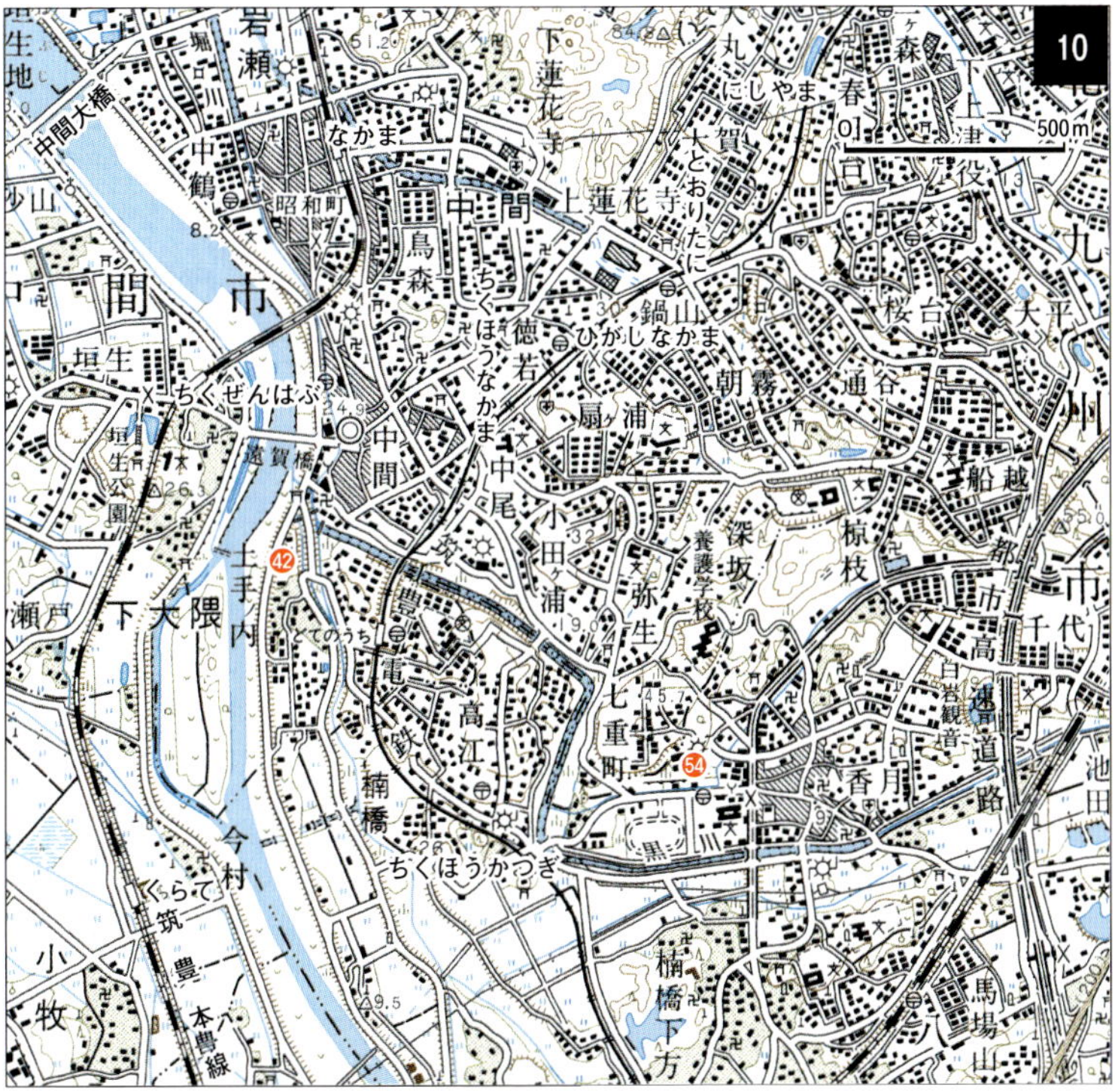

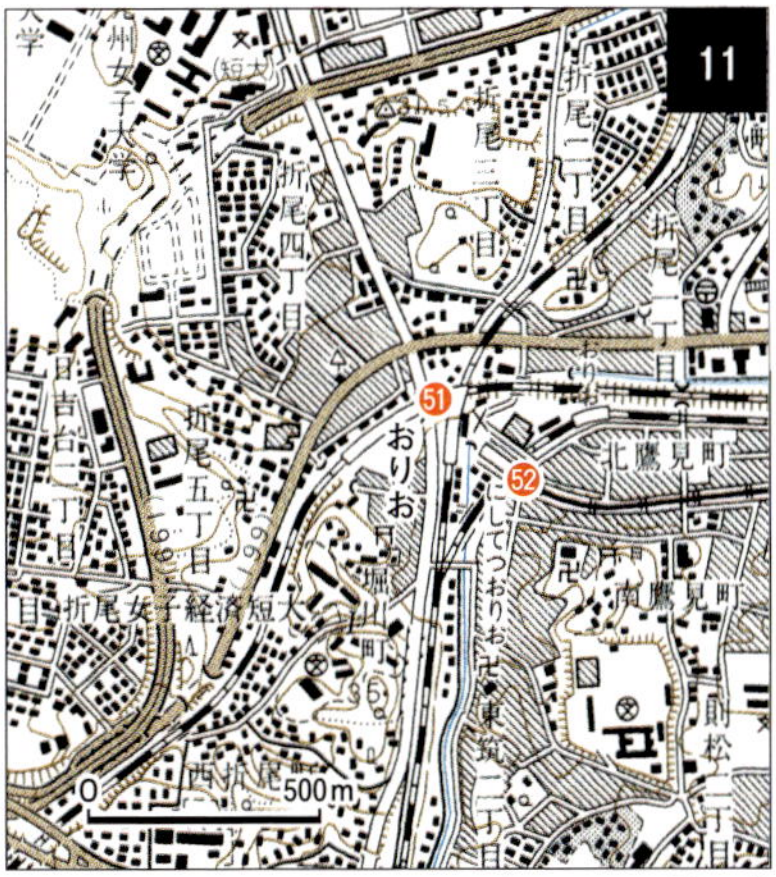

〔2万5千図「折尾」〕

㊷八幡製鐵所水道施設
㊿折尾駅舎
(52)九州電気軌道折尾高架橋
(54)大辻炭坑ホッパー

12
北九州市
東大谷
日の出
西鞘ヶ谷町
美術館
高見
板
上到津
体育館
川淵町
茶屋町
松尾町
真鶴
みなみこくら
原町
大手町
中島
高速道路
白銀
新高田
篠崎
八幡町
熊谷
じょうの
ゴルフ場
清田
中畑
勝山
都市高速道路
猪倉町
九州ゴルフ場
老人ホーム
南丘
きたがた
北方
平和観音
競馬場
蒲生
南方
守恒
せっかい
高野
徳力団地
とくりきこうだんまえ
星和
山手
徳力
企救丘
都市モノレール小倉線
長尾
志井
きくがおか
しいこうえん
長行西
長行東
双葉学園
紫川
△222.9
△287.2
199.5
105.8
95.1

〔5万図「小倉」「行橋」〕

❹❶河内貯水池

❹❷八幡製鐵所水道施設

〔13 14とも2万5千図「八幡」〕

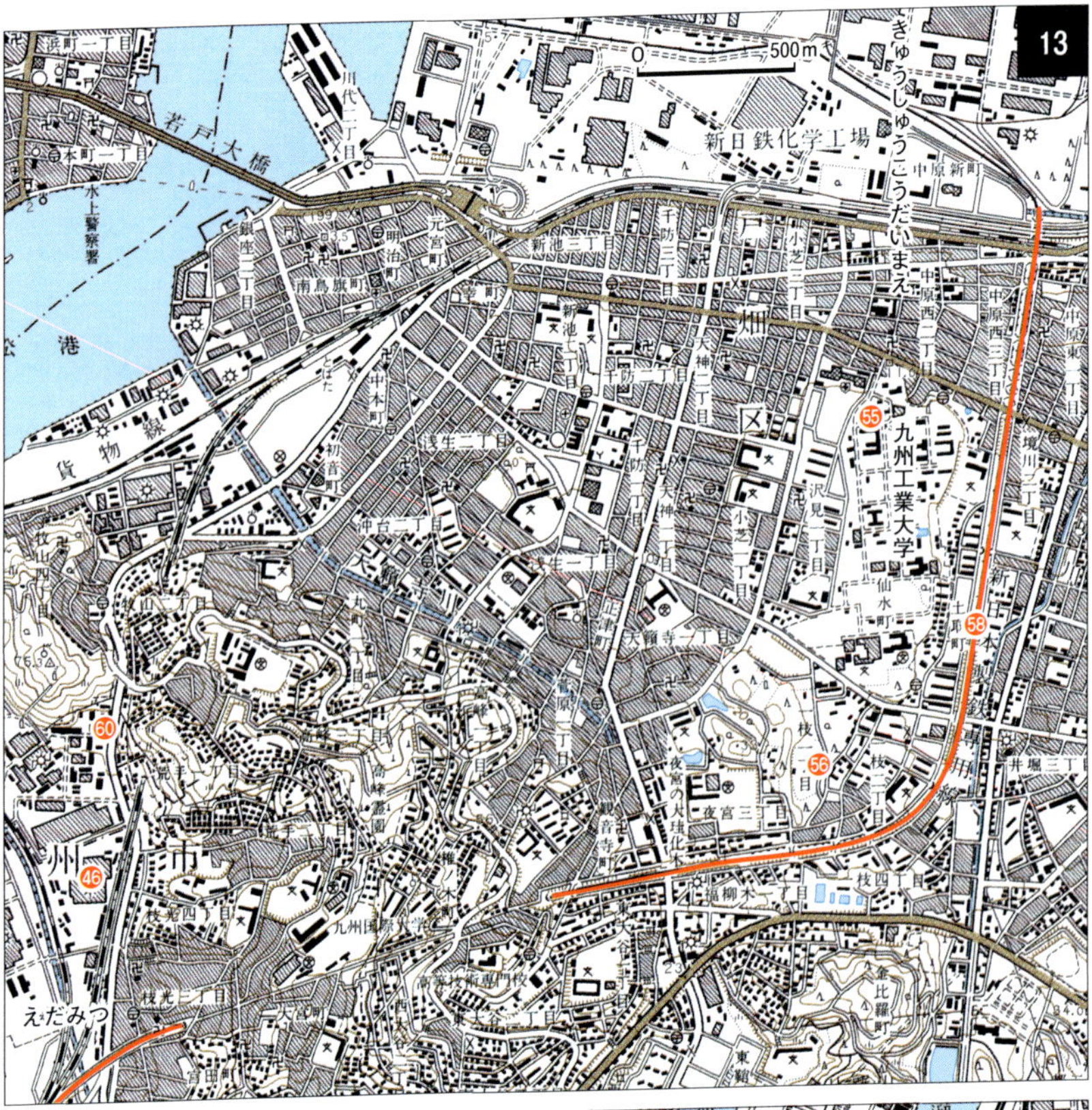

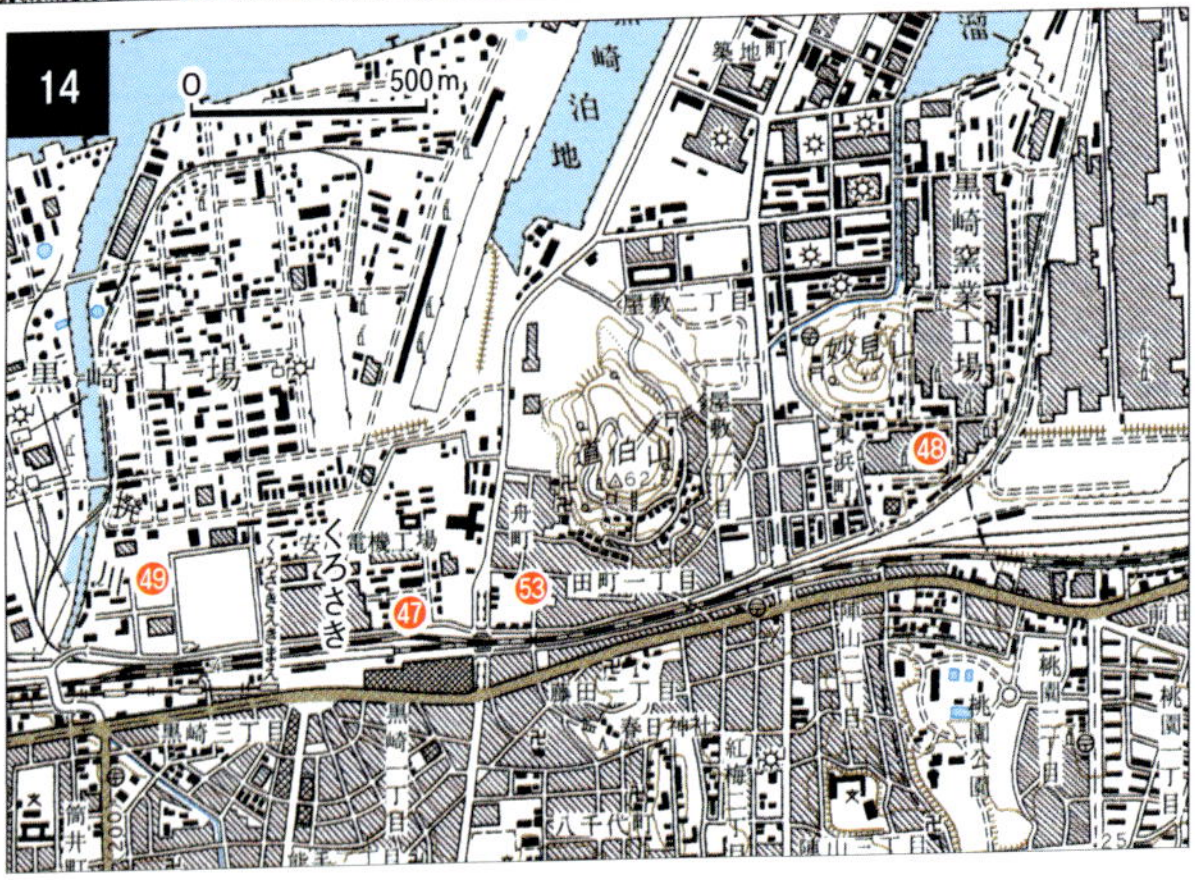

46 安田製釘所
47 安川電機製作所本社事務所
48 黒崎窯業丸窯
49 九州専門学校武道場
53 末松商店
55 明治専門学校の機械遺産
56 松本健次郎邸
58 製鐵所炭滓線
60 旭硝子牧山工場本事務所

門司

かつての九州鉄道会社本社は、九州鉄道記念館として保存活用されている

1

九州鉄道本社（九州鉄道記念館）

①門司区清滝二－三－二九
②一八九一（明治二十四）年、煉瓦造二階建
③九州鉄道／不詳／不詳

旧九州鉄道本社建物の略史

門司港駅の山手に九州鉄道記念館がある。この煉瓦造りの建物こそ、九州に初めて鉄道を開通させた私鉄九州鉄道の旧本社である。一八九一（明治二十四）年四月二十三日、九州鉄道は本社を博多の仮本社からこの建物に移し、以降、門司は一貫して九州の鉄道を管理する中枢の地となった。

九州鉄道本社は最初の本格的オフィス・ビルとして、鉄道開通当時の門司にあって一際目立つ存在であった。一九〇七（明治四十）年七月、九州鉄道は国に買収され、この建物は九州帝国鉄道管理局の庁舎となった。その後、幾多の組織・名称の変更を経た昭和二十八年、国鉄は門司港駅に隣接する旧三井物産門司支店ビルを買収し、ここに門司鉄道管理局の主体を移した。旧本社は周囲に建て込んだ庁舎群とともに、引き続き国鉄の庁舎として使用されたが、国鉄が民営化された昭和六十二年四月以降は日本国有鉄道清算事業団九州支社の庁舎として使用された。平成十五年八月九日、大改装の上、九州鉄道記念館として開館、本館展示室として保存・活用されている。

建物の特徴と見所

建物は二階建て、長さ約六二・五メートル、中央部に突出した玄関部がある。この突出部は線路側にもある。建物は構造体の煉瓦を、一層に長手と小口を交互に並べる「フランス

巻頭地図1

積み」とし、一階と二階の中間にある二本の帯状の突出でアクセントを付け、その間には、煉瓦を斜めに積む「矢筈《やはず》積み」を取り入れ、建物の美観を高めている。

建物の設計は九州鉄道の建設を指導したドイツ人技術者ヘルマン・ルムシュッテルの指導が考えられるが、確証はない。

内部は中央の階段部を除き、国鉄時代に改装されていたが、鉄道記念館の整備に当たっては、建物の外観はそのままに、屋根の改修の他、階段や二階床を全て撤去し、一部吹き抜けの二階床を新設するなど、大規模な改装が行われている。

（大塚孝）

〈上〉国鉄の庁舎として使われていた頃の九州鉄道本社。建物前を走るのは西鉄北九州線

〈中〉九州鉄道本社
フランス積みの煉瓦と一階と二階の間に施された矢筈積みの装飾

〈右〉鉄道記念館内部。大改装により吹抜けになっている

門司港駅の現状（国重要文化財）

2

門司駅舎（JR九州門司港駅舎）

①門司区西海岸一－五－三一
②一九一四（大正三）年、木造二階建
③鉄道院九州鉄道管理局／同工務課／菱川組（内装高島屋）

門司港駅の略史

門司港駅は九州鉄道の門司駅として、一八九一（明治二十四）年四月一日に開業した。　開業当初の駅舎は現在の駅舎の位置から約二〇〇メートル山側にあった。その後、客貨の増加や門司地区の発展にともない駅舎が手狭になったため、海寄りの現在地に駅舎を新設し、一九一四（大正三）年二月一日に移転・開業した。この移転により、関門連絡船と列車の乗継ぎの利便性は飛躍的に向上した。

昭和十七年四月一日、関門トンネルの開通に先立ち、駅名を大里駅に譲り、門司港駅に改称された。その後時代の流れとともに、駅舎二階の食堂を一階へ移設するなど、各所に変化も見られたが、経年とともに、老朽化も一段と進行した。

昭和五十九年四月、懸案の屋根の葺替え工事が完成し、翌年にはライトアップが開始された。さらにJR九州に移行した昭和六十二年九月、二階ホール（旧食堂）の改装が完成、一連の改修によって往年の装いを取り戻すことになった。

昭和六十三年十二月十九日、建物全般にわたって建築当初の形式をよく伝え、わが国の近代化が進行中の時期の駅舎建築を知る上で貴重な存在として、本屋一棟が現役の鉄道駅舎として全国で初めて重要文化財に指定された。

門司港駅舎の特徴と見所

巻頭地図1

二階パビリオン部分

九州の鉄道の起点駅としての風格を備える駅舎（駅本屋）はネオ・ルネッサンス風のデザインを基調とし、二階建の中央部と左右の平屋建部分で構成されている。木造でありながら、外壁はモルタル塗りで石張風に仕上げられ、屋根は二階建部分とこの両側に突き出たパビリオン、平屋建部分ともに屋根窓（ドーマー）の付いた腰折屋根（マンサード）である。正面時計下部には三角切妻のペディメントも付けられている。建築当初は現在のような正面の庇《ひさし》がなかったため、外観は縦の線が強調され、門をイメージさせるものであった。また、屋内二階部分の旧貴賓室、ホール（旧食堂）や階段、レトロ調に整備された一階部分にも細部にわたって特徴ある造りがなされている。

〈上〉一階廊下部分天井
〈下〉二階につづく階段と手摺

その他の見所

門司港駅には駅舎（駅本屋）の他にも、当時は本屋と別棟にすることが普通だった便所・洗面所や、本駅最大の使命を果たしていた関門連絡船通路地下道の一部など見所は多い。

　また、駅全体の構造が、行止りの終端駅に特有な頭端式《とうたん》であるため、改札口からホームへの通路に階段がない点も重要な見所のひとつであろう。

（大塚孝）

3 門司税関

①門司区東港町一－二四
②一九一二（明治四十五）年、煉瓦造二階建
③大蔵省／大蔵省臨時建築部（妻木頼黄・咲寿栄一）／清水組

巻頭地図1

昭和戦前門司のランドマーク「合同庁舎」（昭和九年、絵はがき）

三度の新築

一八八九（明治二十二）年十一月、門司港が米・麦・麦粉・石炭・硫黄の五品目に限定した「特別輸出港」に指定されると、門司長崎税関出張所が設置された。庁舎が東港町一番地に新築されたのは、明治二十八年のことである。当初は石炭輸出が専《もっぱ》らであったが、明治二十九年頃から開港場の請願運動が始まり、関門両港の輸出額が長崎・大阪を越えたこともあって、明治三十二年八月には「開港」に指定された。一般開港されると、背後地の原料・製品の取扱いが急増していった。明治四十二年には外国貿易船の出入隻数が横浜に次ぐ全国二位にまで高まった。この年、長崎税関から独立して「門司税関」に昇格した。前年十一月に支署庁舎を全焼していたので、仮庁舎で業務を始めたが、翌年七月には旧位置に新築した。しかしこの庁舎はわずか五ヶ月後には再び炎上してしまった。現存（一部）庁舎が旧位置に三度目の新築がなったのは、明治四十五年三月のことである。

昭和二年九月、わが国初の合同庁舎が西海岸通りに完成して税関は移転した。この合同庁舎は「汽車や汽船で門司に来た人の第一に目につく建物は、先づ税関庁舎であらう。鉄筋コンクリートの五階建といふ実にすばらしい建物」と当時の門司のランドマークであった。その後の旧税関は、昭和六年に国有財産の廃止が行われ、十一年には民間所有となり、使用期間の長かった「松庫《まつくら》ビル」と呼ばれていた。平成二年、レトロ事業を進めるために北九州市の所有となった。

修復し公開されている門司税関（現状）

ルネサンス様式にゼツェシオンを加味

当時の官界建築の雄といわれた妻木頼黄《つまきよりなか》の指導によって建設されたが、半世紀近く倉庫として使用されていたために、内部は床が取り除かれた空間になり、外観も窓を塞ぎ、中央部が増築されて往時の姿をとどめていなかった。しかしレトロ事業によって、失われていた翼部が復元され、窓回りが改修された。三州瓦で屋根全体を葺き替え、特別規格の煉瓦約一四万個を注文し、イギリス積みの煉瓦補修には広島原爆ドームを復元した技術が導入された。こうして、煉瓦と、石に施された装飾によって、威厳性をもつ明治の港湾施設の面影を残す貴重な建築物として、屋根を含めて外観はほぼ竣工当時の雄姿を取り戻した。ただし付属棟やボイラー棟は再建されず、倉庫として使用した際に設けられたコンクリート補強の開口部は構造上の問題からそのまま残された。

デザインはルネサンス様式にゼツェシオンを加味した手法が用いられ、正面に向かって右側の望楼が対称性に変化を与えている。裏側は全体に平坦であり、装飾も簡略化されている。ファサード（建物の正面）をそのまま忠実に残し、内部は完全に近代的な使い勝手に変えて、平成六年から市民に開放され、ギャラリーなどとして利用されている。

門司港最初の石炭輸出と税関設置

貿易関税をとることを主要業務とする税関（明治五年に呼称統一）が設置されるのは、貿易港のみである。塩田の広がる門司村がなぜ貿易港指定されたのだろう。実はこの肝心な点が現在も確定していない。

一八八五（明治十八）年、若松に店を構えていた吉田千足が、門司から最初の筑豊炭輸出を試み、このために吉田の負担による長崎税関出張所が設けられた。上海市場での損失が大きく、二年後には事業が挫折し、出張所も廃止された。これが、開港の要因とは考えられない。

明治十九年頃から門司をめぐる情勢が慌ただしくなる。筑豊の坑業組合が海外輸出取扱所

明治四十五年に新築された門司税関

を設置し、県知事安場保和が視察後に国道の門司までの延長、門司を起点とする九州鉄道の建設を政府に上申して許可を得ている。さらに門司築港計画を打ち出し、翌年には内務技師が門司港改良の調査をおこなった。指定の前年には、渋沢栄一・大倉喜八郎・浅野総一郎など当時の代表的な政商たちの目が門司に注がれ、日本輸出米商社、門司セメントを設立し、年末に出願された門司築港（株）の大株主となった。政商たちが、門司開港の情報を前提にしていたという史料が残っている。そうすると、筑前の民権運動を沈静化させるために着任したという県知事安場の役割がクローズアップされる。

保存へ運命の変転

旧税関は、第一船溜ともども埋め立てられ壊される運命にあった。

昭和五十四年、門司港地区の港湾整備計画が策定され、第一船溜は全面的に埋立て、旧税関は取り壊して、臨海道路を整備することになった。これは、その後、「西海岸ポートルネッサンス21計画」として公になった。

昭和六十二年に自治省が「ふるさとづくり特別対策事業」を創設すると、北九州市はプロジェクト・チームを設置し、「門司港レトロめぐり・海峡めぐり推進事業」が採択された。しかし、このレトロ事業は、門司港駅前広場整備、門鉄会館の移築保存、商船ビル保存を内容とするもので、旧税関はふるさと事業の対象ではなかった。レトロ事業をスタートさせた北九州市は、平成元年に地方港湾審議会に計画の一部変更を諮問し、旧税関を保存し、船溜埋立を取りやめた。その上で、運輸省の「歴史的港湾環境創造事業」として修復、保存することになった。

こうして、旧税関は残ったが、歴史的遺産をまちづくり・観光に、という時代の変化がこの建物を救ったともいえる。

（清水憲一）

4

農林省米穀倉庫

①門司区大久保二－十－一
②一九二七（昭和二）年（一期工事）、昭和三年（二期工事）、鉄筋コンクリート造瓦葺き平屋
③農林省／不詳／大林組

巻頭地図1

長い庇と切妻屋根をもつ十棟の倉庫（現状）

米価調整のために設置

米価高騰に端を発する全国的な米騒動（一九一七〈大正六〉年）をきっかけとして、政府は米穀の保管・輸入などを通した米価調整を行うことにした。大正十年に米穀法を制定し、分量調整のために全国七ヶ所に国立米穀倉庫を設置することにした。九州では米生産地の佐賀・熊本などが有力視されたが、水陸交通の要衝であり、背後に北九州工業地帯という膨大な市場をかかえている門司市は、市会が田野浦の門司築港会社埋立地に誘致することを可決し、委員を派遣して運動を展開した。大久保海岸に決定したのは大正十四年七月で、翌年三月には農林省門司米穀事務所が設置された。東京（深川）、大阪、酒田についで四番目であった。倉庫は、同年八月に起工して翌年十月に第一期五棟が竣工した。翌年に第二期五棟も完成し、合計一万㎡の倉庫群は十万石（一八〇〇〇トン）の収容能力をもっていた。門司築港（株）が鉄道省線と倉庫を結ぶ鉄道工事を行い、一・五キロメートルの路線は昭和四年二月に運送を開始した。

大きな切妻屋根の十棟

倉庫であるだけに特別の装飾がなされているわけではないが、一棟約一〇

壁面は概ねタイルが張られている

〇〇平方㍍の倉庫が約六・三㍍の間隔で十棟、鋸の歯のように軒を連ねる。けらば（切妻屋根で斜めの上部二辺の箇所）にはスクラッチタイル、三角の切妻部には小口タイルが張られ、そのデザインにアクセントを付している。

倉庫内部は、米穀貯蔵の除湿のために床は木煉瓦敷で、近代化された理想的な構造をもつものと評価されている。昭和十四年には精米施設を併設した。戦災で八・十号棟を除く倉庫・精米施設などを焼失し、特徴的な換気用屋根窓は一部を残すだけの被害を受けたが、竣工当時の面影を残すように復旧された。

鉄道引込線側に連続した水平の長い庇《ひさし》、大きな切妻屋根をもつ十棟が連続する一万平方㍍の巨大な建物そのものが、圧巻としか云いようがない。

米穀集散市場としての門司

『あゆみ』によると、戦前の実績は不詳であるが、倉庫の年間保管積数は昭和五十八年頃まで五〇万㌧前後（ピークは昭和五十二年度の七四万㌧）で、利用率は九〇％を超えている。昭和五十八年から激減して一五万㌧前後、利用率も二〇％を割るようになった。取扱は外国産麦が入庫の大半を占めていたが、昭和四十年代には一万㌧程度の国内米が主となった。

引込線＝臨港鉄道

田野浦地域の築港・鉄道事業は、豊州鉄道の門司裏線延長計画、これにともなう田野浦築港会社創立（一八九四〈明治二十七〉年の福江角太郎ら）、これを引き継いだ野田卯太郎らの田野浦船渠（株）計画、その後門司船渠（株）が創立され、門司興業（株）に改称、と絶えることがなかった。第一次大戦ブームに田野浦～曽根の豊州軽便鉄道が出願され、門司興業と合体して、大正九年に門

倉庫に隣接する事務所棟

倉庫群を臨港地区より眺める

司築港（株）が創立された。海面埋立地一四万坪に貯炭場と荷卸設備を設け、田野浦〜曽根及び門司駅への一五マイルの軽便鉄道を敷設しようとした。発起人のほとんどが豊州鉄道（後の日豊本線）・九軌同様の関西資本であった。電車が大正十三年に門司東本町〜田野浦で開通したが、その後営業不振から昭和七年には九軌に委託経営し、昭和十一年一月には廃止された。

他方、外浜〜倉庫の臨海貨物鉄道一・五キロは、二七五メートルのトンネル掘削に苦労し、六〇〇メートルの護岸工事に建設費が嵩み、やっと昭和四年二月に鉄道営業を開始した。運転管理は鉄道省に委託された。

門司築港（株）は、その後門司土地鉄道、門築産業と替わり、臨海鉄道も昭和三十五年に門司市が裏門司開発の一環として買収した。

再利用のアイディアを

倉庫は平成六年三月で閉鎖となり、用途変更して現在は使用していない。現在所管している福岡食糧事務所は、平成十四年に民間への売り払いを決めたが、保存・活用を求める北九州市に、この建物の再利用方法を委ねている。北九州フィルムコミッションの斡旋で、時折テレビドラマ・映画の撮影に使われている。

秋田市では、かつての農業倉庫を改修して、秋田公立美術工芸短期大学の大学専用の実習棟、大学開放センターアトリエもさだ、そして市立図書館として活用している。すばらしい事例といえる。

（清水憲一）

門司電気通信レトロ館として活用されている建物（現状）

5

門司郵便局電話課（NTT門司営業所）

①門司区浜町四－一
②一九二四（大正十三）年、鉄筋コンクリート造三階建
③逓信省／山田守、旧逓信省営繕課／不詳

逓信建築

このNTT門司営業所は、幹線道路の交叉点にL型に建ち、現在は事務所及び「門司電気通信レトロ館」として整備され、一部は一般に公開されている。以前の写真に見られる屋上のフェンスや壁面の看板は取り除かれているが、保存の状態は良好で、所有者であるNTTの保存に対する意識の高さと、北九州市のレトロ地区内の重要建物としての扱いは評価されてよいであろう。

設計者、山田守と彼の所属していた逓信省の営繕課は、戦前まで郵便と電話事業を所轄していた省庁であり、その営繕課には、岩元禄、吉田鉄郎など当時の日本の建築界中でも重要な人材が集っていた。そのような中で、この営繕課は郵便局、電話局、病院などの建物を手掛け、いわゆる逓信建築と呼ばれる一連の建築群を生み出してゆくのである。その過程で、デザインは分離派から、表現主義へ、最後には装飾を廃した近代主義へと変化してゆくのである。

この様な建築界の状況下で生み出された、NTT門司営業所は、一九二四（大正十三）年に竣工し、数少ない現存する分離派時代の建物として、対岸下関に存在する下関郵便局電話課とともに、近代建築史上、重要な建

巻頭地図1

道路裏側より眺める

階段室の曲線美

物である。

建物の魅力

建築は、三階建ではあるが、電話交換機設置のために、階高が高く通常の四階建程度の高さとなっている。外観は過剰な程の柱と、その間に設けられた縦長のマリオンと窓で特徴づけられている。その垂直性によって山田は、当時の新しい技術として通信というものを、象徴したのではないか。その表現の中に時代の高揚感を感じさせるのは、そのせいではないかと思う程である。

マリオンの上部は台形状に納められ、上部にある小さな四角い穴は放水口と聞く。火災時にはここから下向きに水を噴き出して、水の幕を作り延焼を防止する機能をもっていた。現在のドレンチャーである。また窓下にある曲面の水切りは、山田らしさが感じられる。入口付近の石張りは、この建築の中で唯一表現主義的なことを感じさせる部分ではあるが、南側と西側では鼻のような出張りの大きさを変えるなど細かい表現で、機能を表している。

同じ逓信省の中にあって、岩元や吉田より山田のデザインがより未来を表現するのに適していたのではないかと思えるのは、この建物に見られる様に、表現主義というよりは、その後イタリアを中心として起る、未来派の作家のドローイングに近いものがある為ではないかと思う。特に電気通信という、未来の技術へのイメージを建築的に表現しているように思えてならない。戦後山田は、病院を中心としてY字型の翼を広げたプランを数多く作り、その中心にはシリンダー状の階段室を設けることが多かった

戦後初期の門司郵便局電話課

玄関部とマリオン

が、ここでもその発芽は、建物北側の三階部分に見てとることができる。航空機をイメージしたかどうかは定かではないが、恐らく、未来をスピードの時代と感じていたのではないだろうか。内部一階は現在、電気通信の展示館とし改造されているが、二階、三階の天井にはしっくいの飾りが残り、階段室のデザインは当時の山田が求めた、流れるような曲線でまとめられている。後に山田は、日本武道館や京都タワーを生み出してゆくが、その建築家の若き日の眼が、当時、先端を走り始めた近代都市門司に注がれ、この様な表現となって建物が舞い降りた気がしてならない。

また一般には公開されていないが、二階保存コーナーには様々な通信の交換機類が保存されており、これも又、近代を支えてきた技術遺産を見ることができるので、事前に予約をして是非みていただきたい。

（注）ここで少し、分離派やドイツ表現主義についてふれておきたい。十九世紀末ヨーロッパで技術と交通の飛躍的進歩に伴って、アール・ヌーヴォーやゼツェッション運動がおこり、建築では過去の様式からの分離が起こっていた。一方で日本では、明治以来輸入されていた西洋建築は、様式混合のいわゆる折衷主義であり、日本は自国の伝統との思想的対決のないまま、明治三十年代に至るまで、それらの運動の中で建築の様式のみの影響を受け、その根本にある思想をみることはなかった。ゼツェッションの運動に遅れること二十年、一九二〇年に東大に「分離派建築会」が生まれ、山田守もそのメンバーの一人であった。その当時既にヨーロッパでは、ドイツ表現主義が最盛期であったため、そのツールによってゼツェッションの思想を実行に移そうとしたのである。とりわけ山田の中に、E．メンデルゾーンの影響が色濃く出ている様である。

（吉崎祥）

6

大阪商船門司支店

①門司区港町七－一八
②一九一七（大正六）年・木造（一部煉瓦型枠コンクリート造）二階建
③大阪商船／河合幾次／内海鶴松

巻頭地図1

門司港のランドマークは大正六年建設

三井物産、日本郵船に先んじて大阪商船が門司に出張所を設けたのは、一八九一（明治二十四）年十月のことである。瀬戸内航路の大阪中小船主を糾合した会社設立が明治十七年のことであり、馬関（下関）、博多、徳島、長崎、熊本、広島に支店を設けた。その後の国内外支店の設置では、門司への進出は初期に属した。一八八九（明治二十二）年の門司港開港（制限付き）が要因といえよう。当初は沿岸輸送を中心に業務が増大し、一八九七（明治三十）年六月には赤間関支店所属から独立して門司支店に昇格した（一九二〇〈大正九〉年には下関を門司支店出張所に）。日清戦後は植民地朝鮮・台湾、その後大連など中国大陸への航路拠点となった。明治末の門司港からの外国航路汽船会社は、日本郵船、大阪商船、小栗合資、三星商会、巴組、中村組などであったが、郵船と商船が圧倒的で、郵船は欧米など遠洋航路、商船は近海航路に特徴をもっていた。

保存改修された大阪商船門司支店

門司支店は、明治二十五年に建設された出張所と同じ場所に新築された。大正六年の竣工当時、一階に待合室、税関の派出所、二階にワンルーム的に利用された事務所、付属屋の三階には電話交換室などがあった。建物の前面道路のすぐ横に海があり、利用者は目の前の桟橋《さんばし》を通ってすぐに乗船できた。当時関門第一の高さと八角形の高塔は、

東西面、旧貨物引込線側より眺む

一階ホール

門司港のランドマークでもあった。

「…其最も誇りとするのは八角形の高塔にして高さ八十四尺（約二七メートル）海峡を双眸《そうぼう》に収める点に於いて関門第一の高塔なり夜は是に多数の電燈を点ずるを以て復《ま》たその燈台代用と見るべく電燈は全部に於て一六七六燭光を点ずるに由《よ》り夜間は海岸に燦然《さんぜん》たる美観を現はすべく昼間は猶《な》ほ化粧煉瓦の色鮮やかなる新建築物は港頭の一偉観たるを失わざるなり」（門司新報、一九一七〈大正六〉年五月六日）

昭和十年頃の最盛期には、店員五十七名、揚荷四〇万トン、乗船客十一万人、上陸客十七万人を数え、大阪一四〇万トン、神戸九〇万トン、東京五〇万トン、横浜四四万トンに次ぐ位置にあった。この頃、商船は一三〇隻・五三万トンの船舶を擁し、近海一四線・遠洋一五線を経営して郵船に拮抗し、世界でも第八位の大海運会社であった。戦後の昭和三十九年には三井船舶と合併して大阪商船三井船舶会社となり、郵船をしのぐ大企業となった。

「ミナトの美貌」

この建築物は、正面と背後で異なる構造となっている。正面のL字形は煉瓦を型枠にした鉄筋コンクリートで、背後は木造という混構造となっている。それにともなって、外装も違ったものになっている。建物の道路側外装は、コントラストをなすタイルのオレンジ色と石、洗い出しによる白の壁面という見栄えをとっている。こうした構成は辰野（金吾）式とも云われている。背部はモルタル外装となっている。外観デザインはゼツェシオン風となっており、上部の八形の塔屋が強い印象を与える。

玄関にはイオニア式柱頭を配し、待合室への出入りは吹きさらしの外部通路となっている。スレート屋根を飾る欧風の一〇個のドーマー、屋根の裾部分を取り巻くように飾るパラペット、外壁の妻部分をアーチ型に装飾する二つのペディメントなど、第一次大戦ブームに沸く大正建築の華やかさを象徴する。こうした外装とデザインから、門司新報記事にも指摘されているように「ミナト

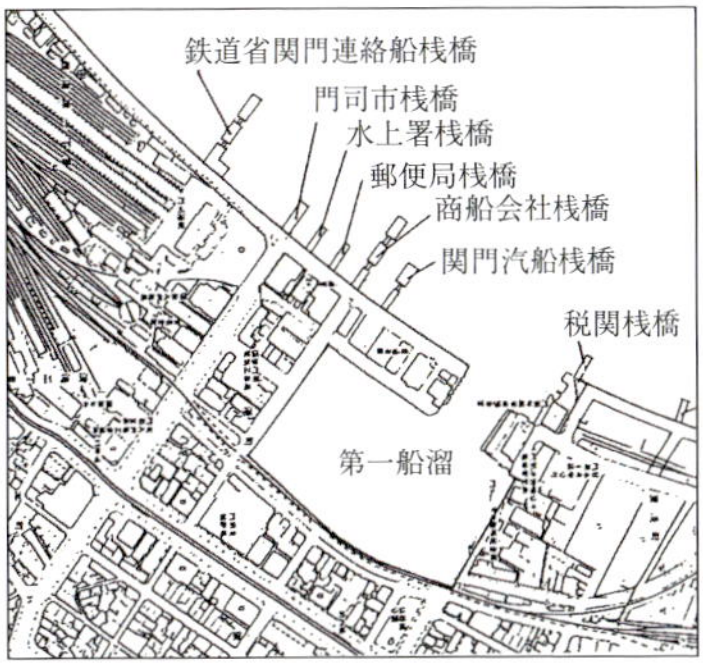

かつての商船桟橋（昭和初期、絵はがき）

の美貌」と評価された。

内部では、一階旧下等待合室にはキャピタルと腕木のついた柱が並び、二階にはスクロール装飾付梁が、華やかさを演出していた。

建物の利用方法も、待合、税関・貨物手続・事務など、当時の商船会社のオフィスを知ることができる文化遺産としての価値が高い。

保存・補修へ

昭和六十一年五月、会社は取り壊しの方針を北九州市に告げた。北九州市は門司港レトロ事業として歴史資料館としての保存活用を決めると、会社との交渉を始めた。三井倶楽部の場合と異なり難航したが、建物と用地を有償で買収することになった（支店事務所はPortMoji壱番館に入居）。

市は補修工事のための調査を『北九州市の建築』の著者である片野博氏（当時九州芸術工科大学）に委託した（平成四年『報告書』）。この調査は、歴史的建築の復元に大きく貢献する内容であった。

①「工学士河合幾次郎設計」という当時の新聞記事を手がかりに、設計者「河合幾次」を確定し、その建築の作風と作品群を明らかにした。

②竣工当時の様子を知る唯一の資料である会社保有の立面図だけでなく、新聞記事、聞き取りなどによって、建築構造が混構造であること、個性的で華やかなデザインをもっていたこと、そして利用を示す平面図を復元した。こうして、現状がいろいろな装飾部分をすべて取り払い、効率だけを重視した外観になっていたことを明らかにした。

平成五年、片野報告書にもとづいて、洋建築事務所（城水陽一郎所長・当時）が修復工事を担当した。「せめて外観だけでも」完全に復元したいという城水氏の執念が実を結んでいった。カラー鉄板と波形スレートで安直に改造されていた屋根は、銅板と天然スレートで葺かれた。ドーマー、パラペット、ペディメントの「姿を消した三つの装飾」が蘇り、天井の上に隠れていた柱頭飾りが復元された。

（清水憲一）

門司郵船ビル外観（現状）

7

日本郵船門司支店
（門司郵船ビル）

①門司区港町七－八
②一九二七（昭和二）年　鉄筋コンクリート造四階建
③日本郵船／八島知／大林組

巻頭地図1

門司港の繁栄と郵船ビル

門司郵船ビルは、一九一四（大正三）年竣工のJR門司港駅の改札口を出ると、駅前広場越しに見える左右対称のファサード（建物の正面）を持つ四階建ての建物である。昭和二年の竣工で既に八〇年近く駅前広場を挟んで二つの建物が対峙して門司港の歴史を見守ってきたことになる。

門司港の街は、西の関門海峡と南から東と北に連なる山々に囲まれた地形を有し、わずかな平地部で近代以降、港湾都市として栄えてきた。明治二十年代の門司港地区の全景写真では、磯と砂浜のあるのどかな塩田の町であったことが伺われるが、明治二十二年には特別輸出港の指定を受け、その後第一船だまりの浚渫《しゅんせつ》が行われた。明治二十四年には現在の門司港駅よりやや山側で門司駅が開業し、その後、海と陸を背景に船と鉄道の結節点として、金融関連会社や商船会社等が建ち並び、急激に市街地が形成されていった。

門司郵船ビルは、海岸道路の西海岸通りとJR鉄道との二路線が交わる駅前地点に建ち、旧市街地路面電車道路からは、海に向かう桟橋通りを左折し、西海岸通りとの交差部にあるため、幹線道路から最も分かりやすい位置にある建物である。

竣工当時の状況を判断する資料に乏しいため、当時のファサード（建物の正面）がどのような装飾をしていたかを知ることはできないのが残念であるが、門司郵船ビルは門司港の海の歴史を語るに必ず登場する建物である。日本郵船は、一八九二（明治二十五）年に赤間関支店の出張所として門司港に進出した。大阪商船に一年遅れであった。日清戦争後の門司港の繁栄とともに、一九〇三

玄関ホール正面に見える三角の緑色タイル壁

鉄骨枠組みが見えるエレベーター

（明治三十六）年には門司支店に昇格し、下関が出張所に格下げされた。大正六年に大阪商船門司支店が新築開業し、現在の門司郵船ビルが昭和二年に完成する。その翌年に現在のJR門司港駅が竣工した。昭和十二年には駅前広場の東側に三井物産門司支店（現在のJR九州第一庁舎）が完成し、駅前広場を囲む三つの建物は当時の門司港地区の繁栄を象徴していた。

アール・デコの強い影響

門司郵船ビルが竣工した当時、建築を中心とした芸術運動のバウハウス様式や一九二〇年代から三〇年代にかけて流行した折衷的な装飾を多用するアール・デコ様式は、幾何学的なモチーフや直線の絵画的表現が、日本においても建築表現として広く知られていた。門司郵船ビルはこうした特にヨーロッパの近代デザインの様式を逸早く取り入れた建物として今に伝える存在であるが、デザイン志向のみならず当時としては、最新設備のオフィスビルとして設計された建物であった。エレベータの設置、暖房設備、集約型の給湯室と水洗トイレ等は門司港の郵船会社ならではのビルで、この地域最初のアメリカ式オフィスビルでもあった。

現存する門司郵船ビルのディテール（詳細部）に、アール・デコ様式による先駆的なデザイン運動の影響を少なからず見ることができる。ビルの玄関ホールには三角に飛び出た緑色のタイル壁が正面にデザインされ、玄関ホールの床はモザイクタイルで幾何模様の繰り返しが施されている。何よりも目に付くのはエレベータで、鉄骨枠組みに直接、格子金網が取り付けられ、機械自体が見通せることである。機械の時代の到来とそれを予感させるエレベータの存在は、当時としては驚嘆されるべき表現で強くアール・デコの影響を受けている。また階段の昇り口に装飾された小柱の柱頭や階段の鉄骨製の手摺《てすり》にも同様なデザイン意図が読み取れる。

大陸を初め諸外国との交易によって経済活動が活発に行われていた門司港の街に、その象徴ともいえる郵船会社の建物のわずかながら残された意匠に時代先取りの気概を感じ取ることができる。門司郵船ビルは、そうした意味でも後世へ残したい近代化遺産の建物である。

（大久保裕文）

頂部ディテール

活用を待つ三井物産門司支店（現状）

8

三井物産門司支店

①門司区西海岸一－六－二
②一九三七（昭和十二）年、鉄筋コンクリート六階建
③三井物産／松田軍平／清水組

巻頭地図1

三井物産の門司支店として利用された後、JR九州の司令塔としての機能をになった重要な建築物であるにもかかわらず、他のいわゆる「レトロ建築」に比して重要視されていないという感想を持つのは筆者だけであろうか？

設計者・松田軍平のルーツと米国式オフィスビルディングの影響

設計者の松田軍平は、福岡県立工業高校から名古屋高等工業学校に進学後、米国コーネル大学に留学している。当事のアイビーリーグの建築系大学はフランスのエコール・デ・ボザールで学んだ建築家が教鞭を取り、ボザール流の建築教育が行われていたであろうことは想像に難くない。また、バーナム、サリバン等の建築家によるシカゴの合理的なオフィスビルの影響も受けていたであろう。しかし、この建物はギャランティ・トラストビルのような明確な三層構成ではない。それどころか垂直性を強調した外装周りの壁／柱は最上部で、内側にテーパーがついており、コーニス状の明確な区切りはない。ドイツ表現主義派風という意見もあるようであるが、本稿では、アール・デコという観点から比較分析を試みたい。まず、この建物でもっとも価値があるともいえるエントランス部の黒石部のレリーフは大阪の宇治電ビルを思わせるが、薄いレリーフを象徴的にエントランスに配置する手法はアール・デコ建築によく見られるものであると思う。次に垂直要素を強調して、腰

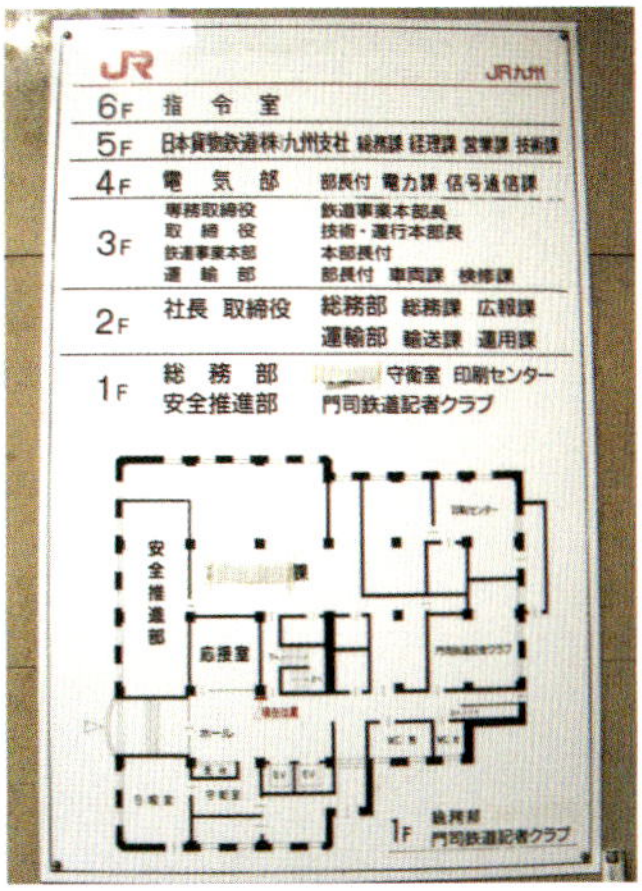

旧 JR 九州案内板

イースタン・コロンビア・ビル

エントランス部レリーフ

壁を後退させる手法はロックフェラーセンターでも使用されている手法である。

凛々たるアール・デコ

垂直要素の間に挟まれている凸型の盾状の部位はイースタン・コロンビア・ビル（クロード・ビールマン、一九三〇年、ロサンゼルス）をはじめ、アール・デコスタイルに頻出するジグザグパターンである。

さて、この建物がアール・デコ的で、垂直性を強調したものであると述べたところで、この建物が六階建てでしかないので、その垂直性がどれほど表現されているかに関しては異論があると思うが、都市的コンテクストのなかで、こういった垂直要素が連続する建物の前の歩道スペースは一種凛々しい雰囲気があるといえるであろう。そういった意味からもこの建物のアーバンデザイン的スケールでの重要性は大きいと考える。

アメリカ発のモダン・ワークスタイル

この建物のプログラムで特筆すべきは、専用の厨房を完備した六階の社員食堂ではないかと考える。特別食堂、特別休憩室も建設当初の図面から読み取れる。

ＪＲに所有権が渡ってからは、ＪＲ九州の総司令部として重要な役割を担っていたが、ＪＲ時代の案内板をみると、食堂は指令室として利用されていたことがわかる。さらには門司鉄道記者クラブが配され、門司港におけるマスコミの情報発信の中心的存在であったそうである。この建物は控えめな佇まいながら、往時の門司港の繁栄と、設計者が欧米から持ち帰った建築スタイル、及びワークスタイルをも今に伝える貴重なものであると考える。

（赤川貴雄）

9

門司税関一号上屋《うわや》

①門司区西海岸一－三－五
②一九二九（昭和四）年、鉄筋コンクリート造二階建
③門司税関／大蔵省営繕管財局工務部工務課／不詳

巻頭地図1

❶

❷

航海の高揚感を盛り上げる階段と、海と結ばれた待合室

この建物は大連航路待合室とも呼称され、昭和四年の完成から終戦に至るまで日本と海外を結ぶ拠点として重要な位置を占めていた。そのため戦後、米軍に接収されたが、返還後はその外国航路の待合室としての機能は失い、倉庫として利用され現在に至る。この建物には往時をしのぶ空間構成、意匠が残っており、二階に上がる階段には航海にでる前の期待感を盛り上がらせるような採光上の工夫がほどこされている。本建築のプログラムは、戦前の大蔵省営繕管財局の事業年報の門司税関陸上設備の項によると、一階：上屋、収容貨物置場、保管旅具置き場、貨物事務室、監視係事務室、旅具検査場、旅客溜、二階：一般待合室、特別待合室、携帯品検査場、郵便電信係室、予備室となっている。これだけではわかりにくいが、正面ファサードにはチケット売り場と思しきブース（❶）が位置し、内部に入って右側にはアール・デコ風の欄干（❷）のある大階段が二階へと旅客をいざなう。二階に上がる天井高の高い待合室空間があり、その先は、意外にも開放された外部回廊状の空間に連続する。この回廊は、桟橋と直結していたようで、直接船に乗り込むためのゲートの形跡が残る（❸）。

「陽刻」サインの示す建物履歴

チケットブースには「上階待合室」と、「下階旅具検査場」と陽刻で表示され、昭和初期頃流行した書体が今なお、かつての用途を明示している。このように単なるサインではなく、

❸

〈上〉❺〈下〉❻

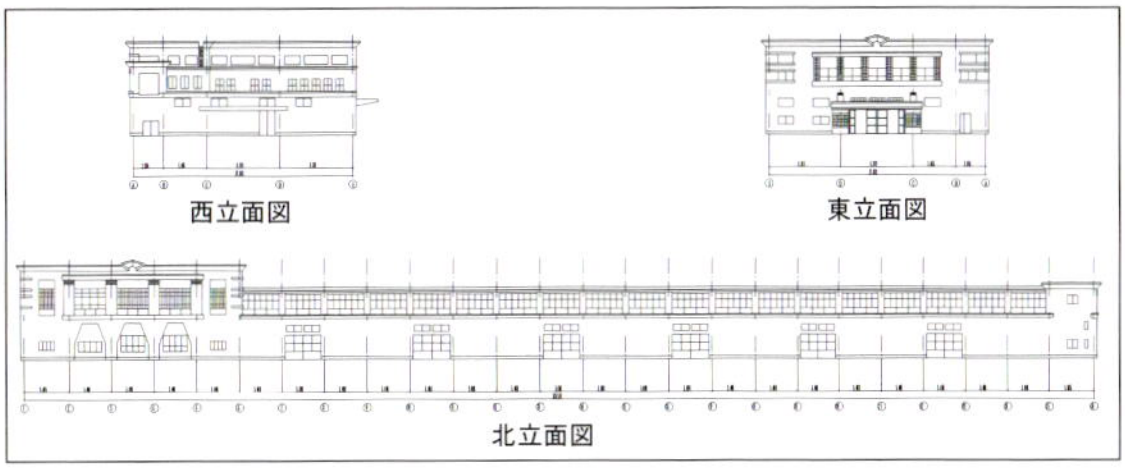

❹

建築化されたサインというものが、後世まで残って往時の用途の記録となっている事実は、交換可能な看板にはない、建築の「意志」や、建築とその用途の永続的関係への期待を感じさせる。

東立面（❹）は東西方向の軸線を強調すべく左右対称になっており、抽象化された幾何学でもってアール・デコ調となっている。北立面、すなわちかつての岸壁側の立面の東側は東立面と同様のプロポーション・構成になっている。船が接岸し乗客が乗り込んだ桟橋（門型の移動式乗船設備が絵葉書に写っている）のあった箇所は比較的シンプルな構成で、一階は閉鎖的に、二階はガラス面を多くとり、船が良く見えるようになっている。そういった中にも水平を強調した帯状の装飾が見られる。

実験的な技術の採用

構法的に特筆すべきは、ガラスブロックを使用した明かり採りの採用であろう。現況では外観には出てこないが、内部からその痕跡が見える（❺）。そのガラスブロックは東立面の庇部にも見受けられる。さらに北側の庇《ひさし》はかなり深いキャンティレバー（❻）となっており、意匠的にもトニー・ガルニエの工業都市を彷彿《ほうふつ》とさせるといっても過言ではないであろう。建物側に傾斜した庇の雨水を処理するための特異な雨樋とともに往時の鉄筋コンクリート技術の実験的利用の意図が伺える。（赤川貴雄）

10

門司の銀行建築群

門司銀行群のセンター・日銀西部支店（絵はがき）

門司は九州の金融中心地

明治中期から昭和初年にかけて、門司は九州の金融の中心地であった。日本銀行の西部支店をはじめ、政府系金融機関や都市銀行、地方銀行、貯蓄銀行などがこの地に支店を設けた。一九二六（昭和元）年を見てみると、日本銀行、台湾銀行、三井銀行、住友銀行、安田銀行、第一銀行、二十三銀行、門司銀行、京和銀行、不動貯金銀行、共栄貯金銀行、大分貯蓄銀行、藤本ビルブローカー銀行が門司に店舗を構えていたのである。現在でこそ金融機関は多くの支店網を張り巡らしているが、第二次大戦前はごく僅かの支店を持つに過ぎなかった。都市銀行などが数少ない支店を門司に設けたのは、次のような理由をあげることができる。

先ず何よりも、日銀の支店が大阪支店に次いで、門司に設置されたことである。明治時代には三井銀行や住友銀行（ともに現三井住友銀行）、第一銀行、安田銀行（ともに現みずほ銀行）などの都市銀行も、日銀信用に大きく依存していたから、日銀支店の設置とともに都市銀行が門司や対岸の下関に拠点を構えるようになった。

第二に、関門地域が石炭輸送や大陸（中国・朝鮮）－日本、あるいは九州－本州間の物資輸送の結節点であったことである。大小の石炭商をはじめ多くの商社や貿易業者が関門地域に集中し、種々の金融機関から資金を調達しながら商業活動を展開した。大正期ともなると、八幡製鐵所の発展を背景とする北九州地域の工業化がさらに資金需要を膨らませていくことになった。

地方の金融緩慢期になると、県内はもちろん佐賀や大分、山口、広島などから遊資が門司に集

巻頭地図1

旧藤本ビルブローカー銀行（現存せず）

日銀仮支店現金輸送中の風景

まった。盆、暮の節季になると、門司の都市銀行や藤本ビルブローカー銀行などから資金が各地に供給された。第二次大戦前にはしばしば銀行に対する預金取り付けが発生したが、取り付けが起こると各地の銀行経営者は、ありったけの担保を抱えて門司の日本銀行にかけつけた。門司は西日本の金融センターだったのである。

銀行建築群

銀行建築は堅牢で堂々としている。日銀支店を中心に諸銀行が堅固さや重厚さを競う様はさぞや壮観であっただろうが、今門司にはその面影はほとんどない。

藤本ビルブローカー銀行門司支店の建物（二〇一一年解体）は一九二四（大正十三）年に建築された。設計者は京都大学の重鎮武田五一で、玄関周りの細やかな装飾が当時を偲ばせる。昭和九年に建てられた**横浜正金銀行門司支店**の建物（現山口銀行門司支店）は桜井小太郎の設計である。シンプルななかにも重厚さを感じさせるイギリス古典主義をモチーフとした建築である。**門司信用金庫**（二〇〇九年解体）は、昭和五年に門司市の技師が設計し、大倉組が施工した。玄関の大きなアーチを特徴としている。

（迎由理男）

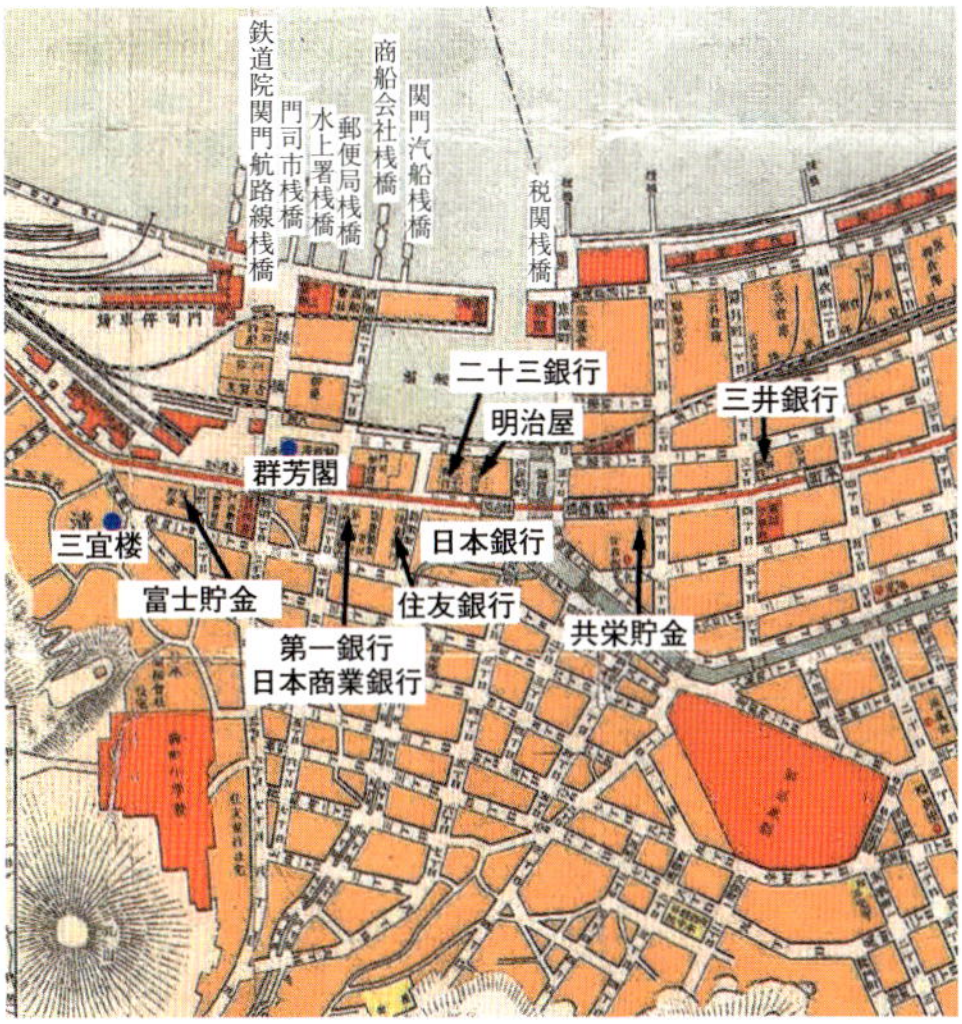

門司市内の銀行群（昭和十年頃）

11

浅野セメント門司工場（太平洋セメント施設）他

①門司区風師一－四
②一九一八（大正七）年、煉瓦造二階建他
③浅野セメント／不詳／不詳
＊工場施設群は二〇〇八年に全面解体された

巻頭地図1

〈上〉浅野セメント変電所外観
〈下〉浅野セメント守衛所（傾斜を利用した二階建構造）

時間を止めた工場

この項で紹介するセメント工場は、既にその大部分が稼働を止めている。まだ会社が日本セメントと呼ばれていた昭和五十五年に施設群は閉鎖され、その当時の雰囲気のまま遺されている。煉瓦造の変電所の他に昭和三年に造られたコンクリート造の事務所兼工場棟、ユニークな形態を持った守衛所、第二次大戦期に造られた防空監視哨、工場引込線の遺構など見どころは数多い。非公開施設であることは残念だが、工場を縦断するように鹿児島本線が走っているため、かつてはレトロ建築のついでに車窓から眺めることができた。

匿名組合浅野門司分工場

工場の歴史はかなり古い。一八八八（明治二十一）年には門司に浅野総一郎・渋沢栄一という東京

工場屋上に取りつけられた防空監視哨

工場施設（一部鉄骨煉瓦造）

大手資本家によるセメント会社設立の動きがあったが、景気の落ち込みによっていったん頓挫。その後現位置にあった精米工場（大倉喜八郎所有）を買収し、一八九三（明治二十六）年東京・深川工場の分工場として操業を始めた。当時珍しかった乾式焼成法（原料を乾燥し、混合・焼成を行う方法）やわが国初のチューブミル（セメント原料を粉砕するための横回転式機械）を採用するなど、狭い面積に革新的な装置を配備して、極めて高い生産性を実現した。大正六年には年産九〇万樽（約一五・五万トン）に達し、国内有数のセメント工場へと成長した。

工場哀史

当時の工場は、石灰石の工場内輸送や樽の製造、ミルへの原料投入など手作業によるものが多かった。そのため工場は多くの作業員で活気に満ちていたが、事故もやはりあったようだ。プロレタリア文学作家葉山嘉樹の『セメント樽の中の手紙』は、当時の悲劇と哀愁をつづった小説であるが、ここに物語を彷彿とさせるような立派な慰霊碑（解体済）が工場の片隅に安置されている。葉山が福岡県京都郡出身であることは、偶然にしては出来すぎたものを感じる。

もうひとつの遺構

北九州市内に遺る同社関連の遺産として、小倉南区呼野《よぶの》に旧石灰石採掘工場がある。この工場は当時石灰石を供給していた新門司地区の埋蔵量の不安から一九一六（大正五）年に造られた。その後昭和三十年に閉鎖したが、現在貯鉱タンクや引込線の跡が僅かに遺っている。山を挟んだ向かい側にある、京都郡香春町の旧香春太平洋セメント工場は、昭和十年にやはり浅野セメントの工場として香春岳の採掘を行っていたが、既に大部分が稼働を止め一部解体されている。

（市原猛志）

12

大里《だいり》製粉所製品倉庫

①門司区大里元町五－一九
②一九一一（明治四十四）年頃、煉瓦造二階建
③大里製粉所／林栄次郎／前田組
＊建物は二〇〇九年に解体された

巻頭地図2

クロップロードのはぐれ倉庫

門司赤煉瓦プレイスからニッカウヰスキー門司工場まで続く鈴木商店の旧工場群。そこを縦断して走る国道一九九号線は、さながらスズキロード、あるいは穀物製品の工場群であることからクロップロードとも言えるだろう。これら工場群の中にぽつりと今は使われていない三棟の倉庫がある。これは大里製粉所、後に日本製粉門司工場として平成九年まで使用された製品倉庫であった。

大里製粉所製品倉庫現状

門司発マカロニ列車

後述する大里精糖所の売却益を得た鈴木商店は、これを事業展開に当てた。大里製粉所はこの一環として造られた工場である。日本における製粉技術のパイオニアであった米田龍平を香港より技師長として招き、「赤ダイヤ・緑ダイヤ」小麦粉のブランド化に成功、遠くロシアにまで販路を拡大させた。一九一五（大正四）年に一度火災にあったもののその後は順調に生産を増強し、鉄道引込線は小麦粉を載せた貨車で賑わった。当時の工場ではうどんやそうめん、さらには当時珍しいマカロニの製造も行われていたという。一九二〇（大正九）年、大里製粉所は日本製粉と対等合併したため、後の鈴木商店破産に際して直接の被害を大きく受けることはなかった。

工場閉鎖後、既に工場の大部分は解体されたが、現在ニッカウヰスキーの所有となっている大正五年頃竣工の赤煉瓦倉庫は、今でも健在である。

（市原猛志）

13

帝国麦酒《ビール》門司工場＝サッポロビール九州工場
（門司赤煉瓦プレイス）

①門司区大里本町三－六－一
（赤煉瓦交流館のみ大里本町三－一一－一）

巻頭地図2

門司赤煉瓦プレイス（現状）

眼前には一日約七〇〇隻の船が行きかう関門海峡、北九州の工場群に沈む夕日はまた格別だ。そんな風光明媚な立地に、この赤煉瓦建物（旧サッポロビール九州工場）は位置する。

明治四十年代に入り国内におけるビールの製造量が増大していく中、九州・四国ではまだビール工場は無く、門司市の合資会社九州興業仲介所代表社員山田弥八郎らが、北九州や大阪に有志を募り、地元に牡丹麦酒㈱を設立する準備をすすめ、当時隆盛を誇った神戸市の鈴木商店の援助を受けて、大里町に工場用地を取得し、一九一二（明治四十五）年、帝国麦酒（株）を設立した。

一九一三（大正二）年四月に帝国麦酒㈱工場が竣工し醸造を開始。七月に「サクラビール」を発表、ビール業界への参入を果たした。

以来、「桜麦酒」「大日本麦酒」「日本麦酒」「サッポロビール」と戦争を挟む歴史の中で社名変更、合併、分割と会社形態の変遷をたどりながらも北九州門司の産業を支え続けてきた。

平成十二年、大分県日田市に新九州工場が竣工され、門司の九州工場は閉鎖となり、この地における八十七年間のビール製造の歴史に幕を閉じた。

ビール工場は無くなったものの赤煉瓦建物は残った。JR門司駅に隣接する二二・一ヘクタールの広大な工場跡地利用を検討する委員会が設けられ、地元有志によって、赤煉瓦建物をシンボライズするまちづくりを考える会も立ち上がった。

平成十四年十二月、赤煉瓦建物の保存・活用方法として、北九州市が『煉瓦工房のまち』と

改修前の赤煉瓦交流館

往時の桜ビール工場（絵はがき）

してその位置づけを明確に示したため、煉瓦建物の保存・活用に取り組むためのＮＰＯ法人が平成十六年十月に設立された。「特定非営利活動法人門司赤煉瓦倶楽部」である。

平成十八年一月、倉庫棟の整備終了により煉瓦周辺を地域交流の場とする「門司赤煉瓦プレイス」が完成し、新しい赤煉瓦の歴史がスタートした。

門司赤煉瓦プレイスには次の四つの煉瓦建物が残る。

【旧サッポロビール醸造棟（帝国麦酒醸造棟）】 一九一三（大正二）年築、煉瓦造七階建

建築面積　約一二一一・七三平方メートル　延床面積三〇二九・三三平方メートル

もっとも大きな建物である。その規模ゆえ活用するには膨大な経費が必要となり、建物の補強工事と建物周囲の造園整備、一部壁面の店舗利用にとどめエリアのシンボルとしてモニュメント的に位置づけられている。内部にはドイツ製の醸造機械やタンク等、稼働当時をしのばせる機材が今も残っている。

【赤煉瓦物産館（旧組合棟）】 一九一七（大正六）年築、煉瓦造平屋建

建築面積一〇七・四三平方メートル　延床面積一〇七・四三平方メートル

醸造棟組合棟とも基本設計はドイツのゲルマニア社と伝えられ、実設計は林栄次郎と推定される。建物の規模としては小さいが、建設当時は工場内に電気を送る変電施設として、サッポロビール時代には労働者の組合事務所として使われ、時代とともに用途を変えてきた趣のある建物である。今はミュージアムショップとして再生されている。

【赤煉瓦交流館（第1第2倉庫）】 一九一三（大正二）年築、煉瓦及び鉱滓《こうさい》煉瓦造平屋建

建築面積九五〇平方メートル　延床面積九五〇平方メートル

二棟からなる倉庫棟で、シンプルな作りながらも大きな壁面が煉瓦建物らしい建築物である。

現在は一棟が地域交流施設として、もう一棟はビアレストランとして活用され、地域の市

機械設備の残る醸造棟内部

民に親しまれる施設として生まれ変わった。

【門司麦酒煉瓦館（旧事務所棟）】 大正二年築、設計　林栄次郎

鉱滓煉瓦造二階建塔屋付　建築面積二一〇・七四平方㍍　延床面積四四六・二七平方㍍

日本における最初期の鉱滓煉瓦建物であり、現存最古の本格的鉱滓煉瓦建築である。初期工業学校建築家出身者・林栄次郎による設計建築の意匠及び技術水準が刻印されており大変貴重である。現在は隆盛を誇った当時のビール工場の歴史を学べる博物館として活用されている。

このように新たな使命を持ち、生まれ変わった赤煉瓦建物。今後は、北九州市が進める産業観光の一つの核と成るべく、同じ大里地区の赤煉瓦建物、門司港レトロ地区の建造物等、近隣エリアに残存する多くの産業遺産建造物との相乗効果を図り、そのスケールメリットを活かして、まちづくりに活用するとともに、多くの市民に産業遺産的価値と赤煉瓦建物の魅力を理解してもらう事で保存活動につなげ、これからも新たな歴史を刻み続けていきたいものである。

（竹中康二）

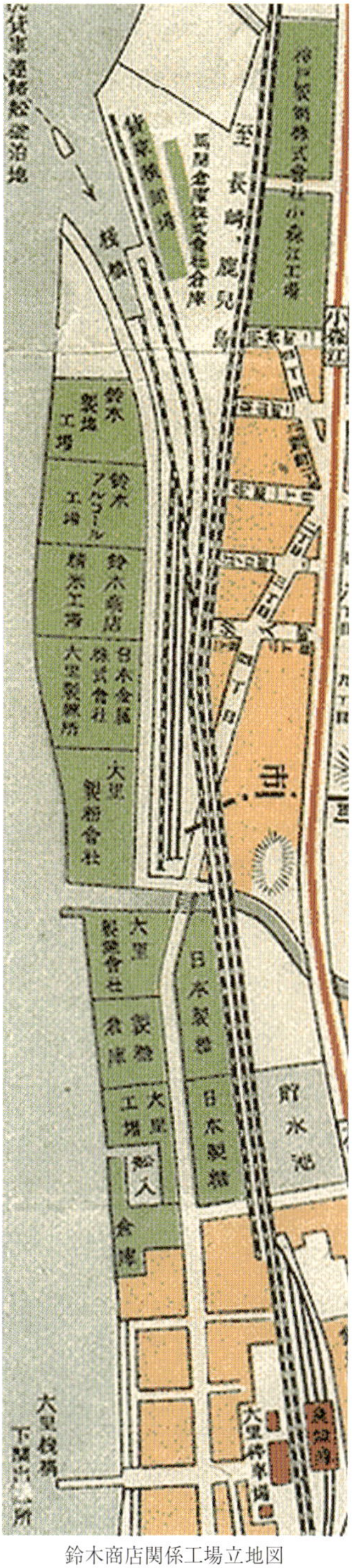

鈴木商店関係工場立地図

四階建の煉瓦造工場棟

14

大里《だいり》精糖所
（関門製糖株式会社）

①門司区大里本町一-二-一
②一九〇四（明治三十七）年　煉瓦造四階建他
③鈴木商店／不詳／前田組

巻頭地図2

煉瓦の巨大工場群

国道一九九号を北に進んでいくと、道路の両側にまたがった煉瓦工場群を目にすることが出来る。これは一九〇四（明治三十七）年、合名会社鈴木商店によって造られた大里精糖所の工場群である。道路の両側を赤煉瓦の工場群に囲まれ、その間を無数のトラックが通過していく。眺めていて何とも不思議な光景であるが、これは現在の一九九号線バイパスが造られる際、工場敷地を縦断する格好となったためで、その結果いくつかの建物が壊されたのだが、工場に許可を得て入らなくてもその歴史ある重厚な雰囲気を享受出来るようになった。

近代コンツェルンの夢の跡

大里精糖所建設以前の鈴木商店は、神戸の砂糖（洋糖）取引商であった。その規模は神戸八大貿易商と言われるほどではあったが、この会社が本格的な発展を遂げたのは、当主であった鈴木岩次郎が急逝し、経営の一切を番頭であった金子直吉に委ねてからのことである。金子は台湾樟脳《しょうのう》販売権の過半を握ると事業を軌道に乗せ、大里に二五〇万円をかけて精糖所を建設した。一九〇七（明治四十）年には競合を恐れた大日本製糖に六五〇万円で売却、鈴木商店は、この売却益を活用して、神戸製鋼所門司工場や帝国麦酒を始めとする門司の巨大工場群を建設していくことになる。鈴木商店はこの門司を基盤工場として一時

〈右上〉門司税関大里仮置場詰所（現和幸運輸）
〈右下〉現在も利用されている煉瓦造倉庫群
〈左上〉大久保貯水池送水口（扁額は藤山雷太筆）
〈左下〉かつての大日本製糖工場（絵はがき）

期は三井・三菱と並ぶ日本最大の総合商社が飛躍を遂げることとなったのだ。

金子の「工商立国」思想に基づいた事業拡大は、しかし金融業を持たなかったことで資金繰りに不安を抱えることとなり、第一次大戦後の不況と金融恐慌によって鈴木商店は遂に倒産。その系譜は現在双日グループなどの企業群に姿を変えて息づいている。

門司税関大里仮置場詰所

工場上屋の殆どが煉瓦造という施設の中で、とりわけ注目に値するものが、門司税関大里仮置場詰所と言い伝えられている、海際の事務施設である。門司税関大里仮置場は一九一〇（明治四十三）年に設置され、保税工場（輸入原材料の関税を保留したまま生産加工できる施設）のような機能を帯びていた。加工貿易のための大規模な倉庫が併設され、原料の関税を払うことなく製品を輸出できた。取引の上で非常に便利なこの施設を工場内の敷地で持つことにより、輸出量を飛躍的に高めていった。事実門司からの精糖輸出は品目別で明治四十四年からの十八年間首位であった。

甘露の水より砂糖を造る

鈴木商店売却後の施設は、大日本製糖、後に分社化され現在は関門製糖の基幹工場として使用されている。工場に関連した史跡としては、城山霊園に隣接した場所に大日本製糖時代に建設した大久保貯水池がある。この施設は大里工場群の水資源確保のために造られたもので、かつての送水口には当時の社長藤山雷太によって、「甘泉」と製糖会社として何ともふさわしい二文字の揮毫《きごう》が記されている。

（市原猛志）

今も現役の旧神戸製鋼所門司工場本事務所（丸窓と壁面の旧工場銘板に当時の面影が残っている）

15

神戸製鋼所門司工場本事務所（神鋼メタルプロダクツ）

①門司区小森江二－二－一
②一九三三（昭和八）年、鉄筋コンクリート二階建
③神戸製鋼所／不詳／不詳

巻頭地図2

鈴木商店の工場群の一つ

国道三号線に面して建つ旧神戸製鋼所門司工場の本事務所の外観は、現代的な装いで全く時代を感じさせない。しかし、目をこらしてよくみると、白一色の塗装の下に、昭和初年の建設当時の「(株) 神戸製鋼所門司工場」の銘板が浮き上がってみえる。この建物がかつて鈴木商店が関門地区で展開した工場群の一つで、貴重な産業遺産であることを物語っている。

伝統的でゴージャスな世界

一階は現代的オフィスだが、二階には伝統的な世界が広がっている。二階への階段は木造で、窓は昭和初期の優雅な円形である。二階の床は、ピカピカに磨き抜かれた板張りで、天井が高くゴージャスな雰囲気が漂う。応接間に入ると、どっしりとした木製の柱、頭上には豪華なシャンデリアが輝いている。入口には、鏡つきの木製の衣装掛けがデンと座り、来客は戦前期の懐かしくも落着いたムードに浸れる。

神戸製鋼所初の分工場

神戸製鋼所門司工場は、神戸市の新興商社鈴木商店とその番頭金子直吉が、一九〇四（明治三十七）年以来、門司大里海岸地区に相次いで建設した製糖・製塩・製粉・

〈右上〉白い塗装の下に今も残る「神戸製鋼所門司工場」の銘板
〈右下〉工場構内のメインストリートに面した戦前の塀
〈 中 〉昭和初期の丸窓
〈左上〉重厚な雰囲気を残す応接室と磨きぬかれた板壁

酒精・麦酒の工場群の一つである。鈴木商店は、明治三十八年に経営が行詰った小林製鋼所（神戸市）を買収して、神戸製鋼所と改名、鉄鋼生産に乗り出した。第一次大戦中の一九一七（大正六）年、帝政ロシアから砲弾の大量注文を受け、大里地区に初の分工場として門司伸銅工場を開設した。

門司工場は、銅・真鍮の管・棒の生産を開始、さらに船舶用ボイラー、産業諸機械、アルミプラス管も生産、非鉄金属工場として発展した。しかし、昭和二年の金融恐慌で鈴木商店の経営が破綻、神戸製鋼所は連鎖倒産の危機に直面した。このピンチを、鈴木商店からの分離独立という形で切り抜けると、以後は順調に生産を拡大し、昭和八年に本事務所も新築した。今も活躍している事務所と壁面に残された銘板は当時のものである。

海岸部に浜工場を増設

昭和十五年には、工場が手狭になり、鹿児島本線を隔てた海岸部の埋め立て地を買収、浜工場を増設した。工場構内に鹿児島本線の踏切りがある珍しい工場として、その後も非鉄金属の生産に活躍した。一九八〇年代末の機構改革で神戸製鋼から分社し、現在は神鋼メタルプロダクツ本社工場となって、モールド、複合製品、熱交換器、復水管等を生産している。

一部残っていた創業期以来の貴重な赤煉瓦作りの工場群は、分離独立の際に残念ながら解体され、跡地は隣接の東邦金属に譲渡され、同社の工場に生まれ変わっている。しかし、本事務所から浜工場へのなだらかな坂道は、昭和初期のまま階段状の外壁が残り、本事務所と合わせ往時をしのばせている。

本事務所、工場は現在も稼働中のため、見学はできない。しかし、国道に面しているため、道路沿いから本事務所の外観を見ることは出来る。

（長妻靖彦）

手向山山頂の砲座・倉庫群

16

下関要塞の北九州側砲台

——関門海峡を睥睨《へいげい》した明治の砲台群

古城山と下関要塞

関門橋の橋脚周辺、和布刈公園にあって海峡を見下ろす古城山は、古く源平時代からの城山であるが、徳川幕府の一国一城令（一六一五〈元和元〉年）によって、城は破却された。それが明治中期に至って、城跡には陸軍下関要塞の一角として砲台が築かれ、城山は再び城塞としてよみがえることになった。

下関要塞とは、日清開戦に備えて敵艦船の海峡通過を阻止する目的で、一八八七（明治二十）年から十数年の歳月をかけて、海峡を挟んで下関と北九州の両側に設置された砲台群の総称で、その数は一九ヶ所に上り、西日本では最大級の要塞であった。しかし日清戦争でも日露戦争でも、防備だけの沿岸要塞は意味のないことが分かっただけで、一発も実戦に発射されることはなかった。無用の長物と化した全国各地の砲台は全て廃止された（一九一三〈大正二〉年に廃止通達、大正四年から実施）が、当地は朝鮮・中国に近い重要地域であるため、施設だけはそのまま温存された。

要塞地帯は、戦前要塞地帯法によって立入りや写真撮影、測量などは厳しく禁止されていた。地図は描き直され、観光絵葉書はむろん、浮世絵の風景さえも修整を要求されるほど、軍当局は機密保持に神経を尖らせていた。しかしそのため施設や周辺の自然が現在まで残されたという一面もある。北九州側には八ヶ所の砲台が自然石・煉瓦・コンクリート等で規格的に構築されているが、その意匠は軍事施設でありながら頑丈一点張りではない、端整な造

巻頭地図 1 3

笹尾山砲台倉庫

美しい赤煉瓦の手向山砲台発電所

形美を感じさせるものがある。砲台跡は戦争遺跡というだけでなく、近代土木遺産でもあり、かつての軍需産業が残した負の遺産でもある。古城山のほかにも築かれたいくつかを簡単に見てみよう。

手向山砲台

手向《たむけ》山砲台（小倉北区赤坂）は、一八八九（明治二十二）年、北九州では最初に竣工している。この山は武蔵ゆかりの宮本家の所有であったが、要塞化のため陸軍に接収された。その際、養子伊織が建立した武蔵顕彰碑も移転させられたが、戦後元の場所に戻され、一帯は手向山公園となっている。この公園の中に砲台跡がある。

手向山砲台は、昭和に入ってからも小倉造兵廠防備のための砲陣地として利用されていた。明治期と昭和期の遺跡が併存することになるが、現地で見られるのは明治期のものである。山頂の広場に砲座と弾薬庫があり、弾薬庫の石材は藍島から運ばれたといわれる。ほかに倉庫や観測所などの遺構が点在するが、中でも照明所とそのための火力発電所施設が珍しい。発電所の建物は屋根が崩落しているが、煙突付きの赤煉瓦建築で、ボイラー室とタービン室の二室に分かれ、付属棟もあった形跡がある。貴重な遺構であり、修復して保存することが望まれる。

笹尾山砲台

笹尾山砲台は手向山のすぐ東にあって、北九州では最大規模であったといわれるが、荒廃が激しい。バス停「手向山トンネル入口」から歩いて、「笹尾砲台跡」の碑のある旧軍用道路を登りつめた辺りに、灌木《かんぼく》と雑草に埋もれた赤煉瓦の四号倉庫と五号倉庫がある。何とか近づくと、九州では珍しいフランス積みで内部は構造も防湿漆喰もしっかりしている。しかし倉庫の上方の台地には、砲台の観測所と思われる構造物の残骸が散在しているばかりで、配置や全体像をイメージするのは難しい。山のふもとは宅地化が進んでいるので、遺構が消滅するのも時間の問題かもしれない。

〈上〉高蔵山堡塁倉庫群全景
〈右〉関門地域の砲台配置図

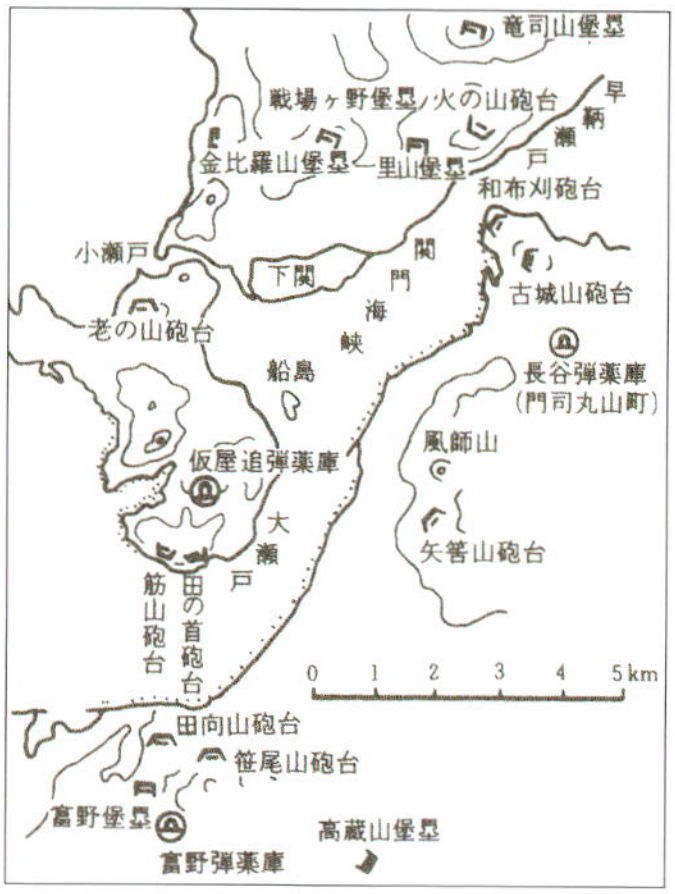

高蔵山堡塁

砲台群の中で最後（一九〇〇〈明治三十三〉年）に竣工したのが、周防灘側に唯一設置された高蔵《たかくら》山堡塁《ほるい》（小倉南区沼）である。高蔵山の奥深く築かれたため破壊も少なく、ほぼ原形を留めている。現地へは沼本町三丁目交差点から山側に入り、「高蔵山広場」方向に進むことになる。狭い山道を延々と歩いていると、突如広場に出て、真正面に横一列に並ぶ八連の重厚な堡塁倉庫群が目に飛び込んでくる。赤煉瓦とコンクリートの組み合わせが美しく、荘厳ともいいたい景観である。内部は相互に通路が繋がり、冷気が流れ、鍾乳石も出来ている。周辺の雑木林の中には砲座のほか、半地下倉庫や貯水槽など各種の遺構が見られる。専門的な調査が望まれるが、このまま森閑と眠らせておきたくもある。

北九州の砲台跡のように戦争遺跡がまとまって残っているのは貴重である。これらは歴史的背景の中に適正に配置されれば、単なる廃墟ではない、日本の近代化過程の中でなされた営為の遺産として、多くを汲み取ることができる。

砲台のあった古城山山頂に歌碑がある。「波の間に降り込む雪の色呑みて玄海の灘今宵荒れたり」。これは歌人（宮柊二）が昭和十四年に、戦地中国に赴く時に門司で詠んだものという。古今の戦いの歴史を記した海峡が、今は大小の船が目まぐるしく行き交う平和な風景を見せている。

（砂場一明）

17

関門鉄道トンネル

①山口県下関市彦島田ノ首〜門司区小森江
②一九四二（昭和十七年）下り線、一九四四（昭和十九年）上り線
③鉄道省／鉄道省／鉄道省下関工事事務所（取付部・下関側間組、門司側大林組）

巻頭地図2

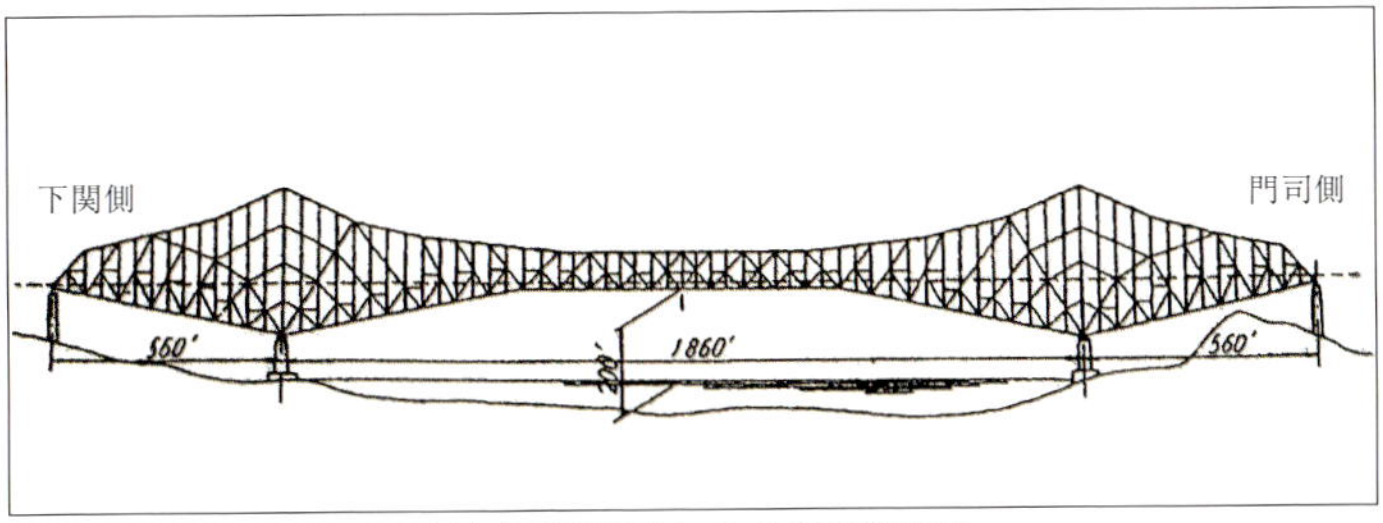

東大教授廣井勇による関門架橋案

関門海峡の地質的要因

関門海峡は本州と九州と隔てる水路で、一番狭いところでは幅七〇〇㍍ほどである。ここがなぜ海峡となっているか、地質学上では実は両岸に大きな差を示すデータはなく、現在でもその原因ははっきりとしていない。むしろ、小倉から曽根にかけての平野部の方に大きな断層が存在するため、こちらが海峡であれば、納得がいくのだそうだ。今から一〇〇万年前以降の一時期、日本海と周防灘からの浸食作用によって両岸を結ぶ水路ができあがると、両岸の海面差から流れの速い潮流が生まれ、交通の難所たる「関門」となった。

関門架橋の夢

海峡を繋ぐ交通施設を作ろうという発想は、明治期に早くも存在していた。一番有名なものに鉄道院総裁・後藤新平による関門連絡路改善の提案がある。一九一一（明治四十四）年にはその一環として貨車輸送のため、日本初のカーフェリーが実現した。これによって貨物積替の手間が省け輸送量は増加したが、さらなる増加が予想されるため、後藤は両岸を直接鉄道で結ぶ考えを明らかにした。

トンネルか橋梁か

関門連絡の方法として、当初三案が示された。トンネル、架橋、そして列車運搬船の連絡強化で

旧マルハ本社、初代下関改良事務所仮庁舎（現存せず）

試掘坑道竪坑（現在通気口）

あるそのうち連絡船に関しては、船舶運航に支障を来すなどの問題もあり、比較的早い段階でトンネル・橋梁の二案に絞られた。

トンネル案は琵琶湖疏水工事に尽力した京都帝国大学教授田《た》邊《なべ》朔郎《さくろう》が調査を委嘱され、渡欧してテムズ河底トンネルの技術等を比較検討した結果、一九一五（大正四）年、彦島田の首－大里新町間に圧縮空気式シールド工法を用いたトンネル掘削を提案した。

一方架橋案については、小樽築港の整備を始め港湾橋梁関連の専門家であった東京帝国大学教授廣《ひろ》井《い》勇《いさみ》に調査を依頼、一九一六（大正五）年にカンチレバー方式の橋梁が設計された。両案が比較検討された結果、架橋案は軍事攻撃目標にされる事と大型化する軍艦が自由に航行するための高さが必要とされ、コストが問題視された事などから、一九一九（大正八）年にトンネル案が採用された。

世界初の海底トンネル

その後関東大震災や昭和恐慌などの国内事情によってトンネル着工は遅れたが、その間鉄道院は丹那トンネルを初めとした山岳トンネルの実績を積み上げていき、昭和十一年九月十九日にようやく起工式が行われた。

軍事色が徐々に色濃くなっていく時勢の中で、トンネル掘削は最優先事項として位置づけられた。試掘坑道（通称豆トンネル）は山岳工法で掘削が行われ、軟弱地盤はセメントで堅めながら掘り進んでいき、昭和十四年に貫通させることができた。

本坑道は、わが国初の本格的圧気シールド工法による海底掘削が行われた。シールド工法とは、トンネルと同じ断面を持った鋼製の筒を切羽に押しつけながら掘削していくと同時に、掘削された周囲の部分をセグメントと呼ばれる円弧状の鉄材で保護してトンネルの内壁にすることで、湧水や地圧によるトンネル崩壊を防ぐ工法である。シールド工法はその後青函トンネルを初めとした日本の高度なトンネル技術を支える重要な要素となっていく。

関門トンネルを出る旅客列車（門司側）

度重なる湧水や軟弱地盤に悩まされながらもトンネルは昭和十七年に単線開通する。七月からは貨車運送が開始され、本州と九州は文字通り地続きとなった。昭和十九年には上り線も開通する。起工式から八年間に使用されたセメントは約六万八〇〇〇トン、就労者は延べ三四〇万人を超える一大国家プロジェクトであった。トンネル開通によって物資の輸送時間が大幅に改善され、戦争時には兵隊や軍需物資の輸送、そして現在は貨客を運ぶために使用され続けている。

関門トンネルを爆破せよ

第二次世界大戦の末期の昭和二十年三月、アメリカ第三写真偵察戦隊が撮影した写真の中に、関門トンネルの位置を推定する解説が書き込まれたものがある。当時アメリカ空軍は関門トンネルを「日本における最も重要な単一の輸送目標」と位置づけており、その空爆による無力化を真剣に議論していた。七月には、トンネルの下関側入口と彦島橋梁の攻撃を予定していたが、天候不順のため実施されず終戦を迎えた。戦後の経済復興の大動脈であった鉄道の果たした役割を考えると、もしトンネルが爆破されていたら、と思えば平和のありがたさを普段とは違った意味で感じることができる。

関門トンネルに関連する遺構としては、三階が初代下関改良事務所仮庁舎として使用された旧マルハ本社ビル（下関駅西口向かい、昭和十一年竣工、二〇一〇年解体）のほか、トンネル試掘のために作られた竪坑の一部をＪＲ小森江駅前の駐車場で見ることができる。

（市原猛志）

18

三宜楼《さんきろう》

①門司区清滝三－六－八
②昭和六年、木造瓦葺三階建
③三宅為治郎／不詳／岡田孫治郎（大工）

巻頭地図1

門司港駅周辺は近代に作られた多くの施設を見ることが出来るが、山側にそびえる和風建築に気づく人はそう多くないだろう。この建物こそ、往時は門司随一と言われた料亭、三宜楼である。門司鉄道記念館向かいから裏道にはいると、その偉容が間近に目視できる。傾斜地に作られたことを示す石垣が迫り、三階建て以上の高さを感じる。急な石垣を設けることで一二〇〇平方㍍の敷地を確保するとともに、関門海峡を一望する見晴らしを得ることができた。この見晴らしこそが、この建物が傾斜地に建てられた最大の理由であろう。

建造時期は屋根裏から発見された棟札《むなふだ》より昭和五年であることが分った。しかし明治末期の門司新報には、既に「門司市清滝町・三宜楼」の広告が載せられており、同地あるいはその周辺部に現建物竣工以前から料亭として存在していたことが考えられる。

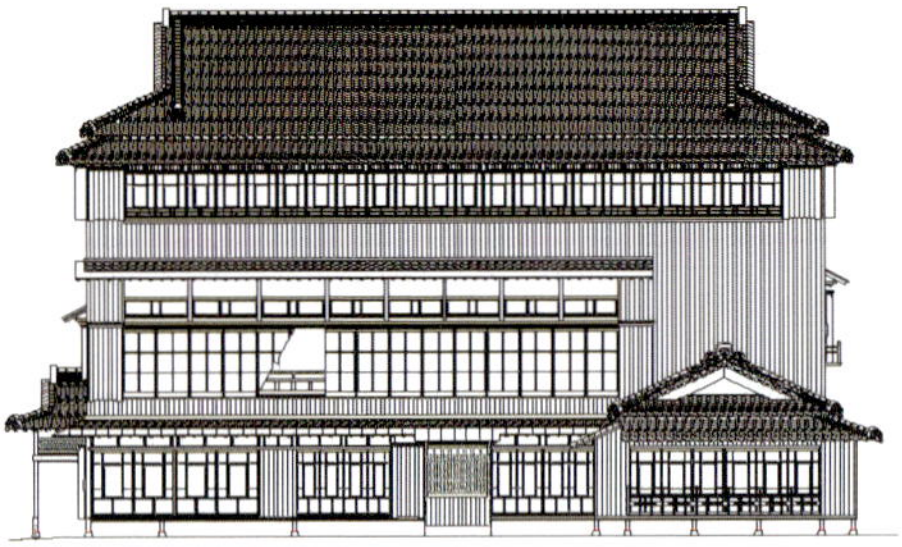

三宜楼北立面図

昭和五年銘棟札

三宜楼の特徴と見所

現在の建物の内装は、往時の栄光を今に伝えている。一度訪れただけでは迷ってしまいそうな、広々とした一階から階段へ。二階部分の六四畳に及ぶ大広間には、誰もが圧倒されるだろう。建物構造は純木造と伝えられているが、それだけではこの建物の構造は説明できない。何しろ、この上にはまだ三階が存在し、そこには階下と繋がらない柱がある。分断された柱はどこで加重を支えるのか。二階天井には鉄骨が入っているものと考えることが自然であるが、今の段階では断言ができない。

二階・六四畳の大広間

玄関前の下地窓意匠

見所は二階部分だけに留まらない。三階では関門海峡を一望に見渡せる景観（もっとも、現在はマンションに邪魔されている）とともに、各部屋毎に異なる意匠をちりばめ、料亭としての格式ときらびやかさを際だたせている。意匠の洗練性は海に開かれた街、門司ならではのものと言えよう。

往時の門司港料亭

当時門司港には「萬檣《ばんしょう》楼」、「秀乃家」等数多くの料亭が存在した。三宜楼は、建物竣工当時門司の中では屈指の料亭の一つではあったが、建物竣工後益々の繁栄期を迎えた。

一九一九（大正八）年には当時総合商社と銀行ぐらいしかもっていなかった複数番の電話番号を持っていた。その当時地域の行事などには練り歩きなども行い、その存在は重きをなした。一九二〇（大正十二）年の「門司新市街図」にはその名が掲載され、この頃門司港一番の料亭といわれるようになったのだろう。

現在残っている記録の中では、利用客の中に出光佐三の姿がある。これはごく一部の例にすぎず、この時期の三宜楼は門司最高格の料亭として存在し、政財界に多くの利用客があったことは想像に難くない。それを示す例として、戦時中の昭和十八年、三宜楼が陸軍偕行社の所有となったことをあげることができる。関門を見渡せるこの料亭は、軍機目的で接収されたと考えることも出来るが、陸軍のお偉方を接待する目的でも極めて良質な建物だったのだろう。

戦後になると田川の炭坑主であった上田清次郎の所有となり、料亭として再び用いられることとなった。その後門司港の沈滞とともに飲食業は衰退していき、昭和四十年代に料亭を廃業、その後二、三階部分は間貸しする形態などをとりながら、基本的には所有者の住居として使用され続けた。現在、その処遇は明らかになっていないが、そのまま取り壊されるには惜しい、独特の美しさを持つ近代和風建築の代表作である。

（市原猛志）

19

門司救護会日用品市場

（中央市場）

①門司区老松町一－十八
②一九一九（大正八）年頃、木造平屋建
③門司救護会／不詳／不詳

巻頭地図1

中央市場（現状）

公設市場の成立

公設市場とは、国や地方の公共団体によって登録された一定の設備を備えた市場のことである。元々市場という存在を考えると、人の多く集まるところに自然発生的に出来るものがほとんどである。しかし大正期に入って米騒動の勃発を機に、市場の適切な価格と治安の維持を目的とする公設市場が出現することになった。一九一八（大正七）年十月、内務省は小売市場の設置を委員会で審議決定し、公共団体が認める形で各店主が生活必需品の販売を行う公設市場が各地で造られていった。

老松町の公設市場

北九州市内の公設市場では一九一九（大正八）年、門司救護会が老松町に日用品市場の設立を計画したことが端緒である。現在の老松公園隣接地兵器支廠跡を利用して物品・蔬菜・魚肉の三種の販売所を選定し同年九月二十五日に開設した。初日の様子は『門司新報』の中で「売るわ!!飛ぶが如く、戦場に等しい其賑ひ」、「価格は二・三割方は慥《たしか》に安い」と記されるように、かなりの人気であった。戦前期では門司最大の公設市場であった老松町公設市場は、開設直後から三倍に拡張され、一九二一（大正十）年には門司救護会解散とともに門司市に寄贈された。戦後に焼失していたものの民間の手によって復興し、以来門司市民の台所として今日まで親しまれている。市場の中は昔の下町商店街という雰囲気をそのままに留め、開設から約九十年を経て、市場は生活の一部となり市井《しせい》に溶け込んでいるようだ。

（市原猛志）

小倉

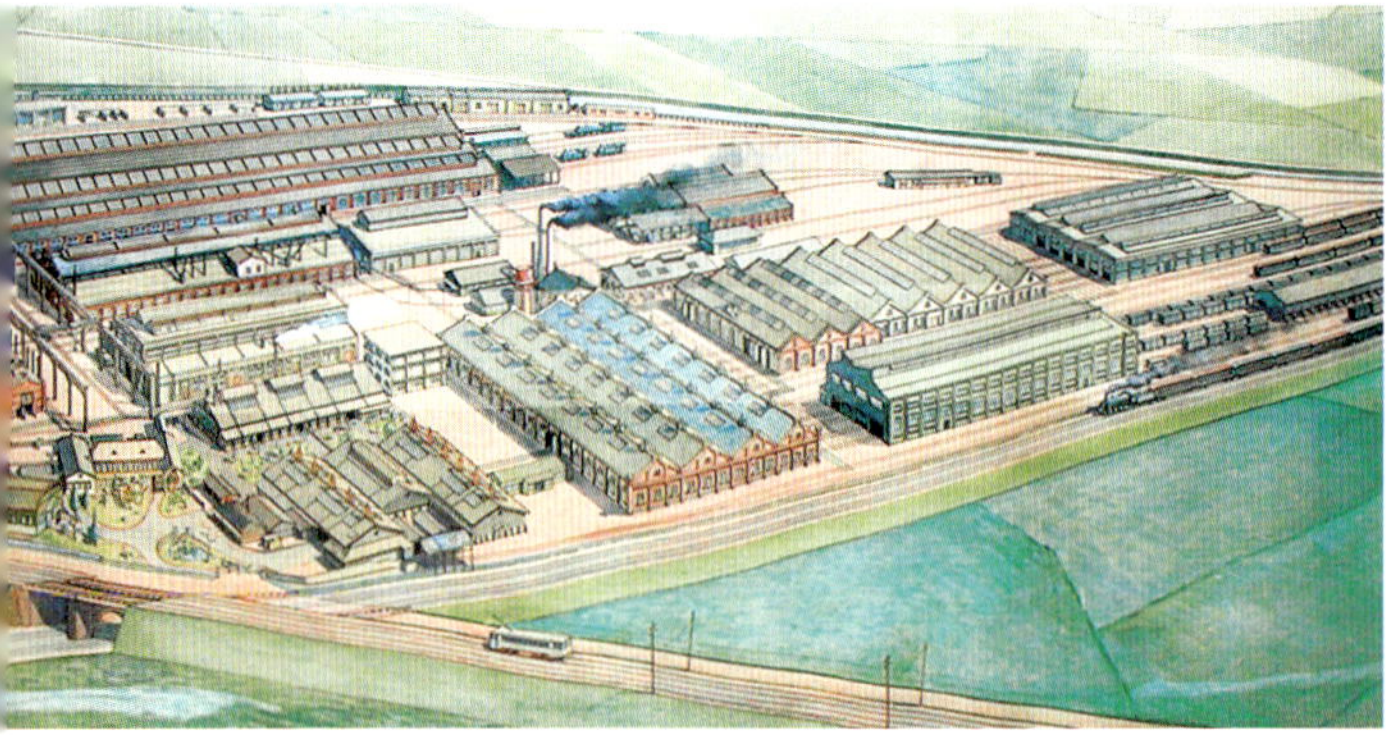

昭和四年に描かれた小倉工場全景の絵図

20

九州鉄道小倉工場（ＪＲ九州小倉工場）

①小倉北区金田三－一
②車輪置場（旧機関車職場）：明治二十四年（一八九一）
自連バネ検修場（旧鍛冶職場）：大正二年（一九一三）
鉄工改造場：大正三年（一九一四）

巻頭地図5

小倉工場の創設

鉄道唱歌に「汽笛一声新橋の……」とあるように、日本の鉄道は一八七二（明治五）年に新橋から横浜間に鉄道が開設されたことに始まる。九州では一八八九（明治二十二）年に博多、久留米間に「九州鉄道会社」の路線が開設され、その2年後の明治二十四年には門司港、熊本間が開通した。「九州鉄道会社」は一九〇七（明治四十）年に帝国鉄道庁（後の鉄道院、鉄道省、国鉄）に統合国有化され、現在の九州旅客鉄道株式会社になった。

日本における鉄道の導入は工部省鉄道掛を所管省庁として、イギリス人の技師長エドモンド・モレルを招聘しイギリス式の鉄道を導入した。一方、新橋駅と横浜駅の駅舎建築はアメリカ人建築家ブリッジェンスの設計によるもので、小倉工場の開設にあたってはドイツ人技師、ヘルマン・ルムシュッテルの指導を受けている。日本における鉄道技術と施設の導入はイギリス、アメリカ、ドイツに委ねられていたことが判る。

九州鉄道の開設に伴って、明治二十四年に小倉駅、門司駅（現在の門司港駅を門司駅と呼んでいた）、および小倉工場が建設された。小倉工場は車両の検査、修繕、改造、整備を行うための施設であったが、後年においては蒸気機関車も製造している。現在の小倉工場は小倉から大蔵を通り八幡に至る九州鉄道の路線沿いに立地していた。なお、現在の鹿児島本線である戸畑、枝光を通る路線は一九〇二（明治三十五）年に開通している。

自連バネ検修場

車輪置場

車輪置場

ところで、現在のJR九州小倉工場には一九一四（大正三）年以前に建設された工場が三棟残っている。「車輪置場」、「自連バネ検修場」、そして「鉄工改造場」の三棟である。まず、「車輪置場」であるが小倉工場の日豊線側に位置している煉瓦造の建物で、南側と西側部分が取り壊された痕跡を残した三×五スパンの一棟の工場である。煉瓦はオランダ積みで、窓等の開口部にはアーチが施され、北側のアーチには石造の要石《かなめいし》が入っている。この北側の開口部は要石までの高さが約四・四五㍍、幅が三・六四㍍で両側に大型の蝶番が残り、観音開きの大きな扉があったことを伺わせる。内部の構造は一五・七㍍に架かる木造のクイーンポストトラスで、屋内の煉瓦や木造のトラスは黒く煤けている。「車輪置場」についての記録であるが、JR九州小倉工場に工場全体の鳥瞰《ちょうかん》図を描いた昭和四年の絵図が保存されている。この絵図によって明治二十四年の小倉工場開設時期から昭和四年までに建設された小倉工場の建築概要を知ることができる。この絵図には現在の「車輪置場」の位置に一棟が三×一七スパンである並列した四棟の工場が描かれ、一一対のレールが建物の中に引き込まれている。また、絵図に描かれた日豊線側の妻側のデザインは現在の建物と同じであることを考えると、「車輪置場」は昭和四年当時は現在よりも規模の大きい施設で、機関車等の車両工場であったことが判る。さらに、小倉工場開設時に「小倉工場機関車職場　煉瓦造一階」との記録があることや、建物の配置、構造、デザインなどを総合すると、現存する「車輪置場」は小倉工場開設時に建設された「小倉工場機関車職場」の一部であると考えられる。

自連バネ検修場

「自連バネ検修場」は一九一三（大正二）年に建設された「旧小倉鍛冶職場」である。建設費用は当時の金額で二一万四〇〇〇円であった。外壁が煉瓦造であるのに対して、内部

鉄工改造場の内部

鉄工改造場

は鉄骨造で、屋根を支える小屋組は鉄骨のフィンクトラスである。先の小倉工場を描いた昭和四年の絵図にもこの建物が描かれており、北側が短く改造されている所以外は現在の姿と同じである。妻側の窓は石造の楣石と窓台が施され、側面は煉瓦造のアーチである。「旧小倉鍛冶職場」は煉瓦造から鉄骨造への過渡期の工場建築と言えるだろう。

鉄工改造場

「鉄工改造場」は一九一四（大正三）年の鉄道院時代に建設され、現在の門司港駅や東京駅と同じ年に建設されている。「鉄工改造場」は一見すると煉瓦造に見えるが実際の構造体は鉄骨構造で、外壁の妻側全面に煉瓦を、側面では鉄骨の柱間に煉瓦をそれぞれ積み上げている。側面の窓は軒まで高く伸びており、屋内も明るく、デザイン的にも当時としては斬新でモダンな建築であった。屋根を支える構造はフィンクトラスで軽やかであるが、鉄骨構造のスタイルはドイツ人が指導した地元八幡製鐵所の工場とは違っている。鉄骨の構造体を表に出し、従来の煉瓦を外壁材として使用した「鉄工改造場」のデザインは煉瓦造の工場建築から近代化へ向かう過渡期の建築をさらに一歩進めたものであった。

このように、ＪＲ九州小倉工場は九州鉄道発足当初の明治期から鉄道院時代の大正・昭和初期までの歴史的な工場建築を残しており、日本における鉄道導入期における鉄道工場と歴史的な工場建築を残した博物館と言えるだろう。

（尾道建二）

21

東京製綱小倉分工場

（東京製綱九州支店施設）

①小倉北区高浜一－三－一
②一九〇六（明治三十九）年、煉瓦造二階建・煉瓦造平屋建
③東京製綱／不詳／清水組

巻頭地図4

東京製綱旧事務所外観

赤煉瓦の事務所と倉庫

小倉駅から国道一九九号線を通って車で三分足らず、右手に赤煉瓦の工場群が見えてくる。妻飾りを持つ倉庫と様式建築的な美しさを持つ事務所棟が遺っている。東京製綱というロープ製造工場である。現在遺っている建物の内、事務所棟は外観もさることながら、内部は階段ホールの手摺りや二階の会議室の天井飾り、マントルピースなど特徴的な意匠が遺っており、注目に値する。

ロープの使い道

ロープという材は、土木の中で様々な用途に用いられる。たとえば吊橋、ケーブルカーやロープウェイ、高速道路のガイドロープや岩盤保護のためのネット、炭鉱でも石炭貨車を引き揚げる時などにワイヤロープ（鋼索）が用いられた。また船舶の舫綱《もやいづな》等にはマニラロープ（麻綱）が汎用されている。東京製綱はこれらの製造会社のひとつである。

明治も中盤に入り、筑豊炭田で本格的に石炭採掘が始まると、炭坑で用いるワイヤロープの需要が増え、会社内では北九州に工場を新設する話が起こった。一九〇六（明治三十九）年に企救郡足立村（北九州市小倉北区・現位置）に分工場を新設することが決定した。

〈　上　〉煉瓦造倉庫
〈左上〉事務所棟二階会議室（天井シャンデリア跡）
〈左下〉事務所棟二階会議室

小倉工場の歴史

出来上がった工場は順調に生産を伸ばし、第一次世界大戦時には大量の軍需注文を受けた。その後不況となるが、これを一掃する活気をもたらしたのが、奇しくも関東大震災である。主力工場であった東京の深川工場が壊滅し、ワイヤロープの需要が一手に集中することとなったため、工場は繁忙を極めた。この頃が同工場の最盛期であったとも言える。

この工場にはもうひとつの系譜がある。原料鋼材の自社供給を考えた同社は、一九一六（大正五）年に同じ小倉市の許斐埋立地に製鋼所を完成させた。三年後主力事業専念のためにこの製鋼所は浅野総一郎（浅野セメントなどの創業者）に譲渡することとなるが、これが現在の住友金属小倉である。現在会社間に直接の繋がりはないものの、鋼材供給などの取引は行われているとのこと。

往時の小倉工場を語るエピソードが遺っている。「小倉は筑豊の炭田を控え、炭鉱用ロープを作る場合が多いので、なるべく、丈夫な綱を造ることを心掛ける結果、伸線工程からしてどうしても太い線を抽くようになる」とは旧小倉市議会議員である近藤乾太郎氏の言葉であるが、この言葉にあるように、工場の炭鉱方面への信頼性はひとかたならぬものであったようで、その伝統は現在でも周辺のロープウェイへの製品納入という形で息づいている。

炭鉱向け需要がなくなるに伴い、生産数も減少していったため、工場は平成十四年に閉鎖しており、赤煉瓦建築の将来は不透明である。

（市原猛志）

22

金辺《きべ》トンネル

①小倉南区大字呼野
②一九一五（大正四）年開通
③小倉鉄道／不詳／不詳

巻頭地図6

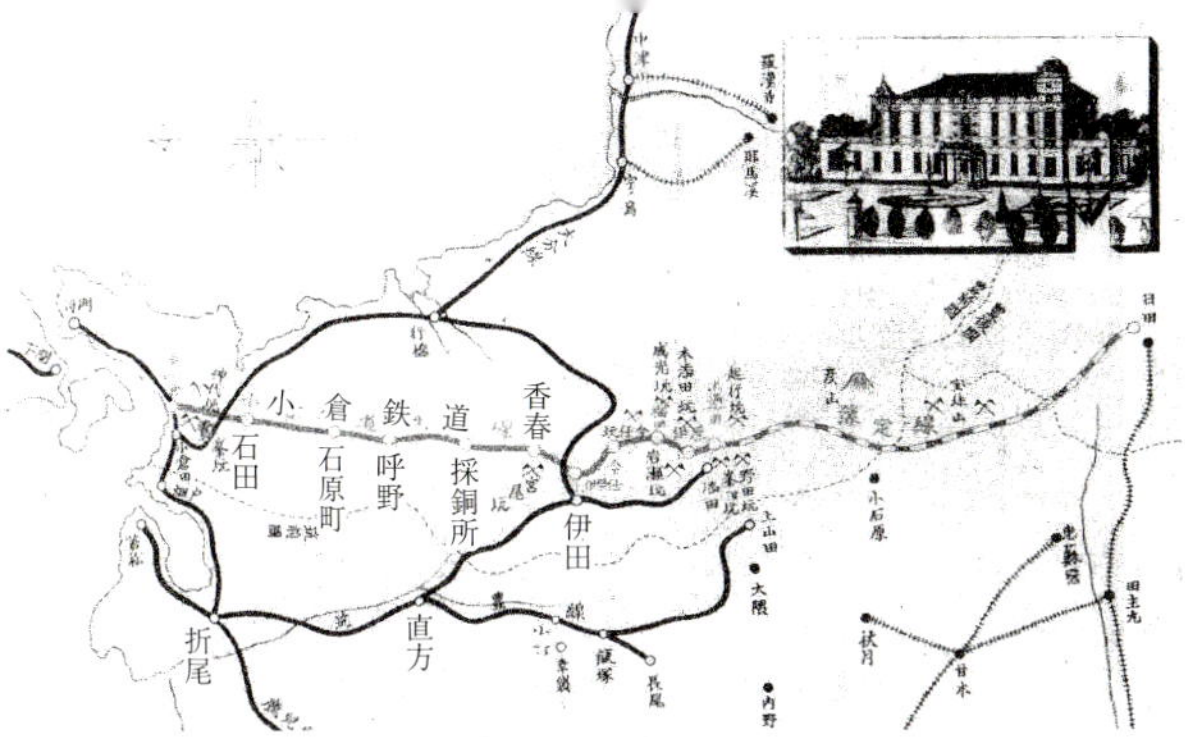

小倉鉄道路線図

金辺トンネルの特徴と見所

北九州市小倉南区と田川郡香春《かわら》町の境、福智山系と平尾台に挟まれた位置に金辺峠がある。ここを通るJR九州日田彦山線は呼野《よぶの》－採銅所駅間の金辺トンネル（延長一四四四メートル）でこの峠を抜ける。

このトンネルは一九一五（大正四）年四月一日、私鉄小倉鉄道によって開通したもので、経年九〇年を超える市内で最も古い鉄道トンネルである。このトンネルには、単線でありながら複線が敷設可能な広い断面を持ち、しかも入口側と出口側とではその断面形状が異なるという珍しい特徴がある。また、当初金辺鉄道によって着手されたものの、工事半ばで一旦放棄されるなど、その生い立ちにも興味深いものがある。

開通に至る苦難の経緯

金辺トンネルは一八九七（明治三十）年六月十九日、金辺鉄道の手により工事が開始された。金辺鉄道は明治二十九年に設立、石炭輸送を目的に小倉の高浜から下山田に至る鉄道敷設を免許された鉄道であった。しかし、物価騰貴などにより予算に齟齬《そご》を来たし、負債は増加し、会社は解散、免許も失効したため、トンネル工事も一九〇〇（明治三十三）年に中止、放棄された。

これを引継いだのが一九〇六（明治三十九）年に設立され、一九〇七（明治四十）年に免許された小倉鉄道で、一九一二（明治四十五）年にトンネル工事再開、大正四年に東小倉－上添田（彦山口を経て現在の添田）間が開通した。

金辺トンネル　坑門の形状が扁平な呼野側入口
複線の敷設が可能な断面になっている

複線型断面トンネル

金辺トンネルの最大の特徴は複線の敷設が可能な断面形状で造られたことにある。これは金辺トンネルすぐ手前の丸山トンネル（延長一一〇メートル）、及び跨線水路橋、採銅所ー香春間の採銅所トンネル（同九〇メートル）、古宮トンネル（同六〇メートル）も同様である。これは将来の輸送増を見越し、複線化の際に工事を容易にするため、予め複線断面で施工したものだが、ついに実現することなく石炭輸送は消滅してしまった。

複線断面で建設したものの、複線化が実現しなかったトンネルの例としては豊《ほう》州《しゅう》鉄道が建設した現在の平成筑豊鉄道田川線崎山ー源じいの森間の第一石坂トンネル、第二石坂トンネル（共に九州最初の鉄道トンネル）、同じく豊州鉄道が建設した現在の日田彦山線田川伊田ー田川後藤寺間にあった伊田山トンネル（鉱害のため、開通後一〇年を経ずして開削・撤去）、唐津興業鉄道が建設した現在の唐津線多久ー厳木間の笹原トンネルがあるが、いずれも石炭輸送を目的に建設された線路であった。その中にあって金辺トンネルは抜群の延長を誇るとともに、着工当時、複線断面のトンネルとしてわが国最長のものであった。

入口と出口で異なる坑門形状

金辺トンネルのもう一つの珍しい見所に、入口（呼野側）と出口（採銅所側）で坑門の形状が異なっていることがあげられる。これは、建設に着手した金辺鉄道はアーチ部に独特の扁平三心円の断面（小倉鉄道乙式という）を用いたが、小倉鉄道が工事を引継いだ際、トンネル中ほどから出口側に向かう下り勾配を緩く変更し、同時にアーチ部が円形の断面（小倉鉄道甲式という）に変更されたためである。

坑門はどちらも整層切石積で壁柱、帯石、迫《せまり》石、要《かなめ》石を備えた重厚なものであ

金辺トンネルの手前にある煉瓦造りの跨線水路橋

ポータルに記された揮毫「贔屓擘蹋」

る。また、路線開通の成否の鍵を握るような大工事となったトンネルには、その完工を記念して坑門に扁額が掲げられるのが例であるが、金辺トンネルでも当時の小倉鉄道社長牟田口元学の揮毫《きごう》になる扁額が掲げられた。入口には「贔屓《ひき》擘蹋《はくとう》」、出口には「横絶山巓《おうぜつさんてん》」と刻まれている。

金辺トンネルは一般の立ち入りが規制される線路敷きにあり、しかも出入り口付近はかなり深い切通しになっているため、足場も悪く線路外からも見えにくい。このため列車の先頭の窓から観察するのが無難と思われる。

日田彦山線の略史

小倉鉄道は戦時中の昭和十八年五月一日に国に買収され、東小倉－添田間は国鉄「添田線」になった。戦後の昭和三十一年三月十五日、釈迦岳《しゃかだけ》トンネルの開通により東小倉－夜明間を「日田線」に改めた。続いて、日豊本線城野－日田線石田間の短絡線と日田線香春と田川線伊田（現田川伊田）間の短絡線が開通し、日田線の列車は小倉から伊田、後藤寺（現田川後藤寺）を経由して日田に向かうことになった。これにより、乗換えの利便性は大幅に改善された。この運転系統の変更に合わせて線名が改められ、日田線は日田彦山線（現在と同じ城野－後藤寺－夜明間）と添田線（香春－大任－添田間）に分割された。その後貨物線として存続していた東小倉－石田間と特定地方交通線に指定された添田線が廃止されたため、小倉鉄道が建設した路線は両側を切られ、金辺トンネルを含む石田－香春間のみになった。これら線名と運転系統の複雑な変遷は地元の人でさえ、混乱するほどである。

（大塚孝）

創業当初からある製品倉庫（一部解体）

23

大阪曹達《ソーダ》小倉工場（ダイソー小倉工場）

①小倉北区高見台八－一
②一九一六（大正五）年、レンガ造平屋建・木造平屋建
③大阪曹達／不詳／不詳

巻頭地図5

塩と近代産業の関わり

九州の石炭産業は江戸後期から徐々に盛んになってきたが、当初これを支えたのが製塩業である。製塩用に用いられた燃料の松材が高騰した時期、これに代わるものとして重宝されたのが石炭だった。石炭産業と製塩とは浅からぬ縁を持っている。

塩は食用以外にも様々な用途で用いられる。とりわけ理化学の分野においては物質の化合・精製・中和作用によって多種多様な製品を生み出すことが出来るため、化学工業の中で塩を原料として生み出すナトリウム化合物や塩素はなくてはならない物質である。北九州の中でこれらの生産を積極的に行ってきた会社のひとつに大阪曹達《ソーダ》（現ダイソー）がある。

満州の塩を工業に活かす

大阪曹達は創業のきっかけに大連周辺と深い関わりを持つ。遼東半島製塩業の活用を考えた当時の関東都督府民政長官白仁《しらに》武（第五代製鐵所長官）は、当時塩から精製される化合物、「苛性《かせい》ソーダ」の画期的な製造法・水銀法の特許を持っていた、京都帝国大学の吉川亀次郎に指導を仰ぎ、苛性ソーダの本格的な精製工場を建設することを考えた。早速創立委員等による総会が大阪で開かれ、遼東半島から近く、電力供給が比較的容易であった小倉に工場を建設することになった。設立委員に役員が名

旧事務所棟施設

旧守衛所

を連ねた九州電気軌道（現西日本鉄道）から土地の提供を受け、一九一六（大正五）年から三ヶ年の建造計画で工場が建設されていった。

試行錯誤から技術供与へ

工場の稼働当初は水素や塩素ガスによる爆発事故が相次いだ。従業員達の中でも月二〇日以上勤められたらよい方で、三日で退職する者も少なからずいた。また塩素ガスが漏れ、隣を走る電車の軌道や河川が腐食するなどの被害もあったが、これらは徐々に改善されていった。昭和六年からは苛性ソーダやさらし粉（消石灰）の製造で多くの同業他社（現在の旭化成・三菱化学・呉羽化学等）に技術提供をするほどの成功を収めた。水銀法による苛性ソーダの製造は、環境被害が深刻になり、法規制によって水銀法からの全面転換が指示された昭和五十二年まで、わが国の化学産業に大きく貢献した。

工場に遺る近代化遺産

現在工場内にある施設群の中で外からもはっきりと見えるものとしては、旧電車通りから見える煉瓦造の製品倉庫が一部解体されたものの、遺されている。また、その周辺にある旧守衛所や事務施設は年代こそはっきりとしていないが、工場の操業に長らく貢献してきた貴重な財産だと言って良い。

（市原猛志）

24

小倉警察署
（岡田医院）

①小倉北区室町二－二－一
②一八九〇（明治二十三）年改築、木造瓦葺二階建
③福岡県／白水碩次郎（福岡県職員）／原田留造（大工）

小倉警察署（当時の写真）

室町の洋館医院

かつて路面電車の走っていた小倉室町。その市役所前に古くからある建物は、平成十六年まで病院として用いられていた。外観は下見板《したみいた》で覆われており、典型的な古い洋館といったたたずまいである。

その内部に一歩立ち入ると、古くからある病院といった印象が前面に押し出される。受付から一部屋奥には診察台、顕微鏡がある。天井は改装されているらしく、低く張り替えられているが、この建物の特徴はここからさらに一歩入った階段室にあった。

階段ホールは建物の格調を表すという。手摺は重厚な親柱で飾られ、上下窓と漆喰壁、所々に施された漆喰の模様は単なる病院と思わせない手堅い威厳を感じさせた。この建物はもともと一体何だったのだろうか。

警察署として使用

建物の遍歴を調べてみると、未だ謎が多いといわざるを得ない。従来は警察署であったという説と小倉県庁舎（一八七一～七六）の一部であったという説があり、先年ＮＰＯによって調査を行った結果、棟札《むなふだ》をはじめ写真資料などが確認された。この結果建物は少なくとも一八九〇（明治二十三）年に改築竣工した旧小倉警察署

階段室及び手摺

旧小倉警察署（現状）

だということが判明した。

昭和三年に新庁舎に移転する際に撮影された、警察署時代の写真が遺っている。それは現在とは似ても似つかぬ姿であった。壁は漆喰壁、正面玄関も現在と異なっており、さらに火ノ見台といわれる塔屋までついていた。この塔屋は、当時警察が消防としての役割をも担っていたことをその形状を以て証明してくれる好例である。細かな意匠まで挙げるときりがないが、写真を見ていただければその違いは一目瞭然であろう。

これが警察署だとしても、その構造上不可解な点はまだある。発見された棟札がわざわざ「小倉警察署改築」と書かれていることも挙げられるが、一番の問題は構造上のそれだろう。再度写真を見て貰いたい。玄関上部に取り付けられたこの扉は、どこに繋がっていたのか。同じような不要扉は階段踊り場付近にもつけられている。この扉の先が、もし他の県庁舎建物であるならば、建物の竣工年次は更に遡ることになる。

建物に遺された謎

この建物は、明治維新、それに繋がる歴史上の出来事であった小倉戦争以降小倉の街がどのような経緯を経て再興していったのかを知る上で重要な施設である。当時長州藩に対抗する立場であった幕府親藩の要地たる小倉は、この小倉戦争で焼け野原になった。その後の小倉を統治したのは、占領軍たる長州藩である。この建物は、少なくともその部材の一部は長州藩の占領統治に使用された長州藩小倉支庁（これが後の小倉県庁舎となる）のものであったと推測される。

建物の名義はその後日田県小倉支庁、そして小倉県庁舎となる。福岡県と小倉県の合併（一八七六〈明治九〉年）以降は福岡県小倉支庁・小倉区裁判所・そして

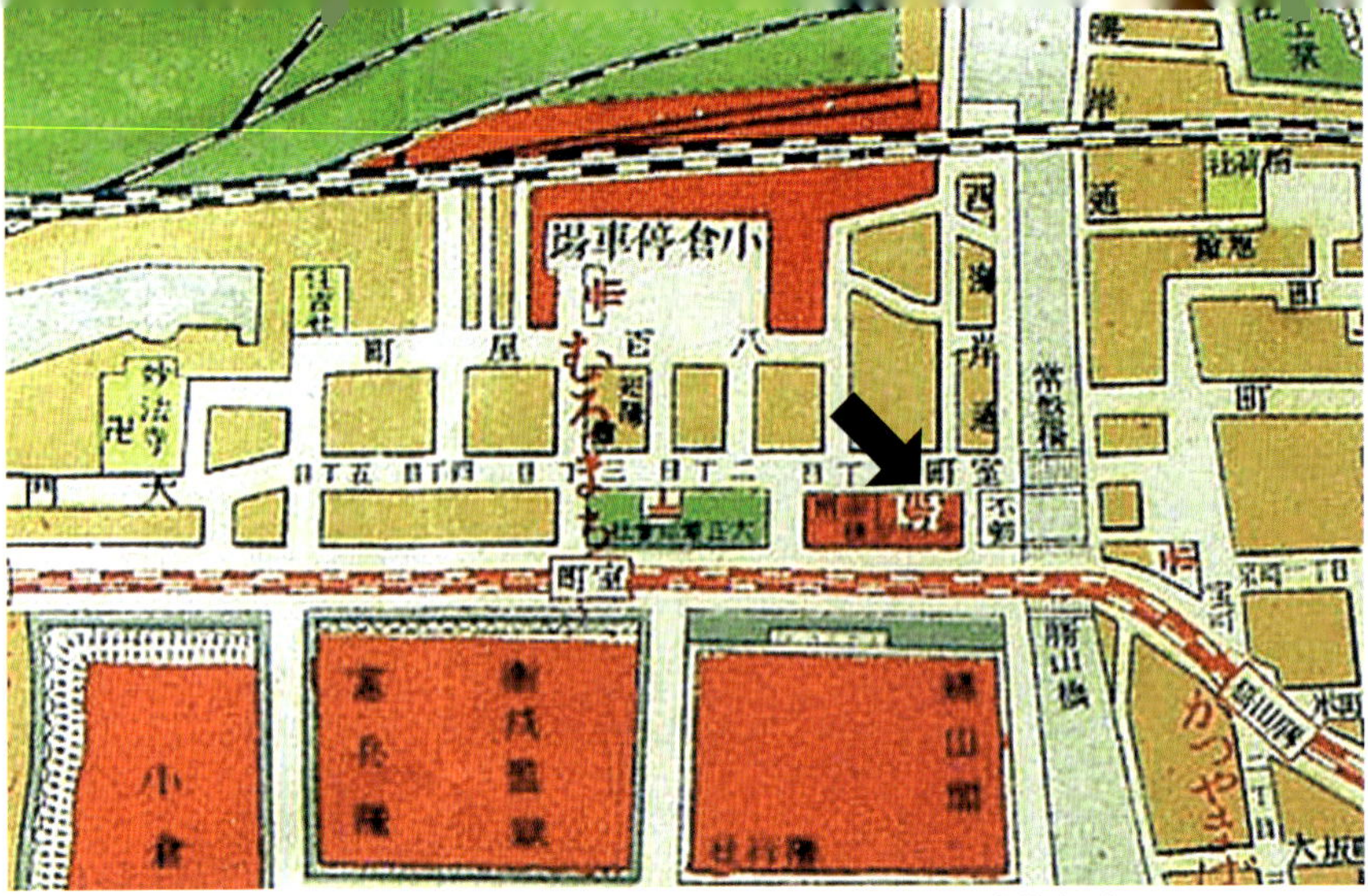

大正七年刊「小倉市街地図」より小倉駅周辺（矢印が小倉警察署）

小倉警察署として使用された。この当時の県庁舎は続棟の和風建築であったことが、公文書などで明らかになっている。この建物は、周辺行政の中心施設にふさわしく、「頗《すこぶ》る広漠な建物」であったためメンテナンスが難しく、改築を希望していた事が『福岡県議会史』中に記載されている。現在ある上家はこの認可が下りてから、つまり一八八九（明治二十二）年に改築が始まったのである。

警察署移転とともに、この建物は当時の警察医であった奥野正作氏に払下げられ、以降医院として使用された。そのときに現在の位置まで曳家が行われ、外観も下見板張に改装。更に正面玄関の変更が行われたようだ。以前の玄関は長崎街道を向いていたと考えられる。

またこの当時、医院としては広すぎる建物を利用して、二階道路側部分を医師会が経営する看護学校として用いていた。これは北九州小倉看護専門学校として系譜を今に伝えている。看護学校が移転して以降建物二階は間仕切りされ、入院患者などに供されており、近年は使用されていなかった。

昭和三年以降は一貫して医院として使用されていた。その間何回か改修が行われ、現在ある姿に落ち着いたのは、写真資料から昭和三十年代頃と思われる。医院閉院以降、今のところ建物は使用されていないが、民間の手によって改装の後活用されることが既に決定している。

建物がある小倉北区室町周辺は、小倉城址が長い間陸軍関係の施設として用いられた関係もあってか、建物に関する写真が殆ど残っていない。謎多き建物は、研究者泣かせの建物だとも言えよう。今後の調査進展に期待したい。

（市原猛志）

25

湖《こ》月《げつ》堂《どう》酒類倉庫
（赤煉瓦館）

①小倉北区魚町一－六－十四
②一九一八（大正七）年煉瓦造三階建
③小野順一郎／柴崎組／柴崎組

巻頭地図4

ＪＲ小倉駅向からみた赤煉瓦館の外観

雑踏のオアシス

ＪＲ小倉駅南口を出て右手に行くと魚町銀店街への小道があり、小道に入るとすぐ右側に湖月堂の赤煉瓦館がある。魚町銀店街へと続く雑踏でつい見過ごしてしまいそうな小振りな建物であるが、赤煉瓦館だけは静かな落ち着いたたたずまいをしており、街中にある一服の清涼剤である。

湖月堂の歴史を見ると小倉の街の近代史が見えてくる。幕府と長州藩の代理戦争である豊長戦争に小笠原藩が破れ豊津の地に退き、小倉は長州の占領地となった。これにともない藩を代表する豪商も悉く潰え去り明治の始めには以前の城下町としての賑わいは跡形も無いところから始まった。

栗饅頭の由来

小倉に一八七五（明治八）年に歩兵第十四連隊が、明治三十一年には第十二師団司令部が置かれ軍都として賑わった。山口・大分・愛媛・広島等から小倉の地で一旗揚げようと多くの人が集まってきた。湖月堂の創始者小野順一郎氏もその一人である。明治五年、実の粒が小さなシバグリの産地で知られる広島県高田郡

〈上〉かつての湖月堂
〈右〉やすらぎを感じさせる窓
〈中〉三階屋根トラスが見える店内

向原村に生まれた。明治二十年、十五歳で故郷を出て、菓子づくりの修行で広島を始め各地を転々とした。明治二十七年、小倉の老舗である菓子舗福田屋に菓子職人として弟子入りした。菓子づくりの腕より、その素朴で素直な性格と機転の良さが好感を持って福田屋の主人から認められ可愛がられた。明治十八年頃、室町に小倉駅があり人通りの多い常盤橋のたもとで、七輪で焼き餅をこしらえて道行く人に商売を始めた。福田屋の主人から手ほどきされた囲碁の人脈と勤勉な商売で信用をきずいていき、明治三十三年には順一郎は自前の店を持ち、囲碁の縁で当時の師団長井上光が源氏物語の注釈書「湖月抄」から店名を「湖月堂」と命名した。一九〇四（明治三十七）年日露戦争が始まり、勝栗をもちいた新しい高級菓子の製造を開始、翌年に今日の「栗饅頭」が完成し湖月堂の礎が築かれた。かつて門司港築港に尽力し倒産した豊陽銀行があった、京町と魚町と交わる角地を一九一六（大正五）年に入手し、名実ともに小倉を代表する有名店となった。松本清張をして「湖月堂は小倉の目抜きの場所にあって、子供のころからそのショー・ウィンドウにならぶ菓子や食料品に夢と憧れをもった」と言わしめた湖月堂の始まりである。

　日露戦争の捕虜収容所が日明に設けられた事に着目し、順一郎は門司港の明治屋支店からスコッチウイスキーを仕入れ、柵ごしにロシア兵に売ったのを手始めに酒販を始め、のちに清酒白鶴の九州総代理店にもなった。赤煉瓦館は酒蔵として大正年間に建てられ、現在は西洋料理と喫茶店となっており当時の面影を伝えている。

（西村博道）

ありし日の櫓山荘

26

櫓《ろ》山《ざん》荘《そう》

①小倉北区中井浜四
②一九二〇（大正九）年　木造三階建て
③橋本豊治郎／橋本豊治郎／橋本組

巻頭地図5

櫓山荘は、女流俳人の橋本多佳子が住んでいた建物として知られているが、現存していない。多佳子の俳句の師でもある杉田久女の句とともに二〇〇三（平成十五）年十月十八日建立された句碑がある。跡地は二〇〇六年、櫓山荘公園として整備された。建物跡には実物大の建物平面が煉瓦を敷詰めて表示され、当時の間取りを知ることができる。

橋本豊治郎の邸宅

明治専門工業学校（九州工業大学）の建設に関西の橋本組が参加し、責任者として橋本豊治郎が赴任、一九二〇（大正九）年回遊式庭園や野外ステージ、テニスコートがある自宅を櫓山《やぐらやま》に建設した。昭和四年十一月父親の死去に伴い橋本夫妻が大阪に戻るまで自宅として、転居後一〇年間は別荘として使用された。昭和十二年九月豊治郎の死去により売却され、建物は昭和三十年代まで残されていた。マンション建設計画によって解体されたが、計画は中止され以後は地区の公園となっていた。

「櫓山」に由来

櫓山荘の名前は、小笠原藩と黒田藩を分ける境川河口の岬に小笠原藩の密輸

落椿投げて暖炉の火の上に

櫓山荘全景　左奥に鹿児島本線が見える

入船監視の灘見番所が置かれ、櫓山と呼ばれていたことに由来する。南以外は三方海に囲まれ、海からの日の出、夕日が海に没するのが眺められる風光明媚な地に建設された櫓山荘である。櫓山の地理的な特徴は、北北西に突き出た岬による。東・北・西の三方は白砂青松の砂浜があり近くの私立小学校の海水浴にも利用されていた。西側の小高い丘の上には藍島《あいのしま》に置かれた見張番所からの「のろし」を小倉城に中継をする灘見番所があった。一段下がったパーゴラのある広場は夏に開かれていた林間学園や野外の催しにも使われていた。東側のやや低い平らな部分に番所の詰所が置かれていた。櫓山荘建設時に、狭かった詰め所周辺を開削し平らな部分を拡げている。建物の東側にも一段下がった広場を設け、テニスコートがつくられ、現在の地形が形成された。

　建物が建てられた東側は、西側にある丘が冬の北西の季節風を防ぐよう住宅配置に細やかな配慮がなされている。建物は櫓山荘とその南側に使用人の家・車庫・櫓山荘の調理の下ごしらえをする水屋が別棟で建てられていた。

三階建ての洋風木造建築

櫓山荘は、約一万一〇〇〇平方㍍の敷地に木造三階建て（三階は小屋裏使用）の洋風建築で、アメリカで土木建築を学んだ橋本豊治郎が自ら設計した。建築面積一三八・三〇平方㍍、延べ床面積三三五・六七平方㍍の一〇〇坪を超える建物で、一二・五寸勾配の赤い屋根の洋風建築であった。一階部分は明るい緑で塗装されたアメリカ下見板張り（子割板）で壁が仕上げられ、二階から上の外壁は柱を露出させた塗壁で仕上げられていた。特徴的なのは南側二階和室部分に欄間と高欄を設け、洋風建築と和風を渾然と融合させていることである。この部分の屋根は、八寸勾配と他より緩くなっている。

　一階は東側中央に巾一・五間・奥行き一間の玄関がある。玄関脇には使用人室があり来客の応対にすぐ出られるようになっていた。玄関と同じ巾のホールがあり、右手は高浜虚子の

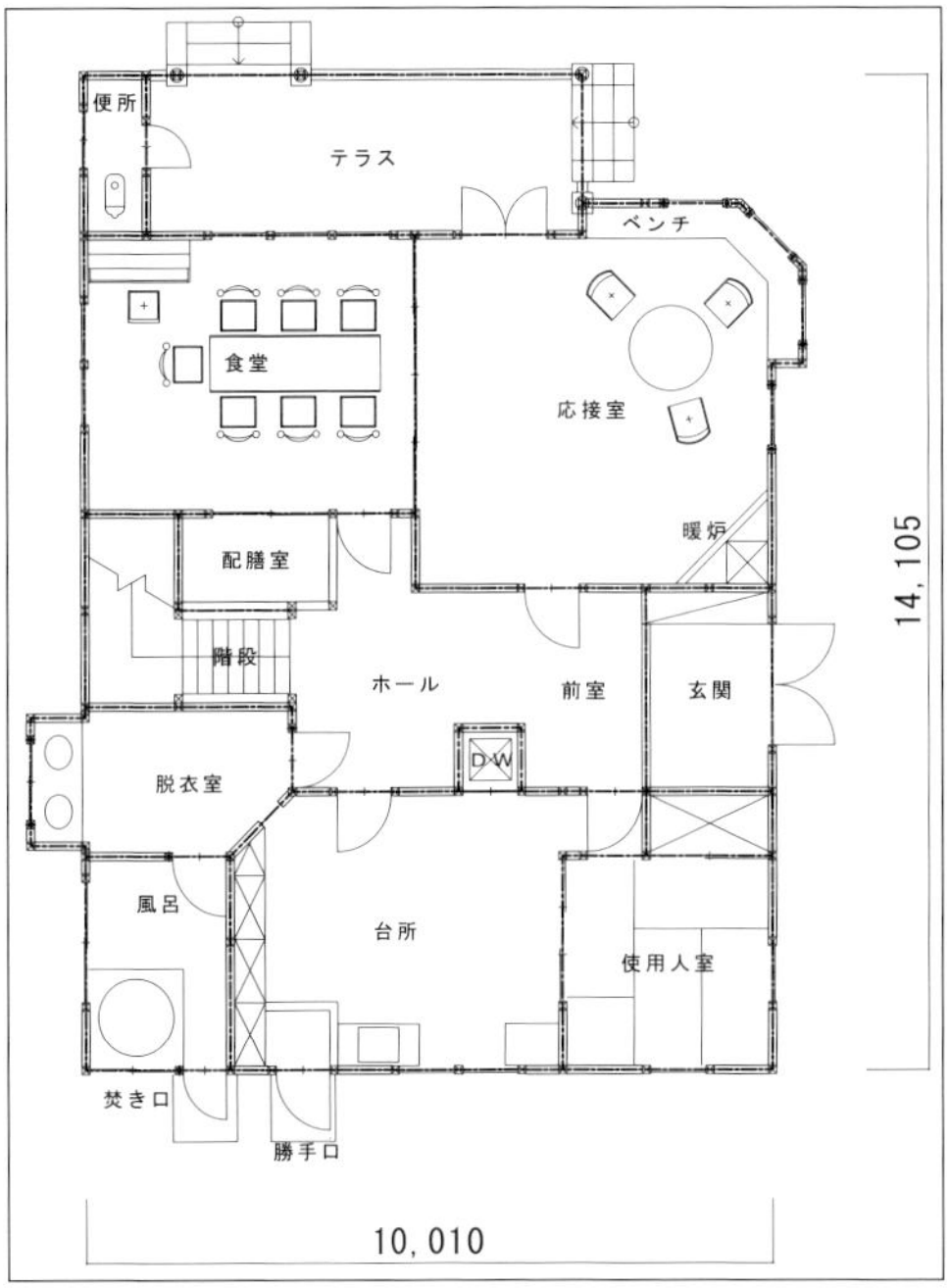

北立面図　S = 1／100

一階　平面図

「落ち椿投げて暖炉の火の上に」の句で知られる暖炉のある応接室となっている。応接室横の食堂はテラス越しに庭園が眺められる。庭園の奥に海が広がり応接室と共に来客を招くにふさわしい場となっていた。

ホール奥には階段があり、二階和室へと来客を招く。子供達が滑って遊んでいた階段の大きな手摺も思い出として語られている。またホール左手には台所があり、リフトも備えられ二階へ来客の食事等を運ぶのに利用されていた。二階南側には八畳の床の間とそれに続く八畳、一階から食事などを運ぶリフトがある六畳の和室があり、洋風建築の中に和室をもつ近代洋風建築にみられる和洋あわせ持つ平面をしている。北側には寝室と子供部屋がある。寝室には豊治郎がアメリカで生活した経験を生かした洗面設備があった。小さな舞台がある子供室は柔らかなコルクが敷かれ、子供達がのびのびと遊びまわれるよう工夫されていた。また二階の「床の間」横を通り、直接西側の丘に出られるよう屋根・壁がある廊下が渡されていた。丘への出口横にはトイレが設けられ、和室の客や丘で散策する人が使えるように配慮されていた。三階は、二階六畳和室横から階段で上がれる小屋裏部屋で、タタミが敷き詰められ、予備室・納戸・子供の遊び場として使われていた。

＊　櫓山荘は現存せず、二枚の外観写真と数枚の室内写真、橋本多佳子の遺族の証言や思い出に描かれた絵と敷地の掘削による実測調査等を北九州ＣＯＳＭＯＳクラブが行い関係者の承認を得て図面作成した。今後新たな資料等が出てくれば追加・訂正される。

（西村博道）

27

道《どう》原《ばる》貯水池

①小倉南区大字道原四二九
②一九一一（明治四十四）年、アースダム
③小倉市／吉村長策／不詳

小倉市水道の水源

小倉の中心部を流れる紫川の上流を遡ると、北九州の名勝として知られる「菅生《すがお》の滝」がある。その名の由来は滝の水しぶきで化粧をした婦人が「素顔」になるためといわれる。水量豊富で落差約三〇㍍の滝は圧巻であり、涼しい水しぶきが谷を埋めている。北九州市内とは思えない自然である。

小倉市水道の水源

この滝に至る途中に浄水場とみられる池が並び、その上には草に覆われたダムがある。これは、一九一一（明治四十四）年に完成した道原貯水池のダムおよび、翌年に完成した浄水場である。

城下町として古くから栄えた小倉は、明治時代の鉄道開通、陸軍十二師団の設置などにより発展を見せるものの、飲料に適した水に乏しく、門司ではチフスが流行し、衛生面からも上水道設置の機運が高まった。そこで、明治四十年に当時佐世保鎮守府建築科長であった吉村長策に設計と調査を依頼した後、小倉市会で事業費が可決され、直ちに国庫補助が申請された。しかし、日露戦争後の財政難で認可されず、明治四十二年になってようやく補助が決定された。そして、「菅生の滝」下流の清滝川と畑川の合流点に貯水池と浄水場を設け、これにより軍隊七〇〇〇人用を含めて、小倉一円の六万人に

巻頭地図6

取水塔の上端

ダム基部の建屋

供給する予定であった。明治四十三年の工事開始から明治四十四年の貯水池完成を経て、大正二年に給水を開始した。

アースダム

この草に被われた高さ二六㍍、幅一一三㍍のダムは、アースダムといわれる種類で、土を台形に盛って内部に粘土心壁《しんかべ》を設けて漏水を防ぎ、波にさらされる貯水池側の表面には石が敷き詰められている。ダム基部の装飾を施した小さな灰色の建屋は、ダム底部を通る取水管が敷設された暗渠の入口であり、手入れされた浄水場の中にあって、小さいながらも歴史的な重厚感がにじみ出る際立った存在である。ダムの縁を通る車道を登り、十分な水を湛えた貯水池に沿って進むと、堰堤から数十㍍離れて円筒形の灰色の島が見えてくる。これは、高さ二二㍍のコンクリート製取水塔の上端であり、下端はダム底部の暗渠につながっている。貯水池の水は取水塔から入り、ダム底部を通る取水官を経て浄水場へと至る。

人工美の水路

「菅生の滝」へと至る道と別れて対岸に渡ると、容量を超えた水を逃がす円形にデザインされた余水吐《よすいばき》に至る。さらに、整備された階段を下るとカスケードといわれる極めて均整の取れた階段状の水路を目にすることができる。自然美の「菅生の滝」に対し人工の造形美を感じさせる逸品である。

設計者吉村長策

この小倉市水道の礎となった貯水池を設計した吉村長策は、工部大学校に学んだ後に長崎県技師として、わが国最古の水道専用ダムとして知られる本河内《ほんごうち》高部堰堤

〈上〉均整のとれた階段状の水路
〈左〉菅生の滝

を設計している。他に広島軍用水道、岡山水道、神戸水道、佐世保水道、佐世保軍用水道を設計し、北九州はもとより、日本の水道普及に大きく貢献した水道技術者である。

小倉の市街地から遠く離れ、静かなたたずまいの道原貯水池は、完成から九〇年を経た今日も市民の生活を支え、北九州の上水道黎明期を今に伝えている。

（青地学）

若松

28

若松石炭商同業組合

（石炭会館）

①若松区本町一－一三－一五
②一九〇五（明治三十八）年、木造二階建
③若松石炭商同業組合／不詳／不詳

巻頭地図7

石炭会館（現状）

明治期の石炭会館

この建物は若松区内に現存する洋館としては最古級で、現在でも事務所として使用されている。建築当初の名称は若松石炭商同業組合の事務所であり、その後昭和十九年に社団法人若松石炭協会となり、昭和四十八年から現在の株式会社石炭会館となっている。

建物の特徴

構造は木造二階建てで、外装はモルタルを塗り、壁面に目地を多用しているので石造りを思わせる。壁面に凹凸がなく、壁の水平線、一階と二階を仕切る装飾帯、二階窓上下のまぐさなどで、木造であることが確認できる。様式建築のルール通りに左右対称で、玄関回りのドリス式円柱が効果的である。

建築当時の写真と対比すると、屋根部分が大きく変わっている。当初は正面中央部に飾り窓を備え、庇上部に柵が巡らされ、威厳性の高い雰囲気をもっていた。

若松石炭商組合の経緯

明治新政府のもとで石炭産業は自由採炭となり、販売も藩政時代の仕組法が廃止になり、石炭問屋も参加が自由となった。一八七五（明治八）年の福岡県による県達が発布された時、早速二一名が鑑札を受けた。しかしそれによる無秩序な競争など弊害も多く、その年に石炭問屋組合が組織された。

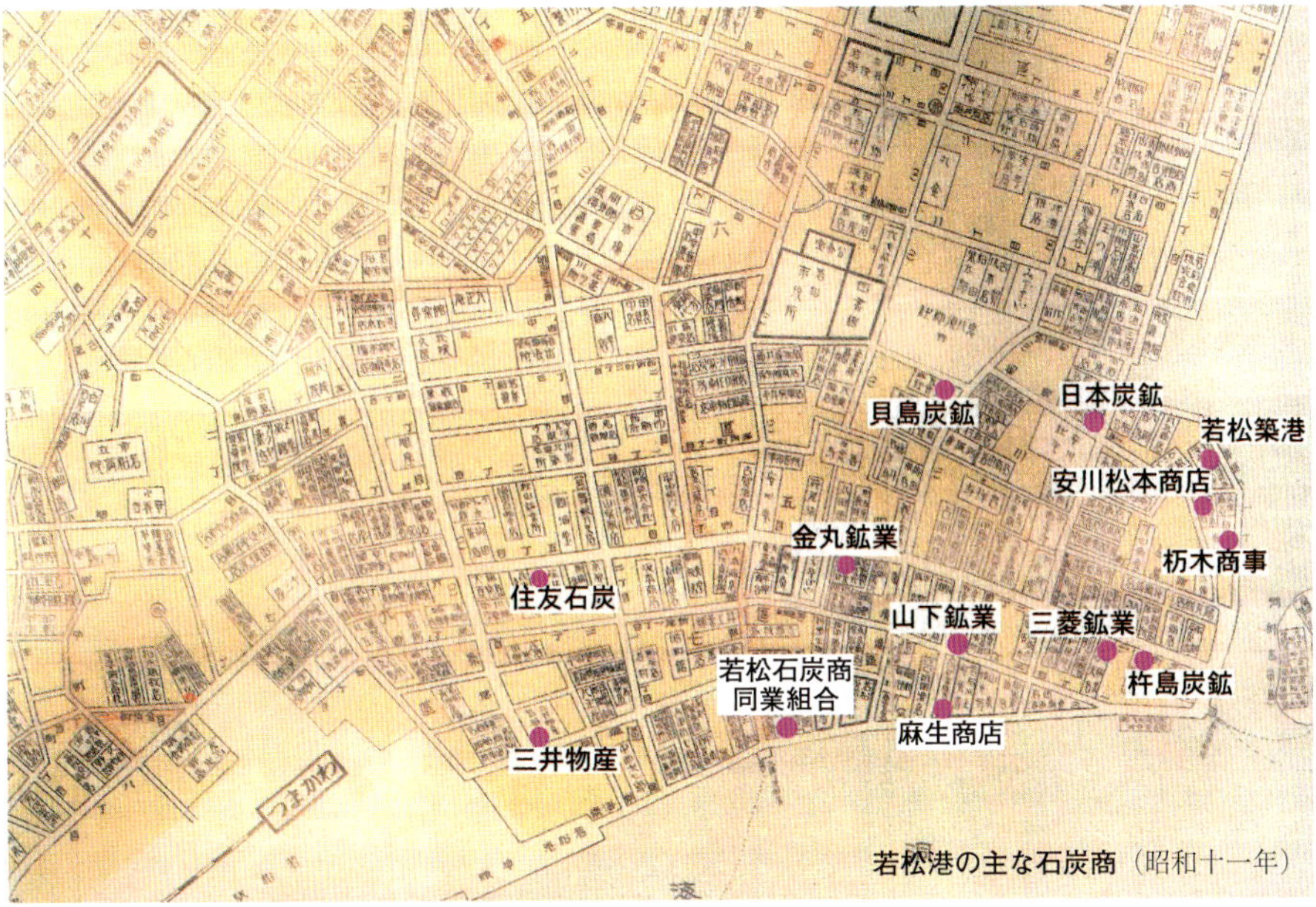

若松港の主な石炭商（昭和十一年）

一八八五（明治十八年）に県は同業組合準則を発布し、若松港同盟石炭問屋組合に名称を変えた。この時期になると、組合員の中には山本周太郎、副田孫次郎という個人に加えて三井物産会社、三菱鉱業会社、安川松本商店、古河鉱業会社の名があり、すでに中央からの進出や地元資本の伸張がわかる。

また筑豊炭田の炭坑主たちは、遠賀、鞍手、嘉麻、穂波、田川五郡の各郡に坑業組合を組織し、石炭の輸送の円滑と販路の確立拡張のために、若松に筑豊五郡坑業組合取締所を設置した。一八九三（明治二十六）年には、筑豊石炭鉱業組合に改名した。

ところで、筑豊から遠賀川、江川、堀川を経由して石炭運送を行っていた川艜《ひらた》は、最盛期には八〇〇〇艘にも達し、若松に筑豊艜業組合の事務所を設置して運賃の調停、不正な取引の防止、安全な定繋場の設置などの業務を行った。こうしてこれら三つの組合が若松に拠点を構え、筑豊石炭業界の共栄をはかっていった。

筑豊炭の水運に替わる鉄道輸送が実現すると、艜業は後退したが、筑豊石炭業界と若松はさらに繁栄していった。一八九一（明治二十四）年若松を起点とする筑豊興業鉄道が開通を前に、積出港づくりを目的とする浚渫会社が設立され、筑豊五郡石炭坑業組合と若松石炭問屋組合が協力も得て、明治二十二年に若松築港（株）として開業した。

石炭業事務所の双璧

一八九六（明治二十九）年、筑豊石炭鉱業組合は若松の旭小路、今の白山一丁目九番の高台に筑豊炭田を統括するにふさわしい事務所を建

組合が寄贈したかつての公会堂

中央階段と曲線をとった手摺

正面玄関から二階の中央階段

設し、筑豊鉱業倶楽部といわれた。「石炭華やか時代の関係者のクラブとして鹿鳴館調の建築は一つのシンボル的な存在」と云われるような最も近代的な洋館であった。その後は一時期配炭公団の事務所、そして昭和二十六年からは若松市立図書館として使用され、近年まで旧若松駅と合わせて一時期の若松の風景を作っていたが、今はもう見ることができない。

一九〇一（明治三十四）年、若松石炭業組合は重要物産同業組合法によって若松石炭商同業組合と改めた。組合は明治二十八年にいったん事務所を建築した。明治三十六年に当時の西町地先の海岸通りの埋立が完了したので、翌年築地の約三〇〇坪を購入し、組合長安川敬一郎は副組合長の山本周太郎を委員長として新事務所の建設にあたらせ、明治三十八年に完成させた。二階建洋館として当時としては最新式であり、内部も大変豪華で、会議室は石炭関係者の公私の社交場、クラブ、迎賓館として利用され、「公会堂のような役を果してきた」。

こうして若松には石炭業に関する双璧の建物が実現したのである。

石炭業界が公会堂寄付

ところで、一九一四（大正三）年に若松が市制を施行し、隆盛を極める港湾都市にふさわしく、かつ高尚な公会堂が熱望された。一九二〇（大正九）年、五反町（現、浜町一丁目の若松区役所）の市有地に、鉱業組合・石炭商同業組合の二つの組合は、公会堂を建設して市へ寄贈した。木骨・外部煉瓦張りルネサンス様式、大会議場八〇〇人、小集会場一〇〇人に及び大広間もそなえた北九州の他市にはない堂々たるものであった。若松市役所の完成する二年も前である。これまで両組合は有能な人材も得、密接な交流を重ね業界の発展への役割は大きく、そこにはそれを可能にした若松があったように思える。今日この公会堂も新しい文化体育館の建設で失ってしまったが、常に産業界のリーダーとしての責務と誇りがこの公会堂完成に結実したようにも見える。

（若宮幸一）

上野海運ビル（現状）

29

三菱合資若松支店（上野海運ビル）

①若松区本町一－一〇－一七
②一九一三（大正二）年、鉱滓煉瓦造陸屋根三階建
③三菱鉱業／保岡勝也／清水組

巻頭地図7

現役の煉瓦造事務所

褐色の外観。その大きさでは他を圧巻する外見を持つが、コントラストの関係からか、他の建物を払いのけるほど強烈なものを感じさせない。これは外壁の素材である鉱滓煉瓦（製鉄の際、産出される残り滓を煉瓦の素材として使用したリサイクル煉瓦の一種）の特徴であるとも言える。この建物は、当時珍しい素材であった鉱滓煉瓦を用い、若松の港に聳えるように作られた、三菱財閥の商社事務所である。

現在見る姿は、竣工当時から比べると玄関部分と屋上部に改修が施され、外観には多少の違和感を思わせる。これは建物が継続して使用される中で、当然あり得る事であるが、今後景観行政の進展とともに配慮を求められる要素と言える。

吹抜け天井のステンドグラス

建物単体を見ると最も注視すべき部分は、その内装にある。建物の二階から三階にかけては写真の通り吹抜け構造となっており、吹抜け天井部分にはステンドグラスが配されている。現在防災上の観点から、天井には厳重に覆いが被せられており、そこから光が漏れることはないが、竣工当時空から零れ落ちる色とりどりの光は、さぞ美しかったことだろう。

もともとは筑豊炭田からの石炭を売買するため、ここに事務所が設けられた。そのた

膨張度及び窒素分析室（当時写真）

三階吹抜け部分

め石炭産業の衰退に伴い、他社と同様に三菱も事務所を閉じることとなる。現在の所有は地元海運会社にゆだねられているが、大切に使用されていることには変わりはない。二階より上部は貸テナントとして使用されている。常に利用率は高く、多くの店子に愛されているようだ。

石炭化学からリサイクル産業へ―地域を支える技術

この建物は若松に建てられた石炭産業事務所の中でもかなり大きなものに属する。これだけの面積を必要としたことは、ただ財閥の威厳を示したかっただけではない。この建物は事務機能だけではなく石炭に関する研究施設をも有していた。現在残る写真の中では、石炭採掘やその性質に関する化学分析を行っていた様子が撮されている。

近代の若松では石炭産業に関する多くの施設が建てられたが、研究機能を持った施設はそう多くないだろう。この建物の敷地内にはかつて研究所であった別棟、及び倉庫棟が現在も遺っている。

各企業によって研究開発に関するセクションの扱いは異なるが、三菱では採掘区域に近い若松に研究機能を持たせる事で、実用性の高い成果を期待したのだろう。その系譜が現在の若松のリサイクル産業を支えているとすれば、これ以上の楽しい事実はない。

三菱関連で若松地区に遺っているものとしては、かつて支店長の邸宅であった建物が山手方面に現存している。個人宅として使用されているため、内部を伺うことは出来ないが、家の軒瓦には現在も三菱の社章が印されており、建物の遍歴を知ることが出来る。

（市原猛志）

現在の若松商工会館（旧麻生鉱業ビル）

30

麻生商店若松支店
（若松商工会館）

①若松区本町一－一一－九
②一九三六（昭和十一）年、木造二階建
③麻生商店／不詳／清水組
＊建物は二〇〇六年十二月に解体された

巻頭地図7

昭和初期の流行スタイル

コミュニティ施設となった古河鉱業ビルに面し、鈍角の角地に玄関を設けたその建物は、スクラッチタイルも古式ゆかしい、落ち着いたたたずまいを見せている。向かいの古河ビルから窓を伺えば、麻生ビルの古風な空間があたりを包み、タイムスリップした思いさえ感じる。

スクラッチタイルと階段室に配された丸窓は、昭和初期に流行ったスタイルである。特にスクラッチタイルは東京・帝国ホテルで用いられ、全国に流行した。木造でありながら鉄筋コンクリート造りを思わせる外観から、往時の流行を今に伝えている。

この建物の特徴は、往時の雰囲気をよく留めた内装にも挙げられる。一階の緩やかな曲線を描くカウンターは単なる事務施設と言うよりも、銀行のそれに近いような、崇高な雰囲気さえ感じさせる。カウンターに取り付けられた柱頭の装飾も簡素ながら好感が持てる。

建物の竣工時期ははっきりしていない。大正末期から昭和初期、あるいは昭和十二年と諸説あるが、ここでは『麻生百年史』の年表からとった説を挙げたい。

販売自立の象徴

地元石炭資本によるビルとしては、異例とも言えるほど丁寧に作られたこの施設。元々の家主であった麻生商店が、明治中期から三井物産の一手販売に委ねていた石炭の販売経

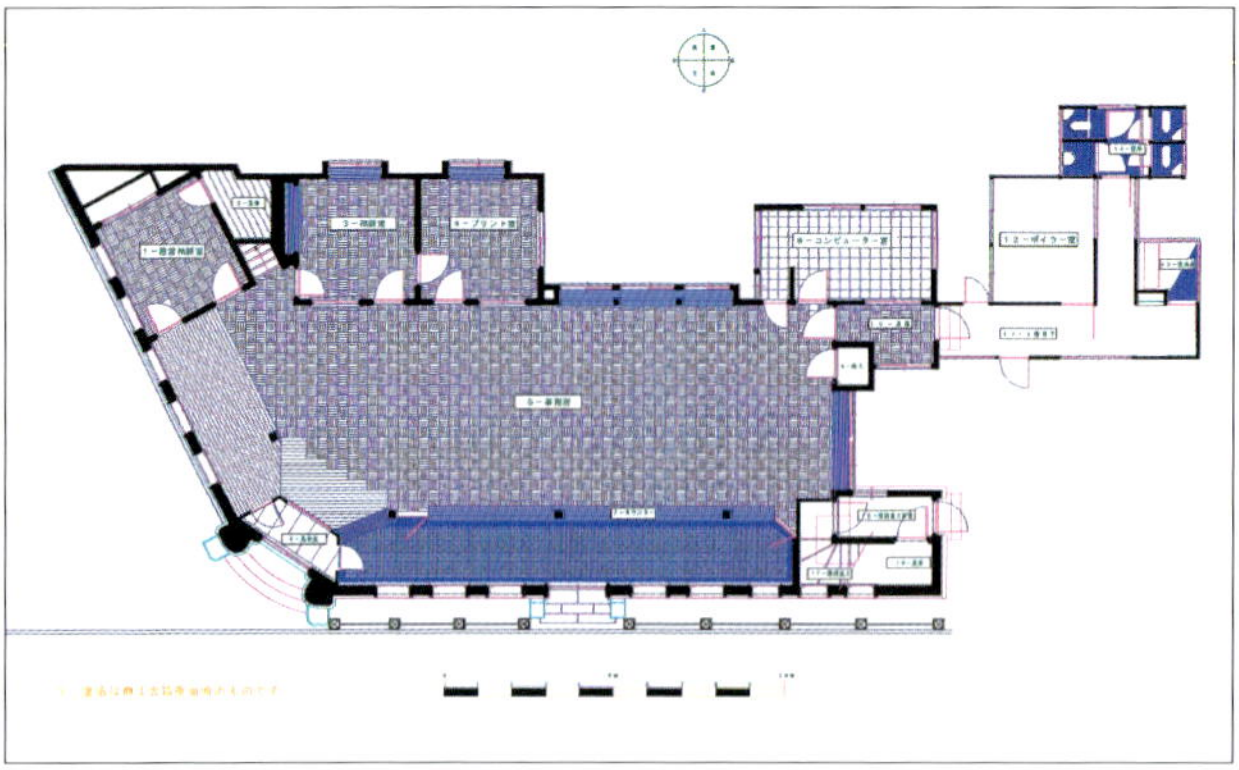

建物平面図（一階）

一階カウンター

路を、地元資本として取り戻すことのできた画期的な存在であった。その舞台であったのが若松である。

明治二十年代、門司港務局に勤めていた佐伯梅治は、当時港にうずたかく売れ残っている石炭販路に疑問を抱き、三万円の資本を集め麻生太吉に相談した。太吉は彼の趣旨に共感し、まずコークス・煽石の販売を彼に任せ、麻生商店若松出張所を開設した。一九〇六（明治三十九）年のことである。

当時の若松出張所について佐伯は『麻生太吉傳』の中で以下のように述べている。

「坑木購入の際の事務員立ち寄り所とでもいう小さな一戸を麻生商店は持って居った。それをそのまま出張所にしましたので、店員は給仕を兼ねる事務員が一名、店の広さは二間に二間半の表平土間、そこへ丸太に板を打った、と言うようなテーブルが一台、小学校に使う木の椅子が二脚ほど、他に装飾などは何もありません」

佐伯らの努力によって、地元資本による独自の販売経路が開かれた。こうして麻生は、三井物産による一手販売を解除した。この自社販売の証が、一九一八（大正七）年の株式会社麻生商店の発足である。今日麻生グループが石炭産業から転身し、多方面に渡る企業群としてある原点は、この若松から始まったのかもしれない。

現在建物の大部分は空屋状態となっている。建物の活用を探るため、平成十二年に北九州ＣＯＳＭＯＳクラブによって調査が行われ、図面が作成された。建物の活用方法を探る動きも見られたものの、惜しくも二〇〇六年十二月に建物は解体され、跡地にはマンションの建設が予定されている。

（市原猛志）

港銭収入所船舶見張所

31

若松港口の石垣護岸

①若松区浜町一地先
②一八九二（明治二十五）年、花崗岩の石積み
③若松築港会社／不詳／若松築港

巻頭地図7

若松築港会社の創立

若松港の港づくりへの動きは、一八七二（明治五）年の焚石会所制度の廃止後、増大する石炭積み出しのために航路の確保が必要とされ、明治二十年頃和田源吉達によって築港が計画されたが実現を見なかった。一八八五・一八八六（明治十八・十九）年には筑豊五郡坑業組合取締所（後の筑豊石炭鉱業組合）、若松港同盟石炭問屋組合（後の若松石炭協会）、筑豊艜業組合が結成され、三菱、住友、古河等の中央資本と貝島、麻生、安川など地場資本も積極的に筑豊炭田の開発を行い、生産量が急増した。このため川艜《ひらた》に変わる輸送機関の整備が急務となり、一八八八（明治二十一）年六月に筑豊興業鉄道が設立され、これを期に鉱業組合の総長であった石野寛平を中心として、同年十一月に浚疏会社を発起し、福岡県に協力と支援を仰いだ。

翌二十二年十月、改めて若松築港会社設立（資本金六〇万円）の運びとなり、石黒五十二・長崎桂の内務技師の意見書を添えて、築港願書を提出した。この内容で特筆すべきことは、護岸防波堤石垣として洞海湾内の岩石を無償で使用すること、沿岸を浚渫土砂で埋立て造成し無償で払い下げを願う、そして入港する船舶から入港銭を徴収したい、というものだった。この年、門司では渋沢栄一などの中央資本によって門司築港（二五万円）が設立されていた。

翌年五月に県の許可を得ると、九月に工事に着手した。しかし資金難のため鉱業

明治期のベンチマーク

石材下渡で築造された石垣護岸

組合と問屋組合から九〇〇〇円もの支援をうけたが、苦境を打開できなかった。一八九二（明治二十五）年に資本金を半減し、工事計画を変更し、さらに三菱と渋沢に資金援助を要請した。前年に筑豊鉄道が同様にして資金援助を受け、ようやく開通にこぎ着けたことと同じパターンとなった。筑豊に進出した三菱には、石炭積み出しのために鉄道と港の整備が欠かせなかった。

全国でも珍しい港の民間企業経営

明治二十五年には浚渫土砂による造成埋立地の下渡しが許可され、明治二十六年一月からは出入り船舶から港銭の徴収を行うことになった。筑豊炭田の興隆が、相次ぐ港の修築を促した。国内輸送を中心に、若松港の取り扱い石炭量は門司港を上回っていった。明治末年には門司港を凌ぐ石炭積出港となった。川艜・帆船・汽船が輻輳し、例えば明治末年には年間六万隻の船舶が出入りし、この港銭収入は三〇万円、そして売却などの土地収入は三万円弱と順調に発展していった。

港の喧噪、その名残

若築建設（株）本店（若松区浜町一－四－七）前には、今でも護岸建設当時のベンチマーク（＝測量基準点）が残り、それに続く旧東海岸通りには上部は舗装されているが明治二十五年完成の花崗岩石垣護岸（設計当時高さ九尺・幅九尺）を見ることができる。また昭和六年に建てられ昭和十三年まで使用された港銭収入見張り所跡（県営港）も若戸大橋の下にその姿を留めている。

（若宮幸一）

32

住友銀行若松支店（インテリアショップおあしす）

①若松区本町二－一三－二六
②一八九七（明治三十）年、木造・煉瓦造二階建
③住友銀行／不詳／不詳

巻頭地図7

住友銀行若松支店（現状）

ひそやかな銀行建築

銀行建築、しかも大手銀行にもかかわらず、この建物を知る人はかなり少ない。それは商店街に面しており、改装されているからということもあるが、一度火災を受け、控えめな補修を施されたために、外観が目立ちにくいことも原因ではないか。建物正面は家具店のショーウインドーとなっており、そこから近代の薫りをかぎ取ることは出来ない。内部もかなり改装されており、当初の部屋割りさえ、分からない。

この建物は側面から見ることを要求されている。オアシス広場という名の付いた空間、そこは住友石炭礦業若松出張所という建物があったところで、現在も壁の一部やマントルピースの痕跡など、建物の名残をそこかしこに見ることが出来るが、その位置から初めて、金融機関の偉容を見ることが出来る。

ウナギの寝床、とは言い過ぎであるが、棟続きの建物が長くたなびいている。鉄製の鎧窓は、火災から得た教訓なのか。商店街から見て後ろ側にある建物は、後年の増築によるものと思われる木造2階建の付属屋であり、現在は（有）本町銀座振興会が集会目的などに使用している。

県下最初の「住友銀行」

『住友銀行三十年史』によると、若松支店は一八九七（明治三十）年に門司や博多より

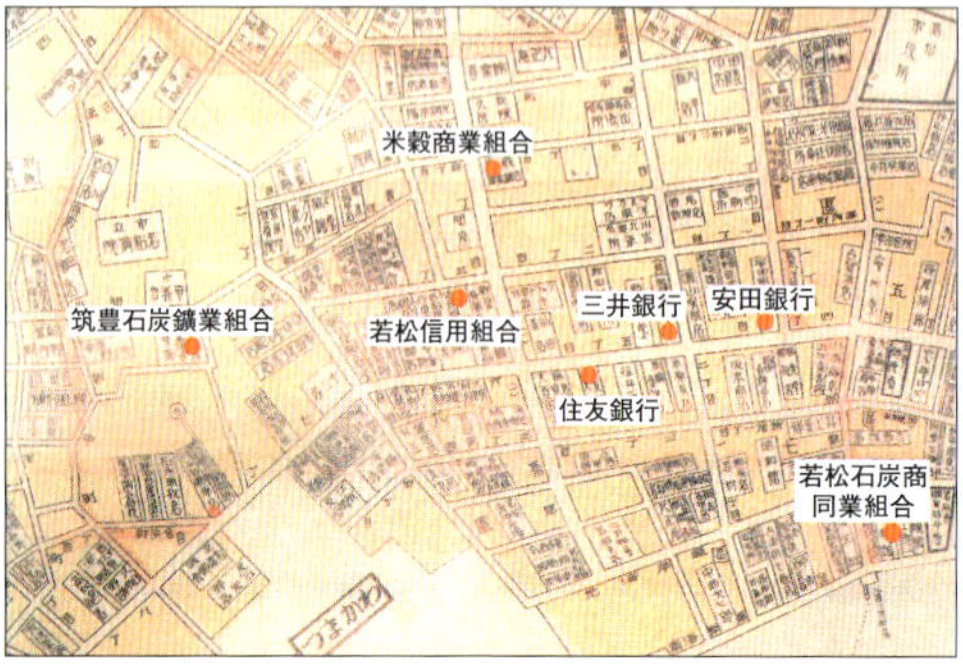

〈 上 〉住友銀行竣工当初時
〈左上〉住友石炭礦業若松出張所の痕跡
〈左下〉若松の銀行群（昭和十一年）

も早く、福岡県で初めて設置された支店であることが記されている。これは石炭産業が、当時の実業界で重要視されていたことを顕著に表している。

住友は一八九四（明治二十七）年に地元の炭鉱主である麻生太吉から穂波にある忠隈炭鉱を譲り受け、石炭産業への本格的な進出を始めた。今後事業展開を進める上で金融機関の設置は資金調達のために必要なことであった。ここ若松は筑豊炭田に近く、石炭輸送の要衝であったことから住友は銀行を置いたものと見られる。

住友銀行若松支店は、明治末から大正期には、三井銀行支店を上回る預金額を誇り、福岡県下首位の銀行（支店）であった。また大正期の北九州では唯一の地元銀行であった安川系の若松商業銀行を買収し、地元への密着度も強かった。

被災してもなお、洋館は生きる

この支店は当初は明治期の金融機関にふさわしい、華やかな外観を持っていたものの一九〇〇（明治三十三）年に火災の被害を受け、改修が行われた結果、現状あるような姿となったと思われる。筑豊炭田の地盤沈下などによって、昭和四十二年に支店が閉鎖された後、㈲本町銀座振興会の所有となり家具屋として再活用され、現在に至っている。

若松地区最古の近代建築にして、福岡県最古の銀行建築でもあり、今後その価値が高まることは間違いない。

（市原猛志）

33

日本油脂工業若松工場

（日華油脂若松工場）

①若松区北浜一－八－一
②一九一七（大正六）年頃、鉱滓煉瓦造・平屋建他
③日本油脂工業／不詳／不詳

巻頭地図8

大正十二年に建築された鉱滓煉瓦造の倉庫棟

工場地帯の鉱滓煉瓦棟

若松市街地から北側は大正時代に埋立てられた工場地帯で、古くは市営の貨物軌道が若松駅から中川通りの商店街を経由し、この一帯まで行き来していた。そんな埋立地帯特有の広い敷地で区切られた中に、一風変わった建物群がある。電力の鬼と称された松永安左衛門が設立した日本油脂工業株式会社の工場として、大正六年に設立された工場だ。敷地には事務所棟と鉱滓煉瓦で作られた工場棟、創業当時から稼働している煙突などが遺されており、トタン葺きの他の工場とは一線を画した格式のある姿を漂わせている。

事務所棟は無筋コンクリート造瓦葺きの二階建て。全体として褐色の壁で彩られる中で、車寄部分だけが白く塗装されており、非常に印象的である。窓周りなどに改装が施されており、また外壁は鉄筋が含まれていないため、非常にもろい状態となっているという。

工場はいくつかの棟に分けられているが、そのうち道路際にある鉱滓煉瓦の棟は、その規模や窓廻りの焼過煉瓦とのコントラストが特徴としてあげられる。かつては北九州の各所で見られた鉱滓煉瓦の建物群も、現在は数少なくなっており、かつこれだけ大規模な工場施設は、こと若松においてはここだけと言っても過言ではない。工場敷地の沿線上には、市営貨物軌道の貨物用ホームが一部残存しており、これもまた地域の歴史を

若松市営軌道の貨物専用プラットホーム

昭和十六年に竣工した事務所棟

創業時に稼働していた排気煙突

伝える重要な痕跡といえる。

西日本のサラダ油工場

現有者の発祥である日華製油が出来たのは大正六年で、日本棉花（現ニチメン）と三菱合資との合弁事業として設立された。当初は中国・漢口の工場施設を拠点に作られた会社であったが、翌七年に日本油脂工業若松工場を買収し、国内に生産拠点を持つようになった。

大正十二年からは日本棉花による単独経営に移行され、ここ若松においては製油やアミノ酸の生産工場を新設、大きく拡張した。昭和戦中期になると上海や武漢にも工場を抱え生産を続けたが、敗戦後には海外設備を放棄。若松工場単独で生産を再開した。ここで作られた製品は大豆油や石鹸などで、西日本を中心に広く流通されており、「ニッカ石鹸」「ニッカサラダ油ママポット」などの商標でＣＭでもおなじみのものであった。近年の業界再編によって日華油脂は、豊年製油の子会社となり、その後現在はＪオイルミルズグループとして、サラダ油をはじめとする大豆関連製品を九州および西日本各地に今でも供給し続けている。

沈埋函と煉瓦のコントラスト

現在工場に隣接して国道四九五号線・新若戸道路が建設されている。平成二十年代の開通を目指しているこの工事では、沈埋函を用いた海底トンネルを建設し、若松と戸畑の臨海工業地帯を結ぶ予定である。最新技術を用いた工事現場の近くに、古くからの工場施設。北九州の工業がいかに懐の深いものであるか、顕著に示す光景であり、非常に興味深い。

（市原猛志）

34

料亭金《きん》鍋《なべ》

①若松区本町二－四－一二
②一九一〇（明治四十三）年頃、木造三階建瓦葺
③料亭金鍋／不詳／不詳

巻頭地図7

料亭金鍋は、若松区（旧若松市）の中心街に位置し、大正初期より現在に至るまで、数多くあった若松の料亭の中心的な役割を果たしてきた。昭和十二年刊の『福岡県自治産業史』の中にも「料理店、みどり屋、金鍋、ときわ、萬安以下四十八戸…」とあり、その隆盛時にも中心的存在であったことを窺い知ることができる。

建築は明治末

現在の建物は、正式な建築年代は不明であるが、店の出納帳の記録などでは一九一六（大正五）年以前、創業年は一八九五（明治二十八）年で、前身建物が消失した記録があり、それまで一五年ほど営業していた事などの状況から判断すると、一九一〇（明治四十三）年頃が、本建物の建築時期であると思われる。

大広間

和洋混在の意匠

主棟は木造三階建ての入母屋造妻入の形状を基本としている。正面一階には入母屋の玄関を設け、玄関右手には調理場、その奥には厨房や従業員の諸室を備え、仏間も配されている。主たる客室は二階、三階より形成されるが、各々の階に至る主階段の手摺、親柱などは洋風の意匠が施され、当時の和洋混在の意匠を感じさせる。二階は「葦平の間」「龍の間」「花の間」と現在は配膳室となっている和室、廊下つき当たりの「大広間」の五部屋からなる。

玄関前の階段手摺

先鋭的な窓の意匠

葦平の間

いずれの部屋も長押《なげし》を打ち、各々の床の間は床、棚、平書院を備え、床柱や落掛けは主に杉の磨き丸太や竹で構成されているが、各々に異なるデザインでまとめられている。また天井や欄間の意匠は料亭ならではの豪華さが感じられる。ちなみにこの「葦平の間」は、金鍋の主と懇意にしていた作家火野葦平が好んで使用していたことが由来となっている。「大広間」は三〇畳の部屋と北側の畳敷き広縁からなり、東側に舞台、西側に床、棚、書院を備えたものとなっている。

三階の諸室は、現在は倉庫として利用しているが、四室には二階同様の長押を廻し、床、棚、書院を備えたものであり、原形のまま残っている。また二、三階の廊下や階段の昇り口などアイストップとなる部分はデザインされた格子が配されている。これらの仕事の一つ一つは良質の材と丁寧な仕事でまとめられている。

黒漆喰の壁面

金鍋の外観は当初の壁部分が黒漆喰であったことから、すべて黒でまとめられ、それが街の中にあって風景をなし、親しまれてきたようである。また前出のように「毎日座」と呼ばれる芝居小屋（昭和六年～昭和四十年まで営業。平成四年取壊し）と相俟って、芝居小屋で娯楽を観せ、そこで仕出しを出す事もあったであろうし、当然料亭としても機能していたわけであるから、芝居小屋、仕出し部門、料亭という三要素を全て担う店として、隆盛時の若松の娯楽の中心的な存在であったことは間違いない。こうした当時の有様は、現在の所有者などからのヒアリングを総合すると、客達は大部分が石炭関係の事業を営んでおり、経営者といえども現場で働き、汚れを落とすため、まず風呂に入り（実際に浴場も存在していた）芝居や芸事を楽しみ、食事をし、女性達と遊び興じるといった様である。

内部は洋風のデザインと和風のデザインが混在した、大正期のモダニズムの影響がみられ、遠い西洋へのあこがれや、遊興の場としてのなまめかしさも感じさせる。

料亭金鍋（外観）

次ぎの間の丸窓

和風の窓意匠

一方で、婚礼の披露や、仏事、あるいはお祝い事に使用されていた事を考えると、料亭そのものが、社交の場であり、様々な行事の行なわれる場でもあったようである。今、この建物を静けさの中でながめてみると、当時の喧騒も聞こえてくるようで、この街の活力を体現した人々のエネルギーが、建物に充満しているように思えてくる。加えて多くの人達の様々な想いを投映して時を経てきたことを感じさせる。

これらの観点の評価によって料亭建築の内容を伝えるものとして、また地域に密着してきた建築であることが評価され、文化庁による平成十六年度の有形文化財登録は当然の帰結ではあるが、同時にこれを契機として、所有者のいうように新しい時代に現役として生き続けさせ、建築に新たな活力を注ぎ込むことも現代の我々の責務であることを感じさせてくれる。

（吉崎祥）

園山呉服店の現状

35

園山呉服店（あやどりマーケット）

①若松区本町二－一〇－一一
②一九一八（大正七）年、木造二階建
③園山呉服店／不詳／不詳

若松の本町・大正町両商店街が交差する、まさに近代の商売の中心地に、丸窓のついた大きな建物が遺っている。その売場こそ細分されており、今では大店という印象は希薄だが、顔を少し上げ、二階の窓を目で追うと、防火壁までの長さで建物の規模が分かる。この建物は、近代若松で丸柏《まるかし》という百貨店と比肩するほどの商売を展開していた、園山呉服店の店舗である。

出雲商人、若松に来る

若松が石炭の街として繁栄するにつれ、多くの人々が移住してきた。島根県簸川郡（現出雲市）の園山伊平もその一人である。彼は東京帝国大学を卒業後、一族が下関を中心に経営する呉服業を行うため、若松にやってきた。二〇世紀が産声を上げた頃、園山呉服店の若松店が誕生した。

日本を飛び回る呉服商

伊平は若松で呉服と雑貨の両事業を取り扱った。呉服の行商は当時羽振りが良かった鉱山関係を中心に、北は秋田の小坂鉱山、南は鹿児島など広範囲に及び、桂太郎の愛人お鯉の方も上得意であった。当の伊平は商売自体にそれほど関心が無く、県立若松中学（現若松高校）で英語を教えていたそうだ。

巻頭地図7

『若松商工年鑑』広告ページ

細かく分けられた店舗群の上に遺る丸窓意匠

戦時中の企業整備政策が呉服業に及ぶと、伊平は早々に商売を断念、のれんを下ろして、若松を去っていった。代わりに下関の総支配人であった園山助次郎が来たものの、彼も商売転換したため、一時は四〇〇名を数える従業員を抱えて繁盛していた若松の園山呉服店は姿を消したのだ。（市原猛志）

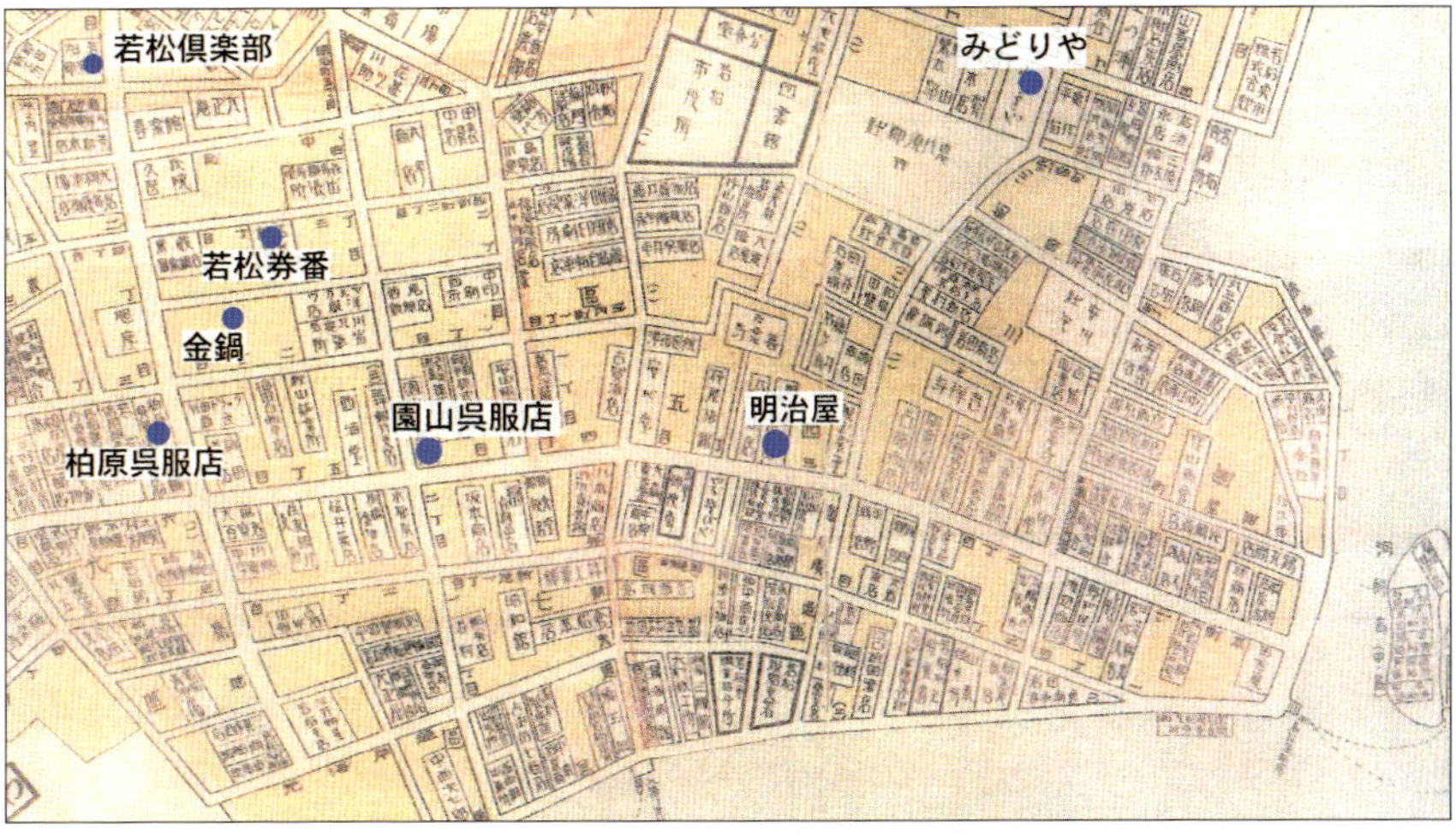

園山呉服店と商店街（昭和十一年）

36

19633号蒸気機関車

①若松区久岐の浜
②一九一七（大正六）年
③鉄道院／鉄道院／製造は川崎造船所

巻頭地図7

洞海湾と石炭車をバックに若松駅を出る往時の下り貨物列車

地域の歴史に密着した保存例

ＪＲ若松駅の海側、かつて操車場や機関区があった跡地の広場に9600形19633号蒸気機関車が保存・展示されている。19633号機は若松機関区に配置され、若松駅構内で石炭車の入換や、筑豊本線で石炭列車の牽引に活躍した機関車である。

蒸気機関車の保存は歴史的にも有意義なことであるが、保存時のやむを得ない事情で、経歴とは無縁の展示場所に保存された例も少なくない。本機は永く活躍したゆかりの場所に保存・展示されたため、地域の歴史と密着した、さらに意義ある存在になっている。

9600形式の特徴と見所

9600形機関車（通称キュウロク）は一九一三（大正二）年から一九二六（同十五）年にかけて七七〇両が製造された貨物列車・勾配線用の機関車である。大正三年に製造を開始した旅客列車用の8620形（通称ハチロク）と共に、大正期を代表する本格的な過熱式のボイラーを持つ国産機関車として、好一対をなしている。

9600形の形式は鉄道国有化後の一九〇九（明治四十二）年に制定された規程に基づくもので、9000代の形式は動輪四対（四軸）以上のテンダー（炭水車）付き機関車を意味する。

9600形の特徴は広い火格子面積をもつボイラーと四軸の動輪にあるが、ボイラー火室

9600形は小さな4軸の動輪と、ボイラー中心線が高いため短い煙突と扁平なドームが特徴

若松駅。石炭車のための線路は全て撤去されたが、一面の旅客ホームだけは昔のまま

の火格子面積を確保するために火室全体が狭い動輪の間ではなく、上になるように設計されている。このためボイラーの中心線が高くなって、その関係で煙突や砂箱、蒸気溜のドームが扁平になり、小径の動輪と相俟って独特のスタイルになった。スマートさもなく、スピードも出ないが、大きな牽引力を発揮出来るため、後に大型貨物用機関車Ｄ50形、Ｄ51形が投入されるまでは、輸入旧式機を駆逐し幹線の主力機関車であった。特に牽引力が強い割に線路に与える負担が少ないため、早い時期から筑豊各線での石炭輸送は独壇場で、北九州・筑豊地区ではどこでも見ることができた。古い形式にもかかわらず、支線貨物列車の無煙化計画が後回しになったこと、本形式に代わるディーゼル機関車の開発・投入が遅れたこともあって、国鉄の蒸気機関車の最後を飾る形式となった。

主要な性能諸元を次に示す。軸配置1Ｄ（先輪一軸、動輪四軸のコンソリデーション形）、全長一万六五六三ミリ、動輪直径一二五〇ミリ、運転整備重量（炭水車含む）九四・八五トン、ボイラー使用圧一三・〇キログラム毎平方センチ、動輪周最大出力八七〇馬力、最高速度毎時六五キロメートルであった。

19633号機の履歴

19633号機は一九一七（大正六）年十二月二十日、9600形の第134号機として川崎造船所で新製。その後本州の稲沢、上諏訪、高山、大館の各機関区を経て、昭和十九年七月に熊本機関区に転属、九州入りした。その後宮地機関区、鳥栖機関区を経て、昭和二十五年三月、若松機関区に転属。以来、昭和四十八年三月十四日に廃車になるまでの二三年間を若松機関区で過ごした。新製以来の全走行距離は二八二万五八三六キロメートルで地球七〇周分に相当する。なお、本機は煙突を原型の化粧型からパイプ型に取り替えているため、若干姿を損なっている。

昭和四十八年十月に駅前の白山一丁目公園に保存展示されたが、平成元年三月に若松機関

石炭車セム1形1000号。炭箱上部が木製で自車の空気ブレーキ装置を持たないタイプ

大正九年頃の若松駅舎

区跡の現在地に移動した。

若松駅の構内レイアウト

若松駅は一八九一（明治二十四）年八月三十日、筑豊興業鉄道の若松・直方間の開通と同時に開業した。その後一貫して石炭積み出し駅として機能し、構内の拡張・改良も進められた。構内の線路配線は「山元から積車（盈車ともいう）到着、仕分け、桟橋や岬の山炭載ホイストへの移動、荷役、空車出発線への移動、山元に向けて出発」という石炭車の流れに沿ってレイアウトされていた。

一方、旅客用の設備は駅舎とこれに続く一面のホームだけであったが、一九八四（昭和五十九）年三月に駅舎が改築された現在、かつての駅の面影を残すのはこのホームだけになってしまった。機関車の展示されている機関区の跡は操車場の東端部分にあたり、この付近には到着した石炭車仕分けのための引上線や、北九州市営電気軌道との貨車の授受線などがあった。機関車の近くには若松駅操車場跡の記念碑も建てられている。

石炭車の保存

若松駅駅舎横には九州地区特有の底開き二軸十五トン積み石炭車セム1形セム1000号石炭車が保存されている。セム1形の保存例は他に直方市石炭記念館にセム1号があるが、若松駅の1000号は炭箱の上部が木製で、貫通ブレーキ管はあるが、自車の空気ブレーキ装置を持たないタイプに属し、しかも、各部に往時と同じ書体の表記を残している点からも貴重な存在である。この石炭車は元々国鉄若松車両センター（旧若松工場）に保存されていたが、同所の廃止に伴い若松駅に移動されたものである。

なお筑豊の石炭車の最終形式となった一七トン積みのセラ1形は門司港の九州鉄道記念館の他に数例の保存展示がある。

（大塚孝）

防波堤の一部と化した旧日本海軍「柳」。現在周辺は工事中なので見学の可否は要事前確認

37

軍艦防波堤

①若松区響町一
②一九四八（昭和二十三）年

巻頭地図8

軍艦を防波堤に

地元の釣り人と全国の軍艦マニアには有名だが、北九州市民に軍艦防波堤と聞いてもその存在を知っている人は少ない。しかし近年近代化遺産に関する世間一般の関心の高まりから、メディアやその種の本にもしばしば取り上げられるようになり、次第に有名になりつつある。軍艦防波堤とは、その名のとおり、戦争直後の物資の無い時代、旧日本海軍の艦艇を、防波堤の構成材として若松沖に沈艦させたもので、関門海峡と洞海湾を結ぶ水路を響灘の荒波から護り続けてきた。

第二次大戦後、旧日本海軍の残存艦船のうち、戦艦長門のように米軍に接収され、水爆実験に使用されたものもあるが、大型艦の多くは解体のうえ、鉄スクラップとして売却された。駆逐艦クラスの小型艦艇で就役可能なものは、戦利品としてソ連・中華民国に引き渡されたが、修復不可能なものや未完の艦艇の一部は、埋め立て材料として沈設され、防波堤の一部と化した。ここ若松以外にも、秋田県秋田港には三艦が、福島県小名浜港には二艦が、他にも、宮城県女川港や京都府竹野港などにおいても、艦艇が沈設され防波堤の材料とされた事例を見ることができる。

若松に眠る三艦

若松においては、昭和二十三年、旧日本海軍の駆逐艦「涼月《すずつき》」（昭和十七年、三菱長崎造船所建造）・「冬月《ふゆつき》」（昭和十九年、舞鶴工廠建造）の両艦と第一次大戦で活躍し、第二次大戦時には退役艦であった初代「柳」（大正六年、佐世保海軍工廠建造）の三艦が若松北湊沖に防波堤として沈設された。当

昭和五十一年高塔山中腹に建立された三艦慰霊碑

何とか艦の形は保たれているものの痛々しい姿を晒している。遠くに若戸大橋を望む

初は現在の「柳」同様、甲板部は露出されていたが、鉄屑泥棒、腐食の進展、船体の脆弱化が進み、台風等の激浪により、重しであった艦内の土砂が流出してしまったことから、昭和三十七年の災害復旧工事時に「涼月」・「冬月」両艦を完全にコンクリートによって埋設してしまったため、現在その姿を見ることができない。またその後周辺一帯は埋め立てが行なわれ、この二艦の場所は防波堤と言うよりは護岸の一部となっている。

魅力の理由

軍艦防波堤としてここ若松が人を惹きつけてやまないのは、次の二つの理由によるものであろう。ひとつは、沈設された三艦のうち、「柳」の甲板部が防波堤上に露出しており、実際の艦艇を見ることができる唯一の軍艦防波堤であることにある。とはいえ艦歴九十年、北九州市港湾局の努力で何とか船形が保たれるようコンクリートで囲まれた「柳」は、みるも痛々しい姿を晒している。

他のひとつは、ともに防空駆逐艦として名高い秋月型の姉妹艦であり、戦艦大和の僚艦として戦地に赴き、大和や矢矧《やはぎ》が撃沈された坊の岬海戦の激闘をともに生き延びた、「涼月」・「冬月」が眠っていることにある。坊の岬沖海戦において「涼月」は甚大な被害を受け、准士官以上が全員死傷し、操艦能力を失うとともに、被災により艦前部が浸水、前進不能となりながらも、下士官の操艦により負傷者を満載して全航路後進にて佐世保まで辿り着き、入渠と同時に沈座した。その後、前部乗員居住区から乗組員三名の遺体が見つかり、彼らが自らの命と引き替えに隔壁を内部から固定、浮力を保ったといわれ、強者たちが乗り組んだ誉の高い艦であったという。

また学徒動員により大和に乗り組み、副電測士として艦橋から戦闘を詳細に記録し続けた少尉吉田満は「冬月」に救助され生還、名著『戦艦大和の最期』を著した。軍艦防波堤を近代化遺産に含めるか否かについては疑問のあるところかもしれない。しかし、ひとつの時代の終焉と新しい時代の始まりを示すモニュメントであるとすることに異論はないであろう。なお、高塔山の中腹にある忠霊塔の横に、三艦を鎮魂する慰霊碑が建てられている。

（菅和彦）

八幡

38

東田《ひがし》第一高炉史跡

八幡東区東田二－三

大きく変貌した東田一帯。写真中央上部はテーマパークスペースワールド。かつては左端に見える東田第一高炉から中央部に向かって六本の高炉が林立、我が国産業の重工業化も戦後の復興もここからスタートした。東田第一高炉の上に小さく旧本事務所が写っている。右手前はかつての一大スポーツセンターであった大谷地区

ここ東田第一高炉史跡広場を中心とする東田地区一帯は、一〇〇年の間に二度大きな変貌を遂げた空間である。十九世紀以前ここは鄙《ひな》びた典型的農村地帯であった。二十世紀にはいると同時に官営製鐵所が操業を開始し、その最重要工程である高炉がこの一帯に設置された。二十世紀末には、大規模な区画整理事業により、製鐵所から切り離され、鹿児島本線の直線化とスペースワールド駅の新設、都市高速道路の延伸など、二十一世紀の都市型空間へと大きく変化した。

ドイツ技術による建設

一八九六年（明治二十九）年、官営製鐵所の設置が国会で承認され、翌三十年二月にはその立地が北九州の八幡に正式に決まり、同年六月には現地に開庁、製鐵所建設に着手した。

当時の日本には高炉を用いて鉄鉱石から銑鉄を溶出し、平炉あるいは転炉により、銑鉄から炭素分を除去して鋼を造り、その鋼塊を圧延して軌条や鋼板類の製品を造り出す一貫製鐵所を建設し操業を行う技術はなく、当初は専《もっぱ》らドイツの技術に依った。立地決定から四年の歳月をかけ、一九〇一（明治三十四）年二月、初代東田第一高炉が初出銑、同年十一月十八日には伏見宮を筆頭に国会議員、政府高官等の要人を多数招き、盛大な開業式が行われ、日本はここに重工業化の第

「1901」を誇らしく掲げる第十代東田第一高炉。モニュメントとして保存された

操業中の初代東田第一（左奥）、第二（正面）高炉（撮影明治三十八年）

一歩を踏み出した。

開業当初は悪戦苦闘の連続

しかしながら当初はなかなか操業が軌道に乗らず悪戦苦闘の連続だった。とくに創業期は、出銑能力一六〇トン／日の高炉は、操業開始半年を経過しても七〇トン以下しか生産できず、次工程の製鋼も思うように稼働せず、ついに翌年七月高炉、転炉の操業中止に追い込まれた。この事態を救ったのは、釜石の苦い経験であった。工部省は岩手県釜石に最初の官営製鐵所を建設する（官営製鐵所は工部省時代に釜石・中小坂・広島鉄山の三ヶ所があり、いずれも後に民間に売却された。八幡製鐵所は正確には四番目の官営製鐵所であり、その所管は農商務省である）。釜石製鐵所は一八七四（明治七）年に着工、明治十三年に操業開始、明治十六年に廃止と、短命に終わった。廃止の理由は、英国式大型高炉の操業に失敗したことによるが、明治十八年に民間に譲渡された釜石鉱山田中製鐵所は、帝国大学工科大学教授野呂景義の指導の下に、小型高炉の建設、操業から再スタートし、ついには官営時代の英国式大型高炉を復活、わが国初のコークス高炉として、その操業に成功した。官営八幡製鐵所は、釜石の高炉を蘇らせた野呂景義に問題の解決を依頼、野呂は溶鉱炉の構造的欠点、装入物の調合、鉄鉱石とコークスの装入比率など五点を指摘、門下生の製銑部長服部漸とともに、具体的対策を施し、二年後の一九〇四（明治三十七）年夏、日露戦争勃発後の慌ただしさの中で、ようやく再開の見通しを得ることができた。

拡張につぐ拡張

当初の鋼材生産目標は九万トンであったが、一九〇六（明治三十九）年には鋼材年産一八万トンを目標の第一期拡張計画、明治四十四年には三〇万トンを目標とする第二期拡

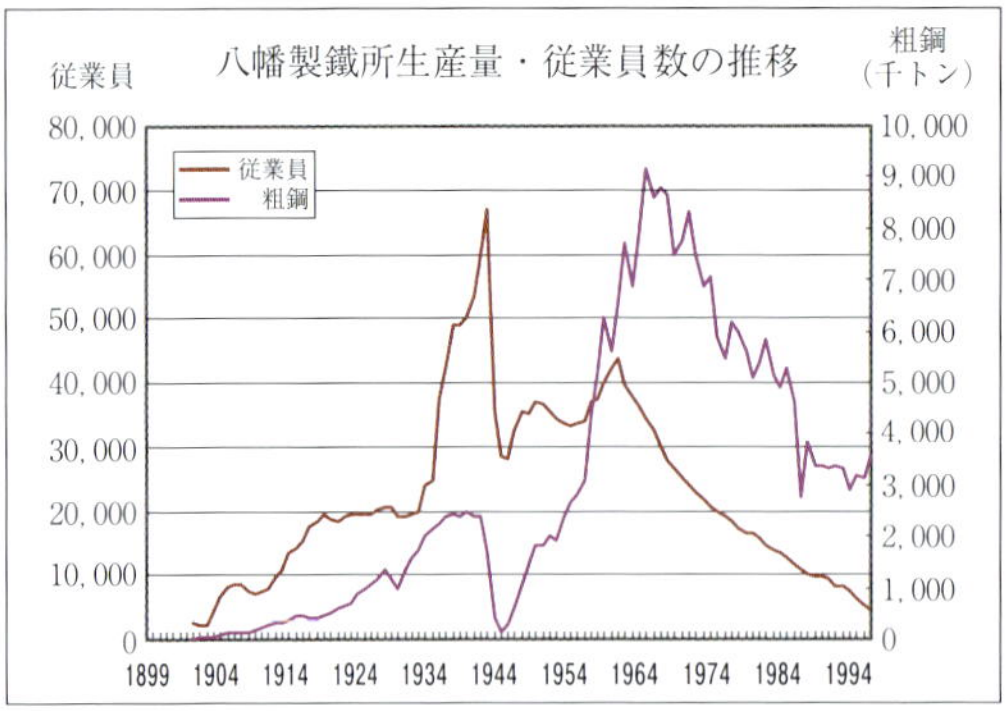

史跡広場には転炉も展示されている

張計画、そして大正五年には六五万トン（第一次大戦中に七五万トンに修正）を目標とする第三期拡張計画の実行と、急ピッチで製鐵所は増強されていった。製鐵所地域も東田地区から拡延し、埋立地の洞岡《くきおか》には一〇〇〇トン高炉が立ち並び、西部の九州製鋼、東部の東洋製鐵を合併していった。昭和九年には日本製鐵が発足し、その最大の事業所となった。

戦後復興の拠点から東田高炉消滅へ

太平洋戦争中の昭和十九、二十年に三次にわたる空襲を受け、市街地は甚大な被害を受けたが、製鐵所設備の損害は比較的小さかった。操業規模は十分の一以下に縮小はしたものの、日本で唯一八幡製鐵所だけが鉄鋼生産を続け、戦後復興に大きな役割を果した。高度経済成長のピークを迎えた昭和四十年代前半期には八幡地区六基、戸畑地区四基計一〇基の高炉が稼働し、粗鋼生産は九〇〇万トン、鋼材生産は七五〇万トンに達した。しかしながら消費立地の進展、高炉をはじめとする設備の大型化、昭和四十八年の石油危機以降の日本経済の構造変化の対応過程における合理化等により、昭和五十三年に八幡製鐵所の高炉はすべて戸畑地区に集約された。

現在この史跡広場に立つ高炉は、創業期の東田第一高炉の名称を引き継ぎ、第十代として昭和三十七年に建設されたものである。内部の反応を活発化する超高圧操業を日本で初めて実施した、現在稼働中の数多くの高炉の原型ともいえる高炉で、一般市民がその内部まで窺うことのできる日本唯一の高炉でもある。

この第十代東田第一高炉が誇らしく掲げる「１９０１」。この記号こそが、この地区のアイデンティティーを示す、近代化遺産そのものにほかならない。

（菅和彦）

建築当初期の本事務所とその周辺

39

製鐵所本事務所（旧本事務所）

①八幡東区大字尾倉
②一九〇〇（明治三十三）年、煉瓦造二階建
③農商務省所管製鉄所／不詳／八幡製鐵所（直営）

官営八幡製鐵所の本事務所として建設されたこの建物を見ると、当時、一大国家プロジェクトとの事務所にしては意外と小規模（約延べ一〇〇〇平方㍍）な感じを受ける。高級官僚であった長官室にしても約二五平方㍍（七・五坪）しかない。もちろん、工場規模に合わせて設定されたものであろうが、二二年後（一九二二〈大正十一〉年）には約八倍の広さにリプレースされていることからして、はたしてその規模設定の経緯はいかがなものであったのかと興味が湧いてくる。

海に向かう玄関

とはいえ、この建物からいろいろな意図が伝わってくる。まず一つにその立地である。現在は市街地から一番離れた構内の奥に位置しているが、当時は華やかな賑わいの若松市街地を洞海湾を挟んで臨み、まさに海に向かって開かれた事務所であった。隣接する高見山と称した松林にはお雇い外国人を含む高級職員の官舎もあり、職住接近の先例も示していた。若松などに居住していた一部の職員は前面にある船着場から出退勤を行っていたという記述もある。当時の事情から考えて、お客等主要な人たちの交通手段は船であったのかもしれない。そう考えると記録に出てくる下関での宴会など、今ではなぜと思うことも頷ける。海に向けての玄関も理解できる。一方、陸地からは、工場が東西軸であることから事務所も同様となり、東側敷地境界近くの門から斜め前方に事務所を望む、数百㍍の直線アプローチであった。制服姿の乃木大将や東郷元帥が玄関前で撮った記念写真があるが、彼らはどのルートでやってきたのであろうか。

巻頭地図9

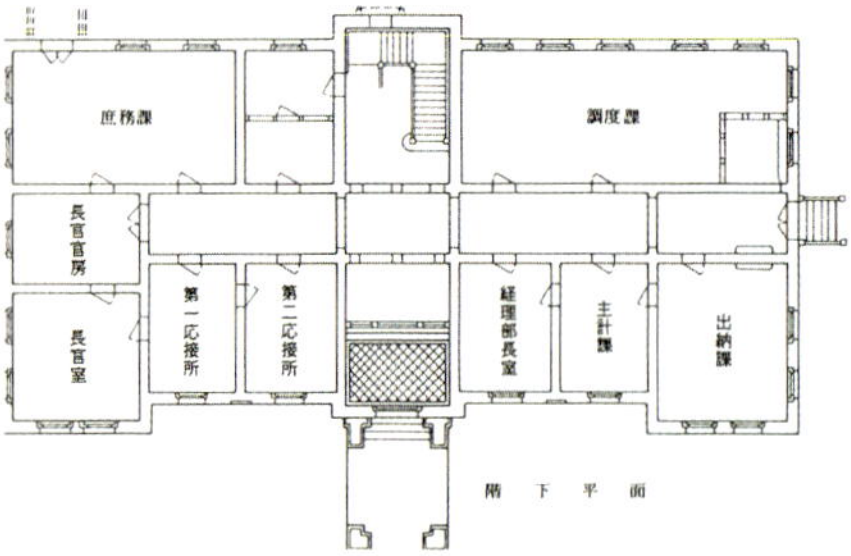

一階平面図

前面道路から見た景観。石の白と赤煉瓦の赤の対比が美しい

設計者は

二つ目の意図とはその建物設計にある。設計者は不明であるが、一八九七（明治三十）年三月「従五位工学博士　山口半六　製鐵所建築工事取調ヲ嘱託ス」、一八九九（明治三十二）年十二月「山口半六　嘱託を解ク」という文書が八幡製鐵所に残されている。このことから彼が何らかの形で関与した可能性が考えられる。山口はフランスに留学し、帰国後に文部省に入り、第五高等中学校本館（現熊本大学、重文）などの作品を残した。彼の作品は「いずれもシンプルな煉瓦の箱であり、わずかに石材や白化粧煉瓦を使用した帯や窓台がアクセントとなっている。しかし、主屋と翼部のバランスも、窓の割付やプロポーションも的確で均整がとれている。洗練された、しかも優しい堅実性を備えた秀作である」と評価されており、本事務所はよく一致しているように思われる。となると製鐵所は農商務省の管轄であり、なぜ文部省に関係した建築家を嘱託としたのか疑問である。ともあれ当時の著名な建築家に依頼したその心意気は感じられる。もし山口半六の設計となれば、彼は数年後には病没していることから、まさに晩年の作品ということになり、まだ公表されていない貴重な事実となるかもしれない。

小規模ながら威厳のある装飾

建物に言及すると、梁間一五・五七メートル×桁行き三二・七四メートル×軒高一〇・四メートル、延べ面積一〇二三平方メートルの赤煉瓦造総二階建て、中央にドームを持つ左右対称形の建物である。車寄せから鋳物格子の玄関扉を開けるとホールがあり、その左右が中廊下で前方は階段という典型的なタイプで、一階は東側突当たりの長官室をはじめとして、経理部などの事務部門、二階は技監室、外国人助手室等の技術部門となっている。その中で、会議室などの天井には漆喰による蛇腹の装飾が施され威厳を保っていた（現在は剥落して見ることはできない）。屋根は和瓦、小屋組みはクイーンポストトラス、煉瓦積みはイギリス式である。基礎は煉瓦のアーチで先端に松杭を打設していることもあり不同沈下も見られず、赤煉瓦の鮮やかな色とともに当時の外観を留めている。

（開田一博）

レトロ的雰囲気のある特徴的な内部空間を創り出している

40

製鐵所工場群

①八幡東区大字尾倉　製鐵所構内
②一九〇一（明治三十四）年、尾倉修繕工場は一九〇〇年
③八幡製鐵所／グーテホッフヌンクスヒュッテ社（G・H・H　ドイツ）
／八幡製鐵所（直営）

巻頭地図9

わが国鉄骨建築の先鞭

明治維新前後から西洋の新しい構造様式をもつ建築が入ってきたが、それは木造以外では煉瓦や石と鋳物を中心とした鉄との組み合わせによる構造であった。一八五六年にイギリスで発明されたベッセマー転炉法により、大量の鉄（鋼）が生産されるようになり、以降わが国にも鉄骨建築が導入され始めた。その最初のものが一八九四（明治二十七）年の秀英社の建物（すでに消失）とされているが、標記工場群はそれに続くものであり、その規模からしても、わが国の鉄骨建築の先鞭をなすものといえる。

一九〇一（明治三十四）年当時、わが国のいくつかの大学で建築構造に対する基礎的講義はあったものの、設計技術力としてはまだ乏しく、その発展には海外留学組の登場を待たざるを得なかった。したがって明治三十四年操業のこの建物群についてはドイツの製鉄会社グーテホッフヌンクスヒュッテ社（以下G・H・Hという）に全てを依頼することになった。

尾倉修繕工場

現在当時の完全な形で残っているものは、その中の尾倉修繕工場のみである。因みにこの建物の図面から、上部構造建物図面はドイツ語で記述され、

修繕工場妻側面で中央部分が丸屋根である

修繕工場外壁部は赤煉瓦で、鉄骨柱面が露出している

寸法はミリ単位であるが、基礎図は日本語で書かれ、尺単位となっている。このことから柱、アンカーボルトの位置まではドイツ側で指定し、それを受けて基礎構造設計はわが国で行ったものと推測される。これは当時のわが国の土木技術があるレベルまで達していたことを示している。ついでながら柱を受ける基礎構造は赤煉瓦で、その下には大量の松杭が打たれ、基礎と基礎（柱下と柱下）の間は煉瓦のアーチで繋ぎ、その上の建物煉瓦壁を支えている。コンクリート構造法がまだ未熟であった、当時の基礎の代表的構造形式である。

建物は丸屋根でスパン一五㍍、軒高一一・五㍍、桁行き一四〇㍍（当時五〇㍍）、外壁は赤煉瓦（構造体ではなく化粧材）の、内部空間に独特の雰囲気を感じるレトロ調の建物である。

細部は昭和三十年前半位までは大学の建築構造の講義でよく活用された、ドイツ人著書の専門書『ブライヒの鉄骨構造』に出てくるものに酷似した手打ちのリベット構造である。これらを構成する鋼材は現在では生産されていないものもあるが、その性能には現在とあまり遜色がなく、当時の技術レベルの高さを知ることができる。

試行錯誤の建築工事

さて、では当時のわが国の技術力不足の中で、これらをどのように建設していったのであろうか。それは以下の通りである。

明治二十九年の「製鐵所官制」を受けて、全国各方面より技師から職工に至るまでの、多くのしかるべき人たちが集められた。そして工場建築建設部門は機械据付部門とセットになって一つの掛として組織化され、その受け入れ部隊ができた。そこにG・H・Hを中心としたドイツ人技師・職工達が現場指導者として赴任してきた。後に彼等の記述したものからすると、日本人は全体に、特に上層部の人間ほど怠け者として、彼等には評判が悪かったようである。今日の我々の常識からこれにはやや意外な印象を受ける。ともあ

〈右上〉建物内部のサイドから中央部分を見る
〈左上〉内部鉄骨柱にドイツメーカーの刻印が見える
〈 左 〉創業初期の修繕工場の写真で、機関車を修理のためクレーンで吊っている

れ言葉の問題や習慣の違い等からも、必ずしもスムーズではなかった事が記されている。「言葉の問題と直接関係はないが、一つの座談記事として「小屋組みも柱もリベットして（ドイツから）来たものです。ところが荷傷みがあって、グニャグニャになって来た。それを曲がったものはバラして歪取りし、〝か締め〟て、また組み合わせて作ったものです」という記述が見られる。また一方では建設中に建物が変形して、大変苦労したという話も伝わっている。

わが国鉄骨建築のルーツに

このような中で試行錯誤を繰り返しながら、何とか操業開始に間に合うように竣工させていった。この創業時のドイツ設計の工場群、その後のアメリカ、イギリス設計の各工場についても建設を経験した後、明治四十二年に自前の鋼材も生産され始めたことから、それを使った設計から製作、建て方まで全て自分達職員で行った国産第一号の工場がこの製鐵所内に出現した。これを契機に軍工廠施設等の設計を依頼されるようになり、国内に自国設計の鉄骨建築が広がっていった。

これらのことを考えるとき、この現存する尾倉修繕工場はわが国鉄骨建築のルーツともいえ、その貴重さが再認識できよう。

（開田一博）

表面をすべて切石で覆った堰堤は圧巻

41

河《かわ》内《ち》貯水池

①八幡東区大蔵二五〇〇－一、他
②一九二七（昭和二年）他
③官営八幡製鐵所／同土木部／同左

巻頭地図12

自然と調和した第一級の近代化遺産

自然と人工の調和。建築家や土木設計者にとっての永遠のテーマに対する模範解答のひとつがここにある。平成十九年に竣工八〇周年を迎える河内貯水池の堰堤や橋梁は、長い年月を経て周辺の自然に同化熟成し、その存在があたかも必然であるかのような風景をつくりだしている。ゲーテの言葉を借りれば、ここには「第二の自然」がある。

河内貯水池は製鐵所第三期拡張工事の一環として、一九一九（大正八）年五月に着工、四三〇万円の巨費と延べ九〇万人に及ぶ多大の人員と八年の歳月を費やして、昭和二年三月に竣工した。建設当時東洋一の規模を誇る堰堤をはじめ、附属施設群にも、現地北河内産の石が多用され、独特の雰囲気を醸し出している。これらの石材は専ら経済性と耐久性の観点から使用されたものであるが、設計陣は平板な形ではなく、切石積・野面積・割石張・自然石張などの方法を駆使して周辺の自然との調和を創り出すことに成功している。コンクリート・鉄という近代的素材と岩石という伝統的素材、技術と匠の織りなすハーモニー、そして河内五橋をはじめとする付属施設群における意匠・構造の多様性。アートとエンジニアリングの融合は、数ある近代化遺産の中にあって、この河内貯水池を第一級のものとしている。

〈上〉コンクリート打設時の膨張収縮に対応するために堰堤はブロック化されている（撮影大正十四年）

〈左上〉ヨーロッパ中世の古城を偲ばせる建屋（堰堤直下の弁室）

〈左下〉全面を自然石で覆った監視塔。「遠想」は沼田技師の書

当時東洋一の堰堤

高さ四三・一メートル、幅一八九メートルの重力式含石コンクリートダムで着工時点では東洋一の規模であったが、完成時点ではその座を発電用の大井ダム（岐阜県）に譲った。表面すべてを切石で覆われた堰堤は、巨大な人工施設でありながら、格別の風格を生み出し、周辺自然と一体化して、訪れる人々の心を捉えて離さない。石材を多く用いたのは、決して意匠景観を目的としたからではなく、当時普及していたとはいえ、セメントは未だ高価なものであり、人力、石材が豊富であったため、なるべく石材を多く用いてコンクリートの使用量を抑えるためである。また堰堤表面の切石は、建設時コンクリート型枠の役割も担っていた。

一見、一体としての構造物のように見えるが、大量のコンクリート打設において宿命である膨張収縮による亀裂対策として、水平距離二二・五メートル毎に伸縮継ぎ手が設けられており、結果的に七ブロックに分割されている。

なお、この重力式含石コンクリートダムの先輩格としては、神戸の布引五本松ダム（一八九七〈明治三十〉年着工、明治三十三年完成）や呉の本庄水源地堰堤（一九一二〈大正元〉年着工、大正七年完成）がある。

中世古城のような石材建屋

堰堤の一部である取水塔、道路を挟んで堰堤の西側高台の管理事務所、堰堤下部の三つの弁室、いずれも表面が石材で覆われており、ヨーロッパ中世の古城を偲ばせる独特の意匠が特徴で、取水塔には当時の中井長官による「風雨龍吟」、堰堤直下の弁室には服部技監による「萬古流芳」、管理事務所には設計建設の責任者である土木部長沼田技師による「遠想」の書

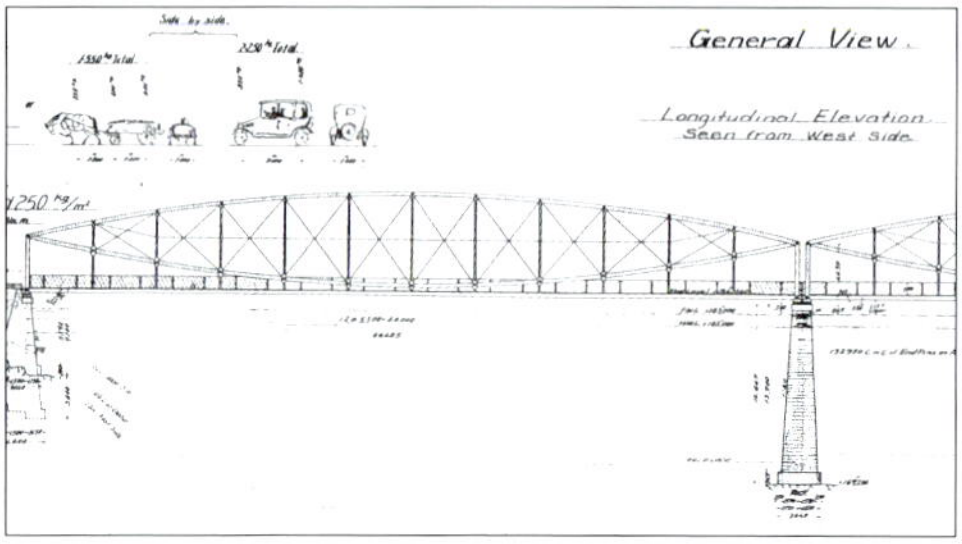

〈上〉有名な南河内橋。日本に現存する唯一のレンティキュラートラス橋

〈左上〉南河内橋のモデルと思われるピッツバーグのスミスフィールドストリート橋。完成当初、横方向は一連であった

〈左下〉南河内橋設計図の一部。当時の荷馬車や自動車が描かれている。当時の設計図面はすべて英文

が掲げられている。

忽然と出現した時代遅れのトラス橋

河内貯水池が近代化遺産として高く評価される要素のひとつが、様々な構造、意匠を持つ橋梁の遺存で、まるで橋の展示場の様相を呈している。特に貯水池あるいは貯水池に流れ込む小河川に架設された北河内橋、中河内橋、南河内橋、猿渡橋、水無橋の五つは河内五橋と呼ばれ、それぞれが構造意匠を異にしている。中でも真っ赤に塗装された特異な形態の南河内橋はわが国に現存する唯一のレンティキュラートラス橋としてシンボル的な存在となっている。この構造の橋は日本で三橋架けられたが、群馬の前橋と桐生の二橋は現存していない。この構造は世界初の英国の鉄道において採用され、さらにドイツにおいても鉄道橋としてライン川等に架橋され、一八七〇年代から十九世紀後半には米国において大流行したが、その後架橋された事例はほとんど無いと言われている。三〇年の月日を経て忽然と北九州河内に出現した南河内橋は、完成当初から相当「時代遅れの橋」であったと言うことになり、橋梁関係者の間ではこの形式が採用された理由は謎とされている。何故この形式が採用されたのであろうか。筆者は次のように推測する。先ず何はさておき、沼田技師は製鐵所の土木技師として「鉄橋」を架けたかったに違いない。数ある鉄橋の形式の中で何を採用すべきか。当時日本の鉄鋼業は、第一次世界大戦の勃発によりドイツと敵対関係に陥ったこともあり、先進技術の導入先を米国にシフトしつつあった。USスティールの本拠地であるペンシルバニア州ピッツバーグは鉄鋼業に従事する人間にとって鉄都としてあこがれの地であった。このピッツバー

河内貯水池本来のめがね橋である中河内橋。一見自然石造りに見えるが、実際は人工ブロックによるアーチ橋

グはスリーリバーシティと呼ばれるように、市中を大きな川が流れており、その川のひとつモノゲーラ川の両岸を結ぶスミスフィールドストリート橋の三代目が一八八一年にレンティキュラートラス構造により架橋され、ランドマーク的存在となっていた。沼田技師はこの橋の設計者であるG.リンデンタールの「鉄橋には美的観点からの設計が重視されるべき」という思想に共感を覚えるとともに、河内貯水池が製鉄設備の一つであることの証として、ピッツバーグの例に倣い、モニュメント的な意味を込めて、あえて時代遅れのこの形式を選んだのではなかろうか。

魚形橋がめがね橋へ

さて若干余談になるが、この南河内橋の通称は魚形橋《ぎょけいばし》であった。しかし、最近ではめがね橋という呼び方で紹介されることが多い。実は河内の元祖めがね橋は南河内橋の北側にある自然石造り風の中河内橋であった。なぜ南河内橋がめがね橋と呼ばれるようになったのかははっきりしないが、多分、河内のめがね橋と言った時に、中河内橋が三連アーチで、一方南河内橋が二連、しかも南河内橋の構造はレンズ型トラスとも呼ばれているため、専門家の間で混同が生じたものと思われる。加えて八幡製鐵所土木誌や橋梁の権威であった成瀬輝男氏が編集した「鉄の橋百選」の中でも「めがね橋」と紹介されたことから、今や河内のめがね橋とは南河内橋を指すことが多い。ちなみに八幡製鐵所の設備管理のための橋梁一覧や不動産管理に使用している地図は、中河内橋をめがね橋としている。

水路と水路橋

河内に貯められた水を現在の北九州都市高速道路大谷IC近辺にあった大谷貯水池まで送水するために、貯水池建設の一環として総延長二一・五キロの水路が建設された。この水路には、最上流部から、一見鉄筋コンクリートアーチ橋と見紛いそうになる鉄骨をコンクリートで被覆した大河原橋と南山《みなみやま》の田《た》橋、自然石のアーチと見紛うが実際には人工石で造られた

亜字池の大噴水。残念ながら今はもう見ることができない（撮影昭和二年）

南山の田橋。橋の上を水路が走っている。一見コンクリートアーチに見えるが、実際は鉄骨アーチ

アーチ橋の南山《みなみやま》の田《た》石造拱橋や中山《なかやま》の田《た》橋、直線的で機能的な鉄骨コンクリート桁橋の東只越橋、西只越橋、内ヶ畑橋など、様々な形態の水路橋が架けられた。山腹をぬって走るこの水路は台風等により、崩壊することもしばしばあり、昭和四十年代に途中から隧道化された。水路として使用されなくなった部分は自然歩道として整備されたので、大河原橋と南山の田橋間を除いてこれらの水路を自由に歩くことができる。

先端的な表現主義の太鼓橋と内ヶ畑人道橋

東京大学生産技術研究所の佐々氏の研究によれば、二つの人道橋、堰堤直下の太鼓橋と水路最下点に設けられた内ヶ畑人道橋こそ、先端的思想の下に設計建設された、注目に値する橋であるという。この二つの橋は鉄筋コンクリート製の薄いスラブ一枚によるアーチ橋で、氏によれば、「極限的な薄さの追求が初めてデザインの主題として追求され、日本における表現主義はここに始まる」としている。沼田技師は後にコンクリート橋梁設計に一大旋風を巻き起こすスイスのロベルト・マイヤールと無意識の内に設計思想を共有していたと言えるのかもしれない。

亜字池と噴水

堰堤下部の少し開けたところに上から見ると「亜」という字形に似た池がある。文字どおりの形状で亜字池と名づけられたこの池は、曝気を目的に設けられたもので、貯水池との水圧を利用して繰り広げられた噴水は壮観な眺めであったに違いない。一九五六（大正十五）年の起業祭には三万五〇〇〇人の観覧者が訪れたという。残念ながらこの大噴水は、昭和三十年頃から、河内水の使用量減少とともに中止された。

〈右上〉ヨーロッパ中世の砦のような主弁用調整槽。堰堤西側山中にひっそり建っている
〈右下〉河内貯水池と並行して建設された養福寺貯水池。河内貯水池と同じく意匠にも手抜きは一切ない

砦のような主弁用調整槽

鬱蒼と茂る樹木に遮られて今は見ることができないが、堰堤の西方の管理事務所の上に円筒状の構造物がある。これは水圧を使ってダムの主弁を操作するために設けられた水槽で、その形状はヨーロッパ中世の砦そのものであり、周辺の植林が育つまでの間は、これも河内貯水池の魅力的な景観要素のひとつであったに違いないと思われる。

河内と兄弟の養福寺貯水池

八幡西区養福寺町に河内貯水池と双子関係にある貯水池が養福寺貯水池である。この貯水池も八幡製鐵所の専用貯水池であり、遠賀川から取水した水を大量に貯水するのを目的に、河内貯水池と同時期に設計建設され、堰堤や付属施設は河内とほぼ同じ思想の下に造られている。規模が河内より小さいこと、非公開であることからその存在を余り知られていないが、桜の開花時期には一般に公開されるので、機会があれば探訪することをお勧めする。

河内と養福寺を結ぶ街道が古くからあり、建設の責任者沼田技師は幾度と無く、河内の工事現場を視察した後、徒歩で養福寺に向かったという。

（菅和彦）

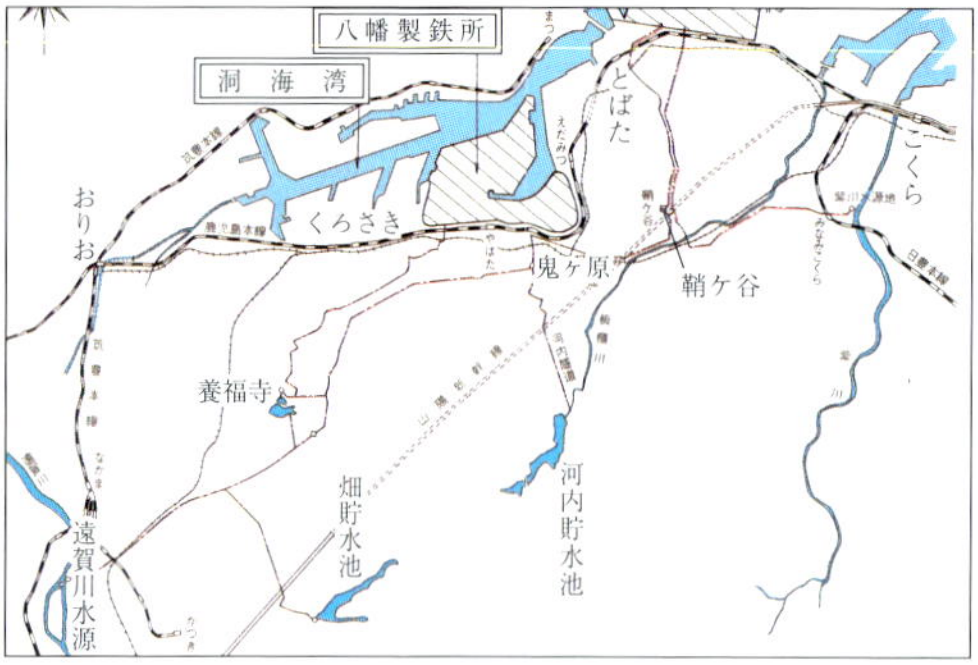

郊外から市街地へ走る八幡製鐵所の原水管

42

八幡製鐵所水道施設

鉄鋼生産には、冷却、洗浄、蒸気源、熱処理等多量の水が消費される。鋼材一トンを生産するに必要な水の量は約一五〇～二〇〇トンにも達し、その内訳は八幡製鐵所の場合、淡水の原水八%、戻水七四%、海水一八%である。遠賀川、紫川、河内、畑貯水池を水源とする原水は、貴重品として製鐵所の中を約一〇回循環し、再利用されていることになり、製鐵所にとっての水を人体における血液に例える人もいる。製鐵所拡張の歴史は、また水源確保と送水のための水道施設拡張の歴史でもある。

創業時の水源設備

製鐵所の創業期、板櫃川を水源とする大蔵貯水池が一九〇〇（明治三十三）年六月に竣工、また山ノ神渓水（大谷IC上部）を水源とする通称六角池が明治三十四年一月に完成、集水された水は、製鐵所構内の深谷（東田記念高炉東側一帯）、井上（〃西側）及び高見（スペースワールドのスペースシャトル近傍）の各貯水池に送水、貯水された。これら創業期の水道施設はその後の製鐵所拡張等に伴い、埋立てあるいは解体され、当時を偲ばせる施設は残っていない。余談であるが、大蔵貯水池氾濫の懸念に対して、製鐵所は下流域の大蔵・槻田地区の土地を買収することとなり、その買収地が今日の高見地区である。

遠賀川水源と水道施設

一九〇六（明治三十九）年に帝国議会において鋼材年産一八万トンを目標とする第一期拡張計画が承

巻頭地図10 12

遠賀川取水堰と取水口。後方はポンプ室

電動ポンプに換わり煙突は解体されたが今も初期の建屋が使われている

認され、その一環として遠賀川を水源とする水道整備に着手、一九一〇（明治四十三）年に竣工した。この事業は、遠賀川より取水、石炭ボイラー八基によって汽動ポンプ四基を駆動、毎分二九立方㍍の水を上の原の調整池に揚水、製鐵所近くに設けられた鬼ヶ原調整池に自然流下で送水するもので、取水地から鬼ヶ原までの間一一・四㌔に用地を買収、二八インチの鋳鉄管が埋設された。最初は取水量も少なく本格的な取水堰は必要なかったが、昭和五年に製鐵所洞岡地区の各工場の操業開始に備え、取水量の増大を図るため現在の可動堰が建設された。この堰には、筑豊の石炭輸送の担い手であった川艜《ひらた》の航行のためにパナマ運河方式の船通しが設けられた。

昭和二十六年に電動ポンプに切り替えられ、汽動ポンプやボイラー、ポンプ室を特徴づけていた煙突も解体されたが、建屋本体は現在も当時のものが使用されている。

紫川水源と水道施設

大正十年四月、官営製鐵所は東洋製鐵と設備借入れ契約を締結、同社の戸畑工場を戸畑作業所として包含した。この時、一九一九（大正八）年完成の沈殿池とポンプ場等からなる紫川の揚水設備を継承し、昭和七年には取水量増強のために遠賀川水源と同形式の可動堰を建設した。水源地から戸畑構内まで七・七㌔を当初は五〇〇㍉木管で送水していたが、昭和八年以降数次にわたり鋳鉄管及び鋼管への敷設替えが行なわれた。ポンプ場建屋と可動堰は当時のものが現在も使用されている。

養福寺、河内貯水池と水道施設

一九一六（大正五）年に帝国議会において鋼材六五万㌧生産を目標とする第三期拡張工事が承認され、遠賀川水源の調整池機能を増強するための養福寺貯水池、新たな水源としての河内の両貯水池が築造され、ともに一九二七（昭和二）年に完成した。以上の水道施設に、昭和三十年には遠賀川水源系統に北九州市の畑貯水池を水源とする送水路が加わった。これら水道施設については何度も近代化の改修が行なわれてきたが、基本的な系統は変わっていない。

（菅和彦）

大谷会館外観　昭和初期独特のデザイン

43

大谷会館その他福利厚生施設

①八幡東区大谷二－一
②一九二七（昭和二）年、大谷会館＝鉱滓煉瓦造二階建
③八幡製鐵所土木部／同／同

職工倶楽部大谷会館

製鐵所は大正時代の労働争議を経て、三交代制度の導入による労働時間の短縮や福利厚生による処遇改善を通じて労資協調路線の確立に力を入れる。一九二六（大正十五）年には労務部を新設し、労務課と福利課を設置、一方で現場労働者に対する所としての管理を強化するとともに、他方で福利厚生の充実による待遇改善にも努めた。このような事情を背景に、既にあった高等官・判任官用の公餘倶楽部、一般職員用の門田会館（一九一四〈大正三〉年）に加えて、職工倶楽部が設置されることになり、昭和二年に大谷会館が完成した。こうした施設は職階層別に運用されており、大谷会館は当時、従業員との意思疎通機関であった製鐵所懇談会の役員の中から選出された特別委員によって運営されていた。

重厚な鉱滓煉瓦洋館

玄関部に屋上に達する塔を中央に両翼に広がる鉱滓煉瓦製の堂々たる洋館は、当時超一流の福利施設として世間の注目を集めたに違いない。この建物は、当時製鐵所の階層において下位に位置づけられた現場従業員用の施設でありながら、今日においてさえ、その重厚さ・格調において、戦後の復興期や高度成長期に作られた多くの建物をはるかに凌いでいる。

建物は製鐵所直営による設計・施工、構造は自社製品である鉱滓煉瓦を使った組積造地下一階、地上二階階建て、左右対称で半円形のアプローチ、玄関を中心に両翼にブロックを持ち、中廊下で

巻頭地図9

かつてこのあたり一帯は製鐵所の貯水池だった。右は上大谷貯水池（撮影明治四十年）、左は大谷グラウンド

結ぶといった当時ポピュラーな形式で、両翼ブロックは大広間、それを結ぶ廊下部分は小部屋が配置されている。ドイツ表現主義派の影響を受けたと思われる中央部の塔が象徴的な印象を与え、昭和初期の建築物の雰囲気を今に伝えている。戦後になると、昭和二十二年の身分制廃止に伴い職階別の運用も廃され、現在は製鐵所関係者だけでなく、広く一般の人びとにも利用されている。

なお、この建物は平成元年、北九州市における歴史的建築物の部門での建築文化賞を受賞している。

一大スポーツセンター

この大谷地区は、河内貯水池建設の責任者であった沼田技師が立場上その堤防決壊の責任を問われた下大谷貯水池を埋め立てた場所で、昭和初期に推進された製鐵所の福利厚生諸施策の拠点として数々の施設が整備された。当時の中井長官や労務関係高官は、直接生産力と結びつく体力・体位の向上を図るとともに、職員と工員との垣根を取払うことのできる福利厚生施策としての文体活動を積極的に押し進め、大谷会館を中心に、昭和三年頃から野球場、相撲場、テニスコート、武道場（昭和五年）、弓道場、プール（昭和九年）等が相次いで建設され、昭和九年頃には、一大スポーツセンターが現出した。

また昭和十五年には戸畑の鞘ケ谷地区に従業員の勤労奉仕もあって「鞘ケ谷（陸上）競技場」も開設された。

戦後まもない昭和二十二年の全日本陸上競技会、翌二十三年の第三回国体水泳大会、二十五年の日米水上競技会の会場として利用され、その華々しさを誇ったこれらの運動施設も、現存するのは大谷野球場、鞘ケ谷競技場の二つのみとなり、また数多くの一流選出を輩出した水泳、ラグビー、サッカー、陸上競技、野球等の体育専門部は、一部は同好会として存続するもののほとんどは休部もしくは廃部となった。

（菅和彦）

〈上〉昭和三年に改築され現在に至る公餘倶楽部（現在の高見倶楽部）
〈右〉公餘倶楽部（高見倶楽部）応接室

44

公《こう》餘《よ》倶《く》楽《ら》部《ぶ》（高見倶楽部）

①八幡東区高見一－三－三
②一九二八（昭和三）年、木造平屋　一部二階建（戦後の改築部はRC二階建）
③八幡製鐵所／八幡製鐵所土木部／八幡製鐵所土木部

役職者の社交場・迎賓館

公餘と問われて俄《にわか》に答えることのできる人は殆どいない。その意味は公務の余暇なのだそうだが、これも判ったようで判らない答である。公餘倶楽部は官営製鐵所の役職者である高等官・判任官の社交の場並びに迎賓のために用いられた施設で、現在は高見倶楽部の名称で八幡製鐵所の迎賓施設として使用されている。

公餘倶楽部の歴史は、製鐵所開設時、仮事務所として使われた八幡村の豪家大和正太郎の住居を製鐵所構内の稲光に移し、公餘倶楽部として命名したのが始まりであるという。製鐵所拡張により、製鐵所構内の高見山や稲光にあった官舎等の福利厚生施設が構外に移転した際、高見山にあった長官官舎をはじめとする高等官官舎やお雇い外国人技師であったグスタフ・トッペの宿舎も現在の高見に移され、トッペは既に帰国していたので彼の使っていた宿舎を二代目の公餘倶楽部とした。

巻頭地図9

公餘倶楽部のモデルとなった辰野金吾設計の奈良ホテル

製鐵所構内にあったトッペの官舎を現在地に移した公餘倶楽部（撮影明治四十四年）

奈良ホテルをモデルに改築

現在の建物は、昭和三年に改築された第三代の建物であるが、この改築の経緯について当時の中井製鐵所長官は次のように語っている。

私が八幡に赴任した大正十三年には、この倶楽部も既に古く、廊下を歩くと、ぎしぎしと軋むほどひどかった。東京から製鐵所を訪れる高官の宿泊などにはとても向かないので改築を思い立ったのである。直接改築の動機となったのは、高橋是清、犬養毅両先輩が来られたときである。宿泊に適当な家もないので、このときは下関に泊まって貰い、朝迎えに行くという案配であった。こんなことでは客にも迷惑であるし、私たちも面倒である。いっそ公餘倶楽部を改築して、宿舎と職員倶楽部を兼用した方がよいと考えたのであった。

公餘倶楽部改築の際、中井長官は奈良ホテルをモデルとするよう部下に命じ、改築中の現場にも赴き、あれこれ指示したそうである。長官は改築の際、忘れ去っていた奈良ホテルを忽然思い出したと記しているが、このホテルをモデルにしたのは、長官の脳裏に強くその印象が残っていたということだけではなく、皇族や政府高官が利用する奈良ホテルをモデルとすれば、製鐵所の迎賓施設として相応しいものができるという思いがあったに違いない。

和洋折衷の華麗な意匠

現在の高見倶楽部は戦後、中央部の宴会室・宿泊棟がＲＣ二階建てに改築されたが、正面玄関、応接室・会議室、今は使われていない撞球室、さらに際奥のＶＩＰ用の滞在施設は昭和三年改築当時のままである。

建物正面は、深い庇と、庇まで伸びる縦長の窓等、当時一世を風靡し、日本建築に大きな影響を与えたＦ・Ｌ・ライトの影響を受けた典型的なデザインであるが、一歩玄関に入ると奈良ホテルをモデルにした和洋折衷の世界はタイムスリップしたかのような気分にさせられる。天井の高い応接室、深紅の絨毯に彩られた廊下、障子や窓の繊細な意匠など本館の華麗

〈上〉公餘倶楽部廊下
〈下〉奈良ホテル廊下。確かに雰囲気はよく似ている

さとは対照に、際奥の皇族や政府高官を迎えた部屋は意外な程簡素なしつらえとなっている。

中井長官の言によれば、なかなか立派に完成して気を良くしていたところ、しばらくして、会計検査院から苦情が出、係の者は大分、油を絞られたようだとのこと。同じ頃、河内貯水池の諸施設についても、贅沢すぎるとして設計建設の責任者であった沼田土木部長が会計検査院に油を絞られたという有名な話がある。沼田土木部長は、建築・土木の責任者であったので公餘倶楽部の改築でも会計検査院と衝突したのかもしれない。

久女が詠んだ楊貴妃桜

公餘倶楽部は、北九州地区の社交の場としても利用され、昭和七年、小倉在住の女流俳人杉田久女の主催する俳誌「花衣」の主催する句会が開催され、このとき、

風に落つ　楊貴妃櫻房のまま
むれ落ちて楊貴妃櫻尚あせず

の二句が詠まれ、有名な俳誌「ホトトギス」の虚子選雑詠欄の巻頭をかざった。残念ながら、この楊貴妃桜、現在の高見倶楽部の庭には既にない。（菅和彦）

拝殿や神舎が一段高い位置にあり、一種の舞台となっているのが特徴

45

高見神社

①八幡東区高見一―一―一
②一九三七（昭和十二）年＝神殿・鳥居、一九三八（昭和十三）年＝神門・回廊・神楽殿・神饌所、木造流造り
③八幡製鐵所／角南　隆（内務省神社局技師）／不詳

巻頭地図9

建設の経緯

高見神社は元々尾倉の高見山（現在のスペースワールドのスペースシャトル付近）の一角にあったが、官営製鐵所の建設が始まった一八九八（明治三十一）年、この高見山に長官を筆頭とする高等官用の官舎が設置されたため、近くの豊山八幡宮に遷移することになった。高見山の高等官用官舎も、製鐵所の操業開始五年後の一九〇六（明治三十九）年に第一期拡張計画が議会で承認されことから、その実行にともない、移設されることとなり、高見という名を現在地に継承した。

昭和九年、官営製鐵所は他の民間製鉄会社と統合する形で日本製鐵株式会社となった。また前年十二月二十三日に後の今上天皇が誕生、世の中が祝賀ムードに溢れていた機会を捉え、八幡製鐵所は、高見神社をそれまでの地域の神様の枠を超えて、製鐵所の守護神と位置づけ、現在の地に本格的な造営を決定した。費用は六万円とし、明治神宮造営の例にあやかり、内二万円相当を従業員から日給の半額分を募るとともに、労力奉仕で賄うこととした。製鐵所という近代的組織と守護神としての神社。一見相容れないこの組み合わせは、我が国近代化の典型の一つを示すものとしても興味深い。

モダニストの設計

八幡製鐵所は、神社の設計を内務省神社局角南隆技師に依頼、角南技師は、自分の思い通りに設計することを条件に引き受けたと言われている。神社建築に代表される日本の伝統建築は、古来か

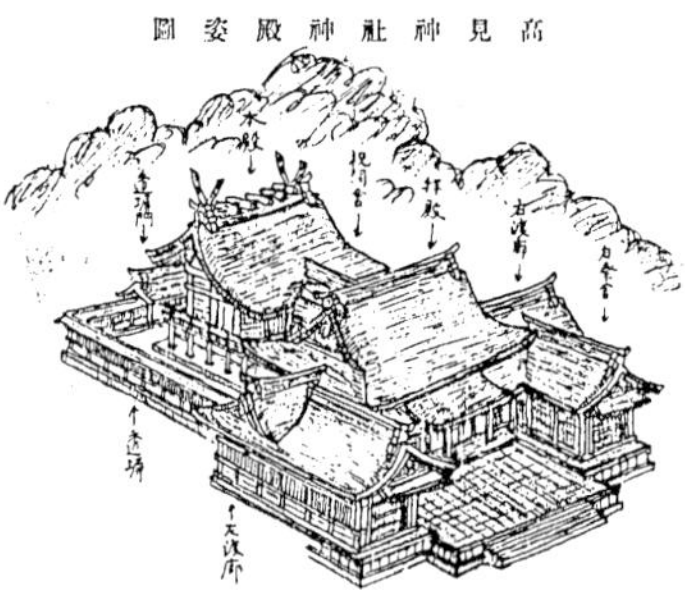

角南技師による流れ造りの実行案

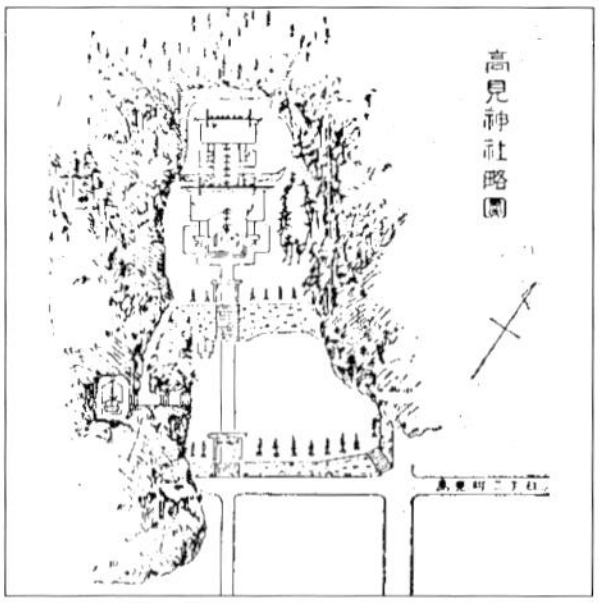

当初の製鐵所案。本殿は神明造り

らさほど変化していないようにも見えるが、この時代、神社建築の中枢にあったのは、伊東忠太↓大江新太郎↓角南隆という今でいう東大工学部建築科で近代建築の洗礼を受けた人々の系譜であった。

近代化遺産の観点から高見神社を評価する必要があるのは、近代建築の教育を受けたうえで神社建築を司った人物の設計によるものということだけではなく、角南技師は、伝統建築の世界にありながら、従来の様式・形式を打破したモダニストとしての評価を得た建築家で、そのモダニストが自分の思いどおりに設計した神社というところにある。では高見神社のモダンさはどこにあるのか。角南技師はこの時代における神社の役割・本質を、組織集団に求心力をもたらし、一体感を高めるセレモニーの場として、ある種の劇場空間を造りだそうとした。高見神社の社殿を見ると一番高いところに、本殿がおかれ、その前に拝殿、拝殿の左右両側に祭舎（袖舎）が配置され、拝殿・袖舎は一般者の参拝位置より一段高く設置されている。この設定は、神官と組織集団の代表者である高位者による祭礼の執行を間断なく行うことのできる動線を確保し、一般参列者もその流れを見ることにより、集団参拝における参画意識・一体感を醸成するしつらえとなっている。

すべてが一流—費用捻出に腐心

高見神社の殿内舗設装飾には神社局考証課長宮地真一博士、造神宮使庁の元技師井上清氏も参画、神社造営の正統中の正統が手がけた作品と言うことができる。先に述べたとおり製鐵所は神社造営の予算を六万円としていたが、設計陣も超一流、造営材料も本殿は全て台湾大平山の無節檜をと、全てが一流のものとなってしまい、見積もり結果は一九万円に達し、その工面にたいへん苦労したとのことで、製鐵所工事残材の転用や内製化、所長を筆頭とする労力奉仕、そして工期の三分割により何とか竣工させたという。

最後に余談を一つ。大正九年に創建された明治神宮の主要社殿は昭和二十年戦災で消失、昭和三十三年に新しい社殿が再建されるが、この時の設計者は他ならぬ角南技師で、師であった伊東忠太設計の旧社殿を角南流に造り変えてしまったと言われている。

（菅和彦）

工場内の特徴的な丸窓意匠

46

安《やす》田《だ》製《せい》釘《てい》所《しょ》（安田工業八幡工場）

①八幡東区枝光二ー七ー七
②一九一二（大正元）年、煉瓦造一階建
③安田商事／辰野金吾／不詳

巻頭地図13

安田財閥の直系事業会社として設立

安田工業八幡工場は一九一二（明治四十五）年三月に安田商事枝光支店安田製釘所として設置され、大正元年に操業を開始した。安田商事は安田善次郎が一代で築き上げた安田財閥傘下の企業であった。商事という名称はついているものの、製釘事業、鉄工業、倉庫業、鉱業（硫黄鉱山）、運送業などを営み、金融財閥といわれた安田財閥の数少ない直系事業会社であった。大正期には、同社は鉄工業や運送業、鉱業、倉庫業などを廃業したり譲渡したりしたので、製釘業が主たる事業となっていた。

日本の製釘業（洋釘製造）は安田商事の深川工場（深川製釘所、後東京支店安田製釘所）に始まるといっていいが、その工場も関東大震災による消失によって一九二六（大正十五）年には廃止され、製釘事業は枝光に集中されることになった。

製鐵所から原料線材の供給

枝光に製釘所ができたのは、安田善次郎がこの地を所有していたということもあるが、何よりも釘の材料である線材製造が官営八幡製鐵所によって供給されたからである。八幡製鐵所が同社への供給を目的にして線材を製造

〈右〉切妻部分の鋸歯状構造
〈下〉工場南立面

したのは一九〇八（明治四十一）年であった。それまで線材はすべて輸入に仰いでおり、輸入線材価格高騰のために輸入釘に太刀打ちできず、深川工場が操業休止に追い込まれることもあった。製鐵所による線材供給によって初めて、安田商事、というよりも日本の製釘事業は経営的に安定するのである。

安田商事は安田財閥の事業部門として発展してゆくが、第二次世界大戦の時期に名称を安田興業と変更し、安田系企業や銀行を統轄する持株会社機能を持つことになった。安田保善社とともに安田系企業を支配する会社となったのである。敗戦後、財閥解体とともにこの持株会社機能は廃止され、製釘部門は大和工業と名を替え、さらに昭和四十五年に現社名の安田工業となった。

設計は辰野金吾

創設当時の枝光工場は建坪三五九三坪。辰野金吾によって設計された。一九一一（明治四十四）年十月に起工し、翌年三月竣工した。洗滌室、製線室、製釘室、磨釘室、包装室が設けられ、深川工場の経験をもとに、最新の製釘設備が導入された。これら工場設備等の監督には八幡製鐵所鋼材部長今泉嘉一郎（後の日本鋼管創設者）があたったといわれている。この工場は現在も現役の施設として使われている。どっしりとした煉瓦造りの工場や傍らの倉庫は、わが国の洋釘製造を担ってきた風格と重みが感じられる。

（迎由理男）

北側から見た建造当時の事務所

47

安川電機製作所本社事務所（安川電機）

①八幡西区黒崎城石二－一
②一九五四（昭和二十九）年、鉄筋コンクリート三階建・鉄骨造
③安川電機／アントニン・レーモンド建築事務所／大林組

巻頭地図14

事務所建設の経緯

安川電機製作所（当時）は、昭和十三年に工場整備計画が一段落すると同時に事務所を完備する予定であったが、当時は戦時増産下であったため、防火、能率上とりあえずの処置にとどめたために、昭和二十八年まで事務所改築の機会がなかった。

朝鮮戦争により日本の景気は上昇し、会社も景気が回復したために、新事務所の建設の気運が高まった。昭和二十七年、当時の社長安川寛は社員に明るさをもたらし、社風を変えたいと強く願望し、いよいよ着工する運びとなった。

事務所は、旧事務所を除く附属事務所を撤去した跡に建設することとし、昭和二十八年三月に着工、翌二十九年三月末に完成した。

モダンなコンクリート打ち放し

鉄筋コンクリート三階建てラーメン構造のこの建物は、東西方向一八尺（約五・五㍍）一三スパン、南北方向は九尺（約二・七㍍）スパンの中央廊下を挟んで南北各一九・五尺（約六㍍）に柱を配置している。外装は、床から天井まで達する大きく、かつ水平に連続した窓。この窓にあらわされるように、全体的に余計な装飾をそぎ落とし、鉄筋コンクリート造の柱を外壁よりも内側に収めて立体面に柱型を出さないように工夫されている。このような平板的な立面構成、連続したガラス窓による明るい内部空間は、戦後

事務所を南東面より眺める

復興期のモダンデザインをよく示した建築と評価できる。

南側（黒崎駅側）と東側では、サッシ側に銅板製及び可動式銅板製の水平ルーバーを吊っている。水平ルーバーの効果は、夏の直射日光を遮断する効果と水平線を強調した軽快な外観形成に大きな効果を発揮している。

当時先端的なモダンデザインが九州の地方都市に建設されたことは、モダニズム建築の地方への普及を考えるにあたって重要な事例ということもできる。

広くて合理的な事務空間

内装は事務効率の向上、防火設備、技術資料管理にすぐれた設備と配置になっている。特別な用途に供される部分を除き、固定的な間仕切壁を設けず、中央廊下を含めた奥行き五四尺（約一六・四㍍）の広い事務スペースとしており、天井もスラブ下に木毛セメント板を打ち込み、吸音テックスを直貼仕上として、高い天井、天井いっぱいの開口部により、明るく、フレキシビリティの高い事務空間を確保している。

今後の本社事務所の処遇であるが、いまのところこれ以上壊すことはないそうで、また、本社事務所の見学については、積極的に対応していきたいとのことである。

設計者アントニン・レーモンド

アントニン・レーモンドは、一八八八年にチェコで生まれた。プラーク工業大学を卒業し、一九二〇年にフランク・ロイド・ライトの補佐として、帝国ホテル建設のために来日した。第二次世界大戦中や最晩年を除いて、そのほとんどを日本で過ごした。日本における作品はおよそ四〇〇。さらに前川国男、吉村順三ら多くの日本人建築家を育てた。代表作品は、リーダーズ・ダイジェスト東京支社、東京ゴルフクラブ、東京女子大学、大谷体育館などで、そのうち、一九五七年に大谷体育館で勲三等旭日中綬章を受章

道路整備により、一部解体された事務所（現状）

した。一九七六年に死去。

安川寛の聞書『道草人生』

『道草人生』の中で安川は、事務所建設の経緯を、次のように述べている。

「新しい本社事務所が落成したのは、昭和二十九年四月でした。そのころ非常勤取締役をしていたいとこの安川泰一が建築に詳しく、彼の強い推薦で設計は米国の設計家アントニン・レーモンド氏に頼みました。安川泰一は、リーダーズ・ダイジェスト社東京支社ビルを見て、その新鮮さに心を打たれました。

それまでの安川電機製作所の本社事務所は建て増しを続けた木造でしたが、レーモンド氏の設計で完成した新事務所はとても明るく、新鮮な印象を与えました。

当時はまだコンクリートの打ち放しという方式はほとんどなかったから、西日本で初めての最も近代的なビルと話題を呼びました。現場監督が鹿児島出身のやかましい技術者で、コンクリートの出来栄えが感心しないと言っては取り壊し、何回もつくり直させていました。建設会社の大林組は泣かされましたが、出来上がりはさすが美しいものでした」（松田寛）

創業期と同じ形の珪石煉瓦焼成用丸窯

48

黒《くろ》崎《さき》窯《よう》業《ぎょう》丸《まる》窯《がま》（黒崎播磨）

①八幡西区東浜町一－一
②一九五〇～六〇年代（創業時と同形）
③黒崎窯業／不詳／不詳

巻頭地図14

創業時と同じ形の丸窯

耐火物メーカーの黒崎窯業（現黒崎播磨）本社工場は、創業以来現在地を中心に展開してきたため、創業期の生産設備こそ残っていないものの、同形の設備や、原料岸壁、戦後初期の建屋等、貴重な産業文化財が所々に遺されている。

代表的なものは、現在も操業中の珪石レンガ焼成用丸窯で、創業時と同じ形の「バッチ式」である。当時、兵庫県丹波地方から原料である珪石を搬入し、ミキサーで粉砕し、成形してからこの丸窯に入れて、一ヶ月程度の時間でゆっくりと焼き固め、平炉やコークス炉などの内張材料として使われる珪石レンガを焼成した。しかし、その後の技術革新によって、珪石レンガはアルミナレンガや塩基性レンガに置き換えられ、珪石レンガの生産は著しく減少した。現在では二基だけを残して他はすべて撤去され、珪石レンガの焼成用として年に数回丸窯が使用されている。アルミナレンガや塩基性レンガは生産性の高い「連続式」のトンネル窯によって、三、四日間で焼成される。

安川家が創設、八幡製鐵との提携で総合的耐火物メーカーへ

高温の工業炉の炉材として使われる耐火物を製造販売する黒崎窯業は、安川財閥の創業者・安川敬一郎が、一九一八（大正七）年に九州製鋼向けの耐火レンガ自給のために設立し

工場構内にある全国最小級の妙見火山跡

創業時の黒崎窯業

戦後期の煉瓦成形用プレス機

た。初代社長は敬一郎の次男・松本健次郎、支配人は長く官営八幡製鐵所で耐火レンガ生産を担当後、独立を志した高良淳であった。当初は珪石レンガの専門工場としてスタートしたが、順次粘土レンガ（シャモット）、塩基性レンガにも進出、工場も拡張し、総合耐火物メーカーとなった。

昭和三十年、八幡製鐵（現新日本製鐵）が資本参加して大株主となり、東隣りの八幡製鐵所の炉材部門を吸収して、両社の技術が一体化、さらなる発展を遂げ、平成十二年に旧富士製鐵系のハリマ・セラミックと合併して黒崎播磨（株）となった。

機械式プレス機、原料粉粋ミキサー、原料岸壁も現存

急速な技術革新に対応して進化する最新鋭の工場、設備に混って、長寿の設備・施設が現役で、矍鑠《かくしゃく》と働いているケースは、他にもみられる。レンガを成形するために使用される多くのプレス機のうち、本社工場機械式プレス機も戦後の製作ではあるが、貴重なものである。また、原料の珪石を粉砕し、混合するパン式フレットミキサーも珍しい設備である。洞海湾に面した原料荷揚げ岸壁は戦後間もなくのものであり、製品の品質管理に使われる製品管理室の木造二階建ての建屋も戦後初期の工場風景を象徴している。一方、煙突は最近は細長いスチール製が主流であるが、往時のコンクリート製集合煙突も一部保存されている。

市内唯一・全国最小の噴火口跡

本社工場では、もう一つ、特筆すべき自然文化財がある。工場西北部の妙見火山（死火山）跡である。二八〇万年前に噴火した北九州市内では唯一の、また全国的にも最小級の可愛い噴火口跡である。工場構内の設備類は見学できないが、妙見火山跡は、毎月第三日曜午前十〜十一時に、見学希望者に対して公開されている。

（長妻靖彦）

武道場「敬止館」の全景

49

九州専門学校武道場

（三菱化学黒崎事業所武道場「敬止《けいし》館」）

①八幡西区黒崎城石一
②一九四〇（昭和十五）年、木造瓦葺平屋建
③九州専門学校（現九州国際大学）／不詳／不詳

本格的武道場、見守る岩崎小彌太直筆の「寂然不動」

三菱化学（旧三菱化成）創業の地・黒崎事業所では、昭和初期以来中核生産設備として活躍してきた染料、コークスなどのプラント類はすでに休止もしくは代替りしており、わずかに染料生産設備の一部がモニュメントとして保存されている。ただ福利厚生施設で、武道を重視した同社の社風のシンボルとも言える武道場「敬止館」は、風雪に耐え、今も現役で活躍し、地域にも開放されている。

「敬止館」は、武道華やかなりし戦前・戦中の本格的な武道場の構造をそのまま残している。道場正面には伊勢神宮と武神・鹿島、香取大神を祭った神棚があり、その上に三菱合資二代目社長岩崎小彌太直筆の「寂然《じゃくぜん》不動」が掲げられ、練習を見守っている。床板は、倒れても衝撃を和らげるスプリング構造で、床下には音響効果を考慮して「床下共鳴甕」一六個が埋められている。「敬止」は詩経の一節「夙夜敬止《しゃくやけいし》」からとったもので、「先駆者の教えを忘れずにいたい」という意味である。

前身は牧山での石炭化学

旧三菱化成黒崎工場の前身となる旧日本タール工業は、昭和九年に三菱鉱業と旭硝子の折半出資で設立された。三菱財閥は、元々は三菱合資が一八九八（明治三十一）年に戸畑牧山の筑豊骸炭製造所を買収してコークス生産に乗出し、大正三年には旭硝子牧山

巻頭地図14

床下に埋められた音響効果を上げる共鳴甕《カメ》

敬止館の内部（床下に衝撃防止のスプリングと共鳴甕《カメ》が配置されている）

屋根瓦の三菱のスリー・ダイヤマーク

工場を建設しており、これらの地縁を活かした投資である。まず染料工場、次いで肥料工場（アンモニア、硝酸、硫安等）の順に建設し、最後に牧山から旧筑豊骸炭《がいたん》のコークス部門を移設した。平行して冷却水用の瀬板貯水池堤防築造も進め、昭和十六年にほゞ現在の姿になった。以来、社名を日本化成工業、三菱化成工業、三菱化成から三菱化学と変えつつも、有機・無機合成、石炭化学、合繊原料、石油化学などの総合化学工場として発展してきた。

往時を語る染料中間体反応機のモニュメント

創業期関連の設備は、主力事業だったコークス工場がすでに休止したほか、染料工場等も順次新鋭設備に置き換わり、わずかに染料中間体の製造に使用された直火式反応機がモニュメントとして工場構内に保存されているのみである。

譲り受け、移設された「敬止館」

三菱グループは、岩崎小彌太が一九一八（大正七）年に三菱倶楽部武術部（現三菱武道会）を設立して以来、武道を人作りの柱に据え、社員のモラール向上策として重視してきた。そのいわば「三菱精神」を象徴しているのが前述の武道場「敬止館」であり、よく往時の姿を残している。敬止館の建物自体は、昭和十五年に九州専門学校（現九州国際大学）の武徳殿として、戸畑市八王堂ケ峯（現八幡東区高見五丁目）に建設された。しかし、同校は福岡高等

染料中間体生産設備のモニュメント

商業学校（現福岡大学）と戦時強制統合され、戦後は占領軍が剣道を一時禁止したこともあって、道場は使用されずに風雨にさらされていた。

一方、三菱化成工業黒崎工場は本格的な武道場がなく、厚生施設との兼用で不便な思いをしていた。昭和三十年、当時の柴田周吉工場長（のち三菱化成工業社長）がこの武徳殿を譲り受け、四五〇万円をかけて現在地に移設・改造した。移設にあたり、床を衝撃防止のスプリング構造としたほか、床下に古い日本建築様式の知恵を取り入れ、一六個の甕を、口を上に埋めた。床下共鳴甕と呼ばれ、音響効果を上げる独特の仕組みで、足を踏み込んだときに生じる音の歯切れが良く、豊臣秀吉が能を舞った京都西本願寺にも施されている。

柴田工場長は、「武道による職場の爽やかな精神的緊張感こそ業績向上、安全操業達成の根源である」を信念とし、屋根瓦に三菱のスリー・ダイヤマークをつけた敬止館では、今も社員が剣道、柔道、弓道に励んでいるほか、地域の武道愛好家にも開放され、全国の有名剣道家も訪れ、同社と北九州を代表する全国有数の武道場として活用されている。

かって街中を走っていたガスパイプ

なお、黒崎工場は、昭和三十一年以降約一〇年間、近くの日本炭鉱高松炭鉱（水巻町）の炭坑ガスを街中を走る七・三キロのパイプで直接受給して肥料や合繊原料の原料として活用した。街中を走るパイプが工業都市らしい景観となっていた。瀬板《せいた》貯水池が、日本炭鉱の鉱区の上にあり、石炭採掘継続か中止かを巡って両社間で係争もあったが、同時に有無相通ずる互恵互善の関係にもあったことを物語っている。

敬止館は、同工場の構外にあるが、一般見学の受け入れは行なわない。

（長妻靖彦）

50

百《ひゃく》三《さん》十《じゅう》銀《ぎん》行《こう》八幡支店
（旧百三十銀行ギャラリー）

①八幡東区西本町一－二十－二
②一九一五（大正四）年、鉄筋コンクリート造平屋、一部二階建
③百三十銀行／辰野・片岡事務所／阿部組

巻頭地図9

旧百三十銀行外観（現状）

百三十銀行の北九州進出

明治時代、百三十銀行は大阪を本店とする日本有数の大銀行であった。頭取の松本重太郎は「関西実業界の帝王」と言われていた人物で、百三十銀行を拠点にして大阪紡績や日本紡織、山陽鉄道などの多数の企業の重役を兼任していた。融資を通じて多くの企業と関わっていたわけであるが、積極的な貸出のためには何よりも資金量を増やさなければならなかった。そのために、一八九八（明治三十一）年以降次々に銀行を吸収合併していった。その一つが小倉に本店を置く第八十七銀行であった。同行は北九州地域の企業勃興に積極的にかかわったが、恐慌などで資金が焦げ付き、百三十銀行に吸収合併を余儀なくされたのである。

百三十銀行がわざわざ北九州の銀行を合併したのは、単に預金吸収のためだけではなかった。頭取・松本重太郎は北九州の石炭業や鉄道業に投資し、行橋に本店を置く豊州《ほうしゅう》鉄道（現JR九州日豊線の一部など）の社長を務めるとともに、安川敬一郎が経営していた明治炭坑の監査役でもあった。第八十七銀行合併はこうした事業の展開と不可分の関係にあったのである。

八幡支店はもともと若松支店の派出所として一九〇四（明治三十七）年に開業し、明治三十九年に支店に昇格した。

デザイン性あふれる柱頭部

ギャラリー内部

安田銀行へ

一九〇四（明治三十七）年六月、強勢を誇った第百三十銀行が臨時休業した。同行が深く関わった日本紡織が経営悪化から破綻し、懸念した預金者が同行に殺到して、預金支払いに応じきれなくなったからである。すでに同行は関係企業や松本自身への巨額の融資が焦げ付いて、内情は火の車であった。査定によれば、貸出の三九％が回収不能と見込まれていた。日本有数の大銀行の破綻が経済に悪影響を与えることを懸念した政府は、臨時休業を発表する前に、同行の救済を「銀行王」安田善次郎に依頼した。安田はいったん謝絶したが、政府資金の供給が約束されたため再建を引き受けることになった。こうして第百三十銀行は安田系の銀行として再建されることになった。

一九二三（大正十二）年、この第百三十銀行は安田銀行、第三銀行など安田系一一行の大合同に参加した。新安田銀行は日本最大の預金と店舗網を擁する銀行となった。合併とともに百三十銀行八幡支店も安田銀行八幡支店と名を改められた。

辰野金吾の設計

旧百三十銀行八幡支店の建物は大正四年に建築された。辰野金吾が手掛けたもので、エントランス、窓廻り、柱頭に幾何学的模様を施したモダンな銀行建築である。昭和六十一年二月に北九州市の有形文化財に指定され、その後、八幡市街地に地域美術館を求めていた地元の声を受け、平成五年十月一日に「旧百三十銀行ギャラリー（略称ギャラリー130）」に生まれ変わった。

（迎由理男）

折尾駅舎
昭和六十一年三月、コロニアル様式でリニューアルされた

51

折尾《おりお》駅舎

①八幡西区堀川町一－一
②一九一六（大正五）年、木造二階建
③鉄道省／不詳／不詳

巻頭地図11

鹿児島本線と筑豊本線が交わるJR九州折尾駅は、わが国初の立体交差駅として知られている。ここには門司港駅と並ぶ歴史ある駅舎と、鉄道に形づくられた独特の街並みと景観がある。

駅舎の略史

折尾駅は一八九一（明治二十四）年二月二十八日に九州鉄道、同年八月三十日に筑豊興業鉄道により別々の場所に開業したが、一八九五（明治二十八）年には両鉄道の乗り換えの利便性を改善するため、立体交差の現在地に二社の共同駅舎（旧駅舎、二階建て）が新設された。

折尾駅の中心的施設である現駅舎は乗降客の増加により、私鉄時代からの旧駅舎（当時は九州鉄道が使用した二階部分の設備を主に使用）が手狭になったため、一九一六（大正五）年十一月五日に改築・落成したものである。構造の概要は寄棟屋根、木造で中央棟と左右の翼部からなり、中央棟と鹿児島本線のホームに接する右側翼部は二階建てである。

コロニアル様式に改修

現在の姿は国鉄時代末期の昭和六十一年三月、駅前再開発と連動して、建物の外形はそのままに大規模な改修を行った時のもので、アメリカ植民地時代を思わせるコロニアル様式になっている。昭和九年当時の写真では、現在のような平坦な壁面ではなく、木材を露出させ、縦向きの線を強調するものであったことが分かる。

折尾駅の立体交差。折尾駅は我国初の立体交差駅である

昔と変わらない支柱と丸いベンチは折尾駅舎の魅力のポイント

屋内レイアウトの変化

建物全体の形状は建築当初と変わらないが、屋内のレイアウトにはかなりの変化が見られる。当初は待合室も一・二等と三等は別になっていたという。戦後から最近にかけても、方面別に区分され、ズラリと並んだ手売りの出札窓口は自動券売機と左翼部に続くみどりの窓口と旅行センターに姿を替え、手小荷物室付近はコンビニになり、改札口（入口）とは別になっていた集札口（正面右手の出口）も改札口に集約されている。こうした変化の中にあって、待合室兼コンコースの二本の支柱と、片側だけ残された支柱周りの丸い木製ベンチは駅舎の歴史を伝える魅力のポイントとして健在で、最初に目に付く見所である。

最大の特徴、立体交差

折尾駅の見所は駅舎に留まらない。最大の特徴である立体交差は改札口の前から、あるいは北側の国道踏切や日吉町踏切から確認できる。立体交差の橋桁は交換されているが煉瓦造りの橋台は健在である。交わる線路や、上と下を行く汽車は鉄道唱歌や炭坑節にも歌われた。

煉瓦アーチの地下道

ホームを繋ぐ通路として二箇所の地下道があるが、ともに煉瓦アーチの重厚なもので、汽車時代の面影を今に伝えている。博多側の地下道が一九一一（明治四十四）年、小倉側の第二地下道が一九一八（大正七）年の完成である。中間に踊り場のない石造りの階段は当時の設計では問題なかったものかも知れないが、クラシックな手摺とともに、これも見所の一つと言えよう。

ホーム上屋支柱の古軌条

昭和十年に改築された鹿児島本線上りホーム上屋の支柱は、曲げて梁と連続させた古軌条（レール）製で、これも見落とせない。乗降場上屋に古軌条を使用するようになったのは大正末期からで

昭和九年の折尾駅舎

ホーム上屋の支柱はカーネギーやメリーランド製の古レールで造られている

あるが、当初は曲げの技術が未熟であったため、主として柱の部分に使用されていた。その後技術の進歩により梁と一体に形成されるようになったが、折尾駅の上屋は本格的な古軌条再用の初期のものと言われている。

この支柱に使用されている古軌条の多くは米国のカーネギーやメリーランド製で、他にドイツのクルップ製も使われている。これらは側面のロールマークで確認できたが、現在はペンキが塗り重ねられたため判然としないのは残念である。

ホームの擁壁には古くは煉瓦又は石が多用されたが、筑豊本線は石、鹿児島本線は煉瓦が使用された。上部のコンクリートと下部の石や煉瓦は、積み重なった地層のようにホーム嵩上げの歴史を示している。

街並と絡み合う線路

折尾駅の特徴は駅舎やホームだけでなく、街並みと絡み合った線路の景観にも見ることができる。勢い踏切の数も多くなるが、本町通り、四反田、川端通り、天神町、八幡町通り、日吉町のように既に消えた町名、忘れ去られた地名を現在に留める貴重な存在でもある。踏切の名称と位置（起点からのキロ程）は警報機の支柱や機器箱に表記されているので容易に知ることができる。

解体の危機

昭和六十一年の大改修を機会に、古い駅舎の良さが見直され、夜間のライトアップ、開業百周年・築八〇周年の両イベント、さらに平成十四年暮れから始まった年末年始の夜間イルミネーションなどを経て、駅舎への関心も高まっている。

しかし、平成三十一年度に完成予定の「ＪＲ鹿児島本線等折尾駅付近高架化事業」では線路の付け替え、立体交差地点やホームの移設、踏切の除去はもちろんであるが、支障する駅舎の解体・撤去の可能性も高く、今後の動きが注目される。

（大塚孝）

52

九州電気軌道折尾高架橋

①八幡西区南鷹見町
②一九一四（大正三）年
③九州電気軌道／同上／小林組

巻頭地図11

折尾高架橋　ねじりまんぽの第１径間。
下の道路はかつてのメインストリート本町通り

今も残る折尾高架橋「ねじりまんぽ」

平成十二年十一月二十五日、この日限りで西鉄北九州線黒崎駅前・折尾間が廃止された。最後に廃止されたこの区間は新設軌道（専用軌道）であったため、軌道敷はかなりの区間で線路や橋桁を撤去した状態のままで今も残っている。

中でも最大の構造物であった折尾高架橋は、ほぼそのままの姿で残っており、今なおその威容に接する事ができる。

この高架橋には全国的にも珍しい煉瓦アーチが連続した高架橋であることと、そのうち本町通りを跨ぐ第一径間は「ねじりまんぽ」とよばれる特殊な技法で建設され、しかも現存する「ねじりまんぽ」としてはわが国最大規模の正径間を誇るものであるという、二つの大きな見所がある。

全国でもまれな煉瓦アーチ高架橋の建設

一九一四（大正三）年六月二十五日、西日本鉄道の前身である九州電気軌道により黒崎駅前・折尾間が開通し、門司・折尾間が全通した。線路は折尾接続線（鹿児島本線、筑豊本線を結ぶ短絡線）を跨いで国鉄（当時は鉄道院）の折尾駅前に乗り入れる必要があるため、手前の丘陵を越した地点から石垣と盛土の築堤を築き、本町通りを跨ぐ部分から先は駅前地区の土地の有効利用に有利な煉瓦アーチ主体の高架橋とした。

ねじりまんぽ　斜に積まれた起拱部の煉瓦

ねじりまんぽのねじって積まれたアーチ部の煉瓦

ここに国鉄折尾駅の立体交差に近接して第二の鉄道の立体交差が完成したが、向かい合う二つの折尾駅舎と高架橋や立体交差が構成する景観は、汽車や電車の響きと相俟って、大都市にも負けない、モダンで活力あるものだったに違いない。折尾村が鉄道の利便を背景に発展し、町になったのは大正七年のことである。なお、工事を請け負ったのは小林組であった。

折尾高架橋のような煉瓦アーチが連続した高架橋は、その後のコンクリートへの移行により、施工された時期も短く、全国的にも例が少ない。規模こそ東京の新橋駅付近に架設された新永間市街線高架橋には遠く及ばないが、一地方の村にこのような構造物が建設されたことは特筆すべきことと言える。

折尾高架橋の構成

折尾高架橋の構成は、起点方（黒崎側）から本町通りを跨ぐ正径間六・一〇㍍、斜径間六・三一㍍、アーチ部分の半径三・三四㍍の欠円アーチ×一径間、これに連続する径間五・三一㍍、半径二・七七㍍の欠円アーチ×二径間、続いて折尾接続線（当時は三線）との立体交差部分に支間二一・七九㍍の下路プレートガーダー（単線用及び複線用各一連の並列）×一径間、続いて終点方のホーム・駅舎部分に径間六・一〇㍍、半径三・三四㍍の欠円アーチ×六径間であった。

なお欠円アーチとはアーチ部分が完全な半円形ではなく、円弧の一部で形成されたもので、全体の高さを抑えつつ径間を広くとることができる利点がある。

駅前再開発と一部撤去

高架橋の総延長は、橋台面間長で八六・五㍍、構造物としてはこれに前後の橋台と、終端部分に階段移設・駅舎拡張のためと思われる鉱滓煉瓦の延長部分があったため、全体で

手前の建物が撤去された時に全容を現わした高架橋。起点側の三連

駅前再開発工事の時に全容を現わした高架橋。終点側の六連

約一〇〇メートルであった。昭和六十年十二月十八日に落成した折尾停留場改良工事に伴う駅舎ビル新設に伴い、終点方の三径間と延長部分が撤去されたため、現在の総延長は橋台面間長で六四・八メートルに短縮、また二〇一〇年には前記駅舎ビルの解体に伴って終点方の残り三径間が撤去された。また、立体交差部のプレートガーダーは筑豊本線の電化（平成十三年十月開通）に支障するため、廃止後間もない平成十三年三月に撤去されている。

「ねじりまんぽ」について

本町通りを跨ぐ第一径間だけが「ねじりまんぽ」で施工されたのは、線路と道路が直角ではなく斜め（七五度）に交わるため、斜めにアーチを造る必要があったことに起因する。直角に交わる普通のアーチのように煉瓦を平行に積むと、橋台にアーチが迫持つ力を受け止めることが出来ない部分が生じてしまう。そのためアーチが迫持つ力を左右の橋台でバランス良く受け止めるため、力の伝わる角度に合わせて煉瓦を傾けて螺旋状にねじって積む「ねじりまんぽ」の技法が採用されたのである。

「ねじりまんぽ」の採用は技術的必要性に基づいたもので、決して当時の折尾村のメインストリート本町通りを意識して見栄えやデザインに凝ったわけではないが、結果としてその規模と相俟って見事な構成美を見せている。「ねじりまんぽ」は関西地方を主体に各地に施工例が見られるが、折尾高架橋は現存するものの中でも最大規模のものとして貴重な存在である。

「ねじりまんぽ」の語源については諸説ある。「まんぽ」は関西地方を中心にアーチの暗渠をさす方言といわれているが、炭鉱の坑道を「間歩＝まぶ」と呼ぶことと関連があるのではないかという説もある。折尾高架橋では「ねじりまんぽ」と普通のアーチの違いを一箇所で比較観察出来るのも幸いである。

（大塚孝）

53

末松商店

①八幡西区田町二－五－三三
②一九一八（大正八）年頃、鉱滓煉瓦造二階建
③末松商店／不詳／不詳

巻頭地図14

その洋館は、街道沿いに建っている。長崎街道。江戸時代の物流、そして文化の大動脈であったこの街道沿いにぽつり。はぐれたように遺されている。

黒崎の名家と製鐵所

末松家は古くから黒崎の地で醸造業（屋号はカネスエ）を営んでいた。名家であったせいか、八幡の地に製鐵所が建設されるに及び、人夫を集め構内引き込み線の敷設に従事した。これをきっかけにして製材業を営むこととなった。一九〇九（明治四十二）年に設立された末松製材は製鐵所の需要に応じて作られたものである。製鐵所が軌道に乗ると、銑鉄を作る際に用いられる石灰石の供給を担うようになった。門司でそれを採掘すると製鐵所に供給し、そのつながりを強めた。セメント樽の製造はこの頃より始まったものと思われる。

石灰石流通のつながりからか、大正期に入ると中央セメント（後の小野田セメント→現太平洋セメント）の敷地拡張に伴い、それまで住んでいた敷地を譲り渡すことになった。その移転先か現在の末松商店敷地一帯である。事業が多角化されるに及び、株式会社として組織の体系化を行うこととなった。現在ある株式会社末松商店は、この時、大正八年設立されたものである。

多彩な業務から、ニビシ醤油へ

当時の末松商店の業務範囲は多岐に及んだ。石灰石供給、セメント用樽製造、煙草販売。製鐵所

玄関部と庇の意匠

〈上〉建造当時の末松商店内部
〈前頁〉末松商店を長崎街道側より望む

構内にも事務所をもち、そのつながりは相当に強いものであった。さらに醤油の醸造業として、同大正八年には日本調味料醸造株式会社が数件の醤油業者と合同して設立された。

当時末松商店の隆盛を象徴する話として、製鐵所の給料よりも末松商店のそれの方が高かったというものが残っている。また戦中戦後の期間には、会社の存亡を危ぶんでか、職員の一時解雇、再雇用が立て続いて行われたため、退職金を三度貰った者もいるという。今では想像もつかないこれら出来事は、北九州工業地帯の繁栄を象徴するエピソードのひとつであろう。

太平洋戦争終結後、重化学工業の沈滞を予想した当時の社長は、家業の重心を製鐵所関連事業から醤油醸造業に移したことで、現在の末松商店の企業規模が確立することとなった。なお、中心となった醤油醸造業、日本調味料醸造株式会社は現在ニビシ醤油株式会社として現存している。

鉱滓煉瓦の事務所

現在遺る末松商店は、元々社長住居であった末松邸に隣接して作られた事務所建築である。外装はモルタルが塗られているが、基本的な構造材は鉱滓煉瓦を用いている。これは前述した製鐵所との関わりから考えると、当然のことなのかもしれない。一階部分は事務所、また二階は応接室、社長室など必要最低限の事務機能を備えている。設計者施工者はともに不明であるが、和小屋組の屋根構造と言われることにより、大工の手によるものと推定される。

保存への熱意

なお所有者一家は建物の保存活用に非常に熱心で、「私たちは、次の世代にこの建物を伝えるための橋渡しをしているだけ」といい、必要最低限、かつ復元可能な補修しか行っていないという。建物を永く伝えていくために、観光利用や建物賃貸も行わない徹底した姿勢には、消耗的、享楽的な文化財利用が多く見られる昨今、見習わなければならない部分が多い。

（市原猛志）

大辻炭坑ホッパー（現状）

54

大《おお》辻《つじ》炭坑ホッパー

①八幡西区香月西三
②一九二四（大正十三）年、鉄筋コンクリート、上部鉄骨設備
③大辻炭坑／不詳／不詳
＊建物・設備は二〇〇七年に解体された

巻頭地図10

中間市から香月へ行く県道沿い（旧香月線路跡）を走ると、旧香月駅跡（現西鉄香月営業所）近くの茂みに、コンクリートの建屋が、また、アパレル会社「アシックス」横の空地に、煉瓦造りの廃屋があった。

これこそが、麻生、安川、松本とともに「筑豊御三家」といわれた貝島一族が経営した大辻炭坑（大辻炭礦株式会社）の施設群で、市内に希少な石炭産業の面影であったが、惜しくも解体された。

ホッパー

ホッパーとは、選別した石炭を出荷、積込までの間蓄えておく貯炭槽の出口の扉のことを指す。ホッパー上部は、鉄骨コンクリートのポケット方式（貯槽方式）二四ポケット式、下部は、鉄筋コンクリートの鉄筋鉄骨方式となっている。このホッパー施設は、選炭場機械設備と連動してセットで建設されている。また、鉄道輸送をスムーズに行うため、ホッパー施設に鉄道の引込線が敷設されている。貨車（炭車）をホッパー施設まで入れて、ホッパー施設の出口より貨車（炭車）に貯炭槽にある石炭を入れ、若松などの積み出し港に運ぶというシステムになっていた。

鉄道運炭への転換

一九〇八（明治四十一）年七月に香月線（現在は廃線）が開通し、大辻炭坑の運炭は川艜の川運から鉄道による陸運に替わった。それまで、坑口から堀川口までの約五〇〇㍍にレールを敷いて、馬

荒廃した変電所

選炭場よりホッパーを望む

匹によって炭函を送り、川口で選炭器にかけて川艜に転載していた。炭坑所属の艜数は二五〇から三〇〇艘あって、専属の船頭が八〇人近くいたという。鉄道輸送への転換により、産出炭は各坑口からエンドレスによって選炭場に運び、選別した後に鉄道貨車に積込み、若松、門司、戸畑に送るようになった。

「貝島家創業之地」

大辻炭坑は、筑豊の中でも古い歴史をもつ炭坑である。その前身の香月炭坑は一八七九（明治十二）年、第一大辻炭坑は一八八三（明治十六）年に開坑されたもので、一八九六（明治二十九）年頃に貝島太助がこの両坑を買収した。

太助は直方に生まれ、幼児より父とともに石炭採掘に従事した、いわば「たたきあげ」の人物で、麻生、安川とはこうした出自が違う。太助は早くから採掘の機械化に関心を持ち、片山逸太のもとで筑豊で最初の排水ポンプ導入に挑戦した。帆足義方が香月炭坑の開坑を企てると、帆足の招きで香月炭坑の主任技術者となり、この開坑にあたった。その後順調な請負掘によって資金的余裕が生まれて購入したのが、その後の貝島家の「ドル箱」ともなる大之浦鉱区である。こうした意味で、香月炭坑には「貝島家創業之地」として記念碑が建立された（昭和十四年）。

コールビーンの改築

一九二四（大正十三）年、各坑に選炭機が設置されるまでは、桟橋より人力によって貨車に積み込んでいたが、選炭機よりベルトによって自動的に貨車に積み込むことになった。水洗された中塊及び粉炭は、ひとまずコールビーンに貯えて、そこから貨車に積載して若松、門司に回送した。

昭和二十五年十月七日に香月線大辻専用線上の製品コールビーンが老朽化し、過重負荷に耐えることができずに倒壊したため、鉄筋・鉄骨コンクリートによるコールビーンのみを改築した。大辻炭坑の閉山は昭和四十三年のことである。

（松田寛）

戸畑

松林の機械類

55

明治専門学校の機械遺産（九州工業大学）

①戸畑区仙水町一―一

松林の機械類

九州工業大学戸畑キャンパス構内の美しい松林の中に、黒く塗装された重厚な機械群が存在する。これらの機械は、九州工業大学の前身である明治専門学校の時代から、教育研究に長く使用されたものである。明治専門学校は炭坑経営で巨額の利益を得た安川敬一郎が設立した。安川は手記の中で、「教育の根本たる徳育を基礎とし、精神の涵養《かんよう》、学問技術の熟達を計る」という創設に際しての大方針に触れ、「我国最急の需要に応ずべく科学的専門教育機関の設立を決行せり」と強い心意気を表している。一九〇九（明治四十二）年の開校当初は、採鉱、冶金《やきん》、機械、電気、応用化学の学科で、設立にあたっては各専門の権威が計画指導にあたっている。現在は建て替えられているものの、学校建築の設計は東京駅の設計で知られる辰野金吾によるものであった。また、機械学科の計画指導者は、東京帝国大学教授で後に飛行機公認世界記録を樹立する航空研究所の所長を務める斯波忠三郎という堂々たるものであった。

バックトン試験機

六つある展示機械の中でも、特に目を引く大型の天秤のような機械がある。これは、金属などの材料の強度を調べるための機械で、引張、圧縮、曲げの試験を

巻頭地図13

〈上右〉バックトン試験機
〈上左〉回転整流器
〈 左 〉平削盤

行うバックトン試験機である。当機は大正初期の卒業記念写真帖に掲載されており、明治専門学校創成期に工学教育研究に活躍し、工業の発展に大きく寄与したものと考えられる。同様の試験を行う現在の機械は違った方式で小型化されており、造船、製鋼、大学などに導入された同種の機械も、現存するのは他に三菱重工業（株）高砂《たかさご》研究所に技術的記念物として保存されているもので、技術史的にも大変貴重なものとなっている。

回転整流器

他にも流体機械、加工機械などが七十五周年記念展示物として保存されている。資料館横の一見モーターに見える機械は交流を直流に変る回転整流器で現在の東芝である芝浦製作所で製作されたものである。当時は主流であった回転整流器であるが、後に水銀整流器が実用化され、さらに電力用半導体の普及によって次第に姿を消し、実物を目にすることはほとんどない。技術発展の過程を感じさせる貴重な遺産である。

平削盤

さらに、機械知能工学科実習工場には、近年まで使用されていた明治専門学校創設期の加工機械がある。一つは平削り盤であり、工作物を固定したテーブルを往復運動させ、門型の内側に取付けた刃物で切削加工する機械である。これは、動力を天井に取付けた滑車

ジグ中ぐり盤

ラジアルボール盤

からベルトを介して伝える方式のもので、ベルトが取り外されてはいるものの、現在とは違って機械毎に動力源が設置されていなかった時代を伝えている。

ラジアルボール盤など

同様に黒光りした直立した機械はラジアルボール盤で、ドリルが付いた主軸頭を動かすことができ、大型の工作物の穴あけ加工に適した機械である。これらの機械は現在のように国産の工作機械が発達していないため、アメリカから輸入されたものである。さらに、平削盤の横にひときわ大型の加工機械がある。これはジグ中ぐり盤であり、精密な穴あけ加工に用いられる。この機械はスイスのＳＩＰ社製で前述のものと異なり、小倉兵器廠において使われていたものを戦後導入したと伝えられる。

役割を終えた機械は通常、新しいものに置き換えられるとともに姿を消していく。しかし、これまでに述べた機械群は新しいものにはない存在感を放ち、先達の知恵だけでなく機械とともに生きた人々の息吹を伝える大切な記念碑であり、大学の歴史を身をもって示している。今日もキャンパスを往来する人々を静かに見守っており、機械に興味を持たせる動機になっているものと思われる。

（青地学）

洋館（国重要文化財）

56

松本健次郎邸（西日本工業倶楽部）

①戸畑区一枚一－四－三三
②〈洋館〉一九一二（明治四十五）年、木造二階建
〈日本館〉一九一一（明治四十四）年、木造平屋
③松本健次郎／辰野片岡建築事務所／安川松本商店臨時建築部
松本健次郎／久保田小三郎／安川松本商店臨時建築部

巻頭地図13

戸畑の森の中に、洋風の二階建ての建物が一つ静かに佇んでいる。赤煉瓦の煙突、燕色の屋根、若竹緑の木部の直線に分割され表情の豊かな白壁、翠松、庭園が相映えて、版画のようになんという美しいものであろうかと、初めて見る人はみな思わず息を飲んでしまう。これは日本石炭業界と九州実業界の重鎮であった松本健次郎邸の洋館である。

明治専門学校の設立

安川敬一郎（一八四九～一九三四）、松本健次郎（一八七〇～一九六三）父子は、筑豊炭田の炭鉱業を基盤として明治鉱業株式会社をはじめ明治紡績・安川電機製作所・黒崎窯業・日中合弁の九州製鋼・明治専門学校（以下「明専」と略す）などの多角的事業を経営し、わが国でも典型的な地方財閥としてその名をなした。

一九〇六（明治三十九）年、日露戦争によって事業を飛躍的に発展させた安川は、学校創設を決意した。安川・松本父子は、元東京帝国大学総長山川健次郎の助力を得て、同年末に戸畑中原に広大な野地を購入し、日本近代建築界の開拓者・指導者であった辰野金吾（一八五四～一九一九、設計代表作＝東京駅舎）に校舎などの設計を託した。一九〇九年、明専ははじめての私立工業専門学校として、開学した。

ステンドグラス

扉のガラス

辰野設計･清水建設施工の門司倶楽部（今村元市氏所蔵）

自宅設計を辰野に委託

事業の拡大・多角化に伴い、安川・松本は事業の拠点及び自宅を若松から、明専の校地に隣し建築することにした。一九〇七年、安川は大阪の辰野片岡事務所を訪ね、安川松本両家の住宅設計略図を示し建築設計を辰野に依頼した。両邸は明専と同じく、久保田小三郎を主任とする安川松本商店臨時建築部が施工を担当した。辰野と安川との関係は筑豊石炭鉱業組合と門司石炭商組合の社交機関として一九〇三年十月に開館した門司倶楽部（初代館長は安川、清水組施工）に遡ることができる。門司倶楽部の設立計画の委員長は安川敬一郎で、設計担当は辰野金吾だった。

華麗な洋館

松本邸の洋館は、辰野の手によってハーフ・ティンバー形式をベースにし、アール・ヌーヴォーの軽快感、柔らかで変化に富んだ線の流れなどを吸い込んで造り上げられた。現存の洋風住宅の中で最も華麗な建築で、明治期の西洋館の持つロマンティズムを感じさせると評価されている。

室内にも入念な意匠がほどこされ、扉の枠、赭色の大理石暖炉の飾り縁、窓などになめらかな円弧やしなやかに揺れる蔓草《つるくさ》のような曲線で独特な雰囲気が醸しされている。ステンドグラス及び和田三造の「海の幸」と「山の幸」、高島北海の襖絵の他に数多く家具がアール・ヌーヴォーの特徴を表し、一見に値する。

書院造りの日本館

同じ敷地内、洋館の東に廊下でつながっている和風の二階建ての木造建物がある。これは久保田小三郎が設計したもので、洋館の華やかさと違い、書院造りのこの日本館は、重厚さと歴史の深みを感じさせる。

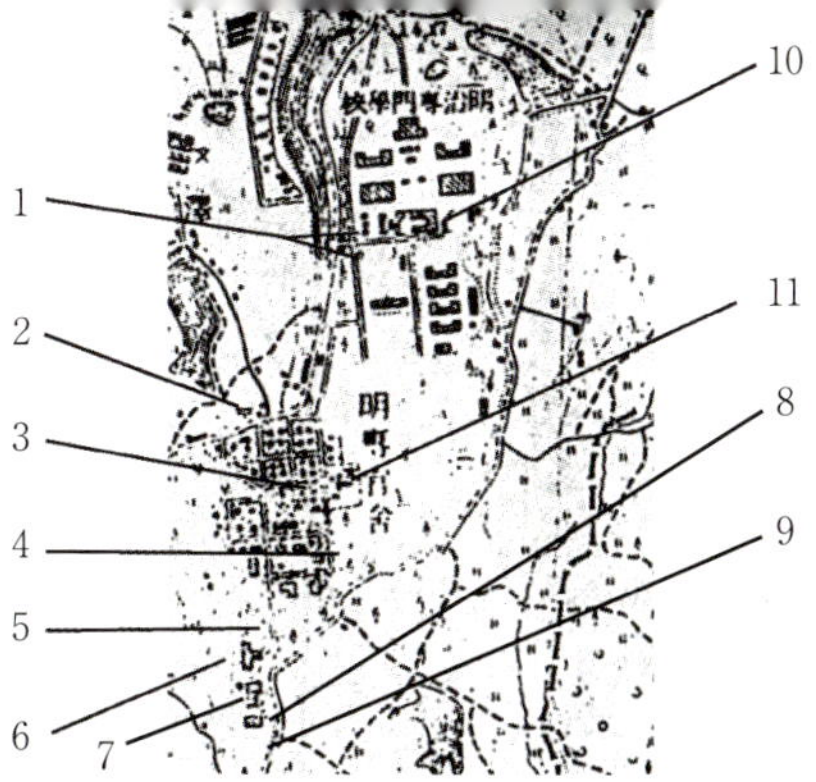

ユートピア「明専村」
1. ガス工場
2. 日用品供給所・中原郵便局
3. 医局
4. 職員テニスコート
5. 農園
6. ゴルフ場
7. 安川宅
8. 松本宅
9. 牧場
10. 発電所
11. 明治尋常小学校

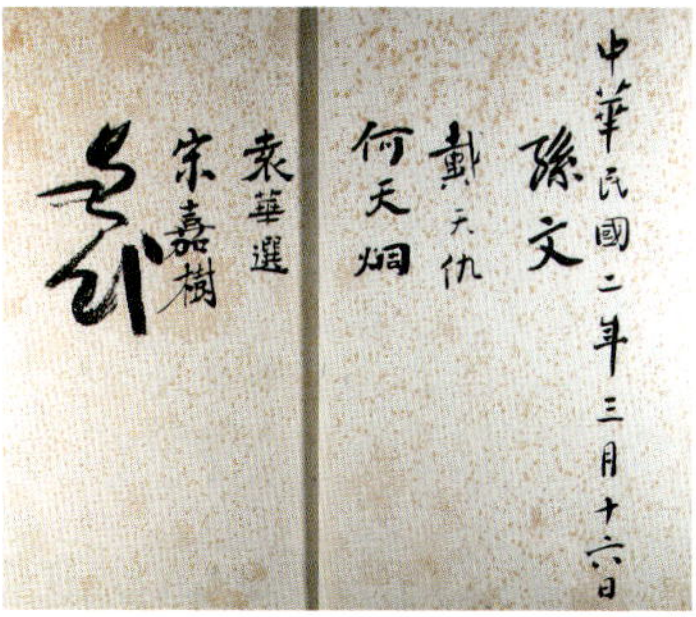

『芳名帳』（九州工業大学所蔵）

ユートピア「明専村」

このように、雑草灌木の茂る中原の野地に明専の校舎、役宅、寄宿舎、安川・松本両邸、明治尋常小学校などが次々にできた。それだけでなく、日常生活に欠かせない医局、郵便局、日用品供給所、さらにお米と野菜を提供する農園、牛乳を供給する牧場、小さい馬場、テニスコートなど娯楽施設までも設けられた。また明専構内に設置したガス工場、石炭火力の発電所によってガスと電気を提供し、まさしく自給自足の「ユートピア」は、「明専村」と呼ばれた。この「明専村」の玄関となったのが松本邸の洋館であろう。松本にとって、洋館は一家団欒の場のみならず、明専の迎賓館でもあった。犬養毅、大隈重信、原敬など日本政界の元老から中国の「国父」孫文などが安川・松本邸、明専に来訪したという。一九五二（昭和二十七）年、西日本工業倶楽部の発足後も倶楽部会館として昭和天皇皇后、各国大使などの要人・著名人を歓迎した。

重要文化財指定

一九七二年、国の重要文化財に指定され、一九八一年一月から長い風雨に打たれた松本邸に修理工事が行われて、翌年九月に建築当初の優美な姿を取り戻した。このような明治期に立てられた洋風・和風の建築でその両方がセットになって残されている例は極めて少ないという。

『戸畑市史』（昭和十四年）「主要会社工場」が真っ先に「明治鉱業株式会社」を紹介したように、安川・松本は事業本拠地を戸畑へ移転するまでは、戸畑は人口五千八百、戸数千三百、殆ど産業のない町であった。明治紡績と明治鉱業の操業、明専の開校などによって、門司、小倉、若松、八幡に遅れた戸畑に活気を注ぎ、町全体の発展を促したと言っても過言ではない。こうした意味では、松本邸は建築史における単なる芸術性が溢れる一建物のみならず、戸畑の地域発展にとって一つの重要な歴史のシンボルでもあり、今も静かに町を見守っている。

現在は西日本工業倶楽部の所有となっており、通常の見学は不可だが、春と秋の年二回、一般公開されている。

（陳昊）

57

共同漁業ビル

（日本水産北九州事業所）

①戸畑区銀座二－六－二七
②一九三六（昭和十一）年、鉄筋コンクリート造四階建
③共同漁業／竹中工務店／竹中工務店

巻頭地図7

共同漁業ビル現状

文字埋立地と共同漁業

洞海湾口にはかつていくつかの島々が存在した。大きなものでは中世、若松城が築かれた中之島もあったが、現在は若戸航路の支障を来すとして浚渫され、現存していない。そんな中に洞海湾の浚渫土によって作られた一文字島という人工島があった。この島は昭和元年に戸畑側と陸続きになり事業用地として売り出されたが、ここに進出したのが鮎川義介率いる共同漁業である。

共同漁業は一九一一（明治四十四）年に下関で設立された田村汽船漁業部を発祥とする。同社はトロール漁法を倉場富三郎（トミー＝グラバー。幕末期に活躍した貿易商トーマス＝グラバーの一子）と前後して移入し、当時の漁業に革命を起こした。第一次大戦前後、漁船の軍事目的の転売が盛んになった時期も本業に専念し、大正後期にはトロール漁をほぼ独占するまでに至った。

漁業の近代化、市場へのアクセスを考えた同社は、戸畑への工場移設を決断。昭和四年に市場・加工場・従業員宿舎等を合わせたトロール事業の一大基地を築き上げた。これらの設備は、戦後の遠洋漁業に大きな効果を発揮し、模範的工場として教科書にも紹介された。

国司浩助の経営方針

ニチモウ戸畑事業所倉庫

「共同漁業」という社名は、当時の取締役である国司浩助が、会社とは経営者と従業員とが手を取り合い進めていくものであるとの思いから命名したといわれる。このような理念の元、会社付属の船員養成所が設立されたのは、昭和五年の事である。ここでは船員のための専門授業に加え一般教養や修身も教えられていた。さながら学校に近い教育機関（実際学校令の認可を受けていた）を持っていたことから、従業員を大切に考えた国司の経営姿勢をかいま見ることができる。

魚肉ソーセージとちくわ

ここ戸畑工場は、魚肉ソーセージが西日本で初めて本格生産された工場である。戦後の食糧難・食肉不足の背景から、戸畑では一九五二（昭和二十七）年から生産された魚肉ソーセージは、蒲鉾と同様の製造方法ながら、今も庶民に愛される食品として造られている。また事業展開の一環として、工場ではちくわの生産が行われたが、製造当初、北九州には技術者がおらず、東北から人を呼び寄せたが、技術のノウハウを一切教えられなかったため、材料の分量をひとつひとつきっちり量っていくことで塩加減などを見極め、現地でも生産できるようになったとのこと。当時の技術獲得競争の一端を知ることができる一例である。

現存する施設群

往時の雰囲気を遺していた工場設備は惜しくも先年取り壊され、現在は日本水産の事務所棟とさらに関連会社であるニチモウの煉瓦造倉庫等が遺されている。事務所は、モダニズムをかなり意識した造りとなっており、対岸の若松側からもその勇壮な姿を見ることができる。

（市原猛志）

58

製《せい》鐵《てつ》所《しょ》炭《たん》滓《さい》線《せん》

①八幡東区枝光～戸畑区中原
②一九三〇（昭和五）年
③設計施工　官営八幡製鐵所土木部

製鐵所においては大量の廃滓が生じる。鉄鋼製造の溶融過程で生じる副産物を鉱滓とかノロという。現在は、セメント原料や道路基盤材として有効活用されているが、当初は廃滓として埋立て処分されていた。この時代に大量に発生していた他の一つが蒸気製造の燃料として利用された石炭の燃え殻であった。製鐵所の第二期拡張を経て第三期拡張期に入ると、鉱滓や石炭殻の量も次第に増大したことから、若松や八幡構内の埋め立てでは追いつかなくなり、八幡―戸畑間の連絡、八幡で発生する膨大なこれらの廃棄物を戸畑、小倉日明地区に埋立てるための輸送と、戸畑地区で製造された溶銑の輸送を海上から陸上に切り替えるため、八幡第二操車場と戸畑第一操車場間約六キロを結ぶ鉄道を建設することとなり、昭和二年に着工、昭和五年に完成し、炭滓線と呼称された。その理由ははっきりしないが、石炭殻と鉱滓にちなんで炭滓という通称が生まれ、炭滓線と呼んだのではという説が最も有力である。八幡製鐵所所内報「くろがね」では炭滓線を「八幡・戸畑間電気運滓鉄道」とし、設計図面においては「八幡・戸畑間炭滓搬出鉄道」としている。この炭滓線全てが近代化遺産であるが、宮田山トンネルの洞門と、枝光地区の市街地、鹿児島本線、県道、私鉄（現在は跡地）を跨ぐ枝光橋梁のタイドアーチ橋が名高い。

炭滓線宮田山トンネル枝光側

洞門の凝った意匠

巻頭地図13

〈上〉炭滓線枝光陸橋タイドアーチ橋。背景はスペースワールドと東田第一高炉
〈右〉炭滓線宮田山トンネル戸畑側

宮田山トンネルの建設は、断層とこれに伴う湧水が多く、難工事であったという。延長一一八〇メートル、複線のトンネルは、主として人力により昼夜兼行で掘削され、アーチ及び側壁には鉱滓煉瓦が一日約二メートルのピッチで積み上げられていった。

鉄道トンネルの出入口に機能以上の意匠を施した例は余り多くない。宮田山トンネルの出入口は、八幡側がギリシア・ローマの古典に倣ったルネッサンス風、戸畑側がローマの古い城壁をかたどったデザインで、洞門毎にそれぞれ異なる意匠をわざわざ施すという凝りようである。炭滓線の設計建設を指揮したのも、河内貯水池と同じく沼田技師であったと聞けば、首肯する人も多いに違いない。

先進的なタイドアーチ橋

枝光橋は、超重量物を輸送する列車が、鹿児島本線、枝光川さらに私鉄、市街地を高架で越えるために、スパンが長くなる箇所に当時としては先進的な構造であるタイドアーチを採用した。この形式は、大正後期から昭和初期にかけて、大型橋として各地に架けられ、今日ランドマーク的存在となっているものも多い。見た目の意匠は若干異なるが、東京の隅田川にかかる永代橋や千住大橋、総武線お茶の水・秋葉原間の松住町架道橋なども同時代のタイドアーチ橋である。

輸送は鉱滓から銑鉄へ

昭和三十年頃より、原料鉱石が戸畑に逐次集約されるとともに石炭から石油へのエネルギー転換、あるいは鉱滓の有効理由が一段と進んだことから、鉄道輸送の物流が戸畑から八幡へと逆転し始めた。昭和四十年代には、鉄源の戸畑集約に伴い、八幡地区の高炉が少なくなり、溶融した銑鉄を戸畑から八幡に大量に輸送することになり、大重量に耐えられるよう既設橋梁の架け替え、新設と一大補強工事に着手、

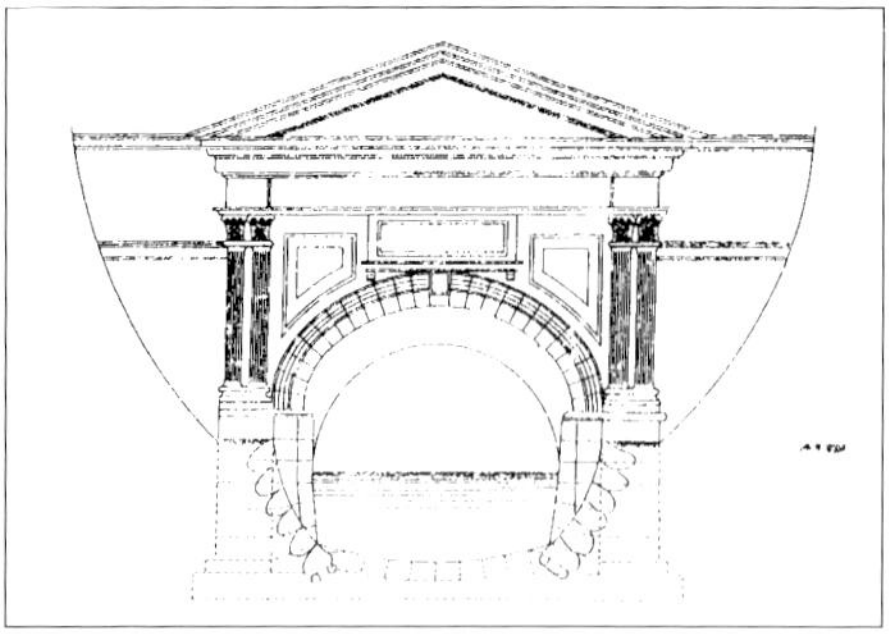

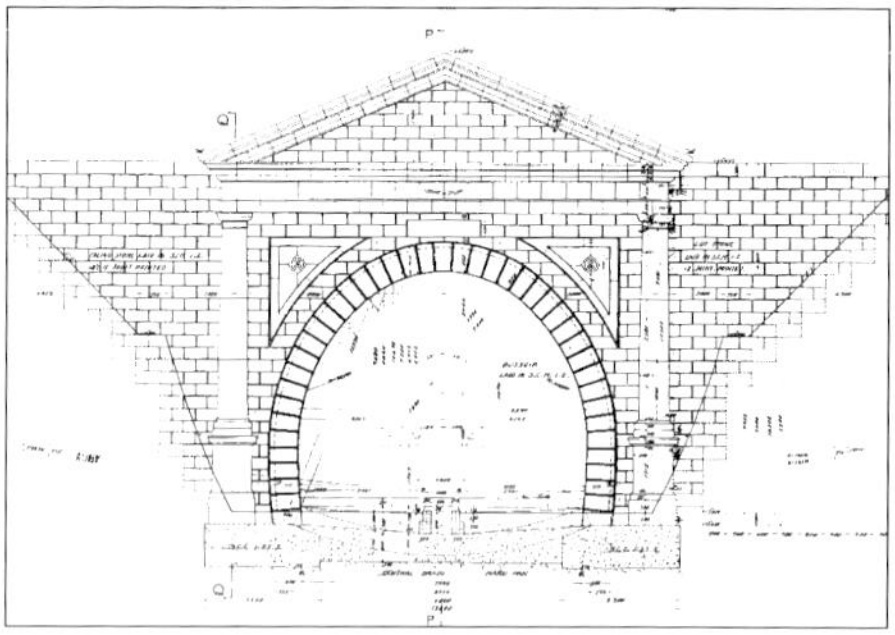

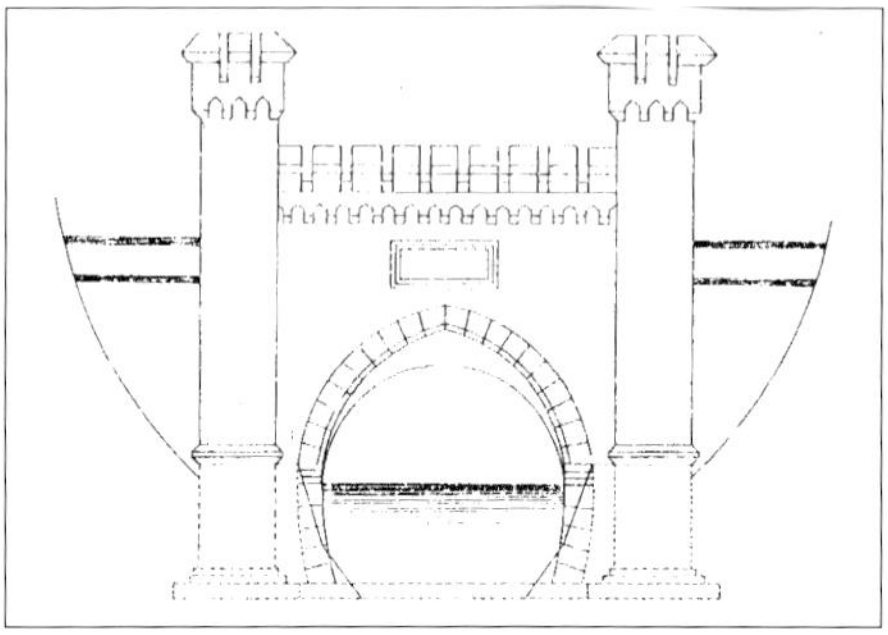

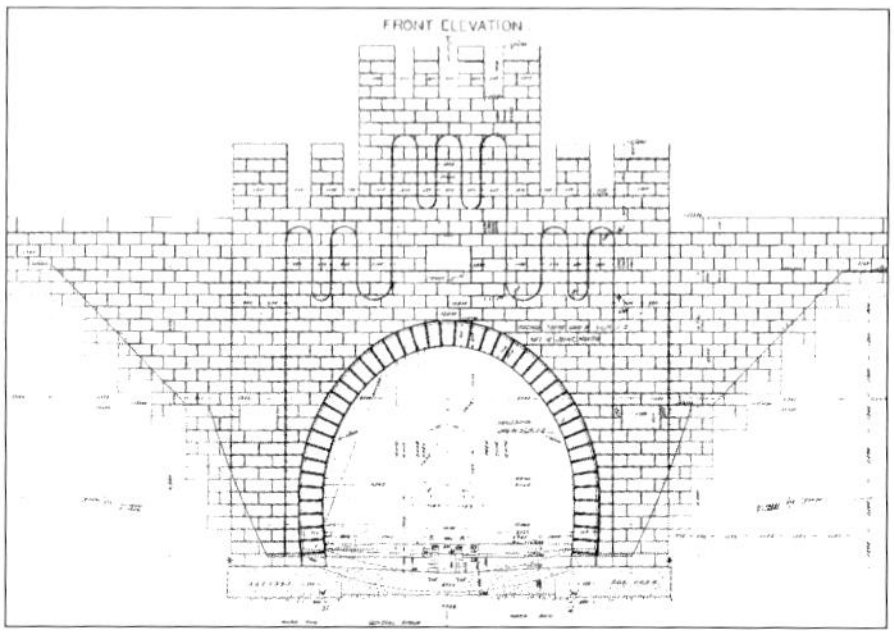

〈上〉琵琶湖疎水長等山トンネル東口（田辺朔郎著「とんねる」より）
〈下〉琵琶湖疎水日岡山トンネル東口（田辺朔郎著「とんねる」より）

〈上〉宮田山トンネル枝光側立面図
〈下〉宮田山トンネル戸畑側立面図

昭和四十七年七月に完成した。完成に先立ち、炭滓線の新名称を所内報で公募、竣工直前の同年六月一日、「くろがね線」と名づけられた。

なお現在は製銑・製鋼工程の全てが戸畑に集約されたことから、溶融状態の鉄を輸送することはなく、圧延材料の輸送、出荷のための製品輸送に使用されるとともに、枝光橋のタイドアーチ部は、戸畑から八幡へのＬＮＧパイプラインの架台として使用されている。

琵琶湖疎水洞門との類似性

宮田山トンネル洞門のデザインに琵琶湖疎水の洞門をイメージする人も少なくないであろう。沼田技師は京都帝国大学の第一期生であり、卒論テーマは小樽水道計画であったので、琵琶湖疎水は絶好の手本であったに違いない。琵琶湖疎水の設計建設の責任者であった田辺朔郎は明治三十三年に京都帝国大学の教授に就任するが、ちょうどその年に沼田技師は卒業しており、直接の師弟関係はなかったものと思われる。沼田家に残る蔵書売却リストに田辺朔郎著「とんねる」が記録されている。同書の第四章第三節洞門には「とんねる洞門は人の余り見ざるところでは、堅固でありさえすれば宜しく、余り飾りはいらないが、場所によっては相当立派にしたものもある。」とあり、琵琶湖疎水工事日岡山トンネル東口と琵琶湖疎水工事長等山トンネル東口の図面が掲載されている。これを見れば沼田が宮田山トンネルの洞門の意匠を考えるに際し何にヒントを得たか、一目瞭然であろう。

（菅和彦）

59

明治紡績（日本溶接協会など）

①戸畑区牧山新町
②一九〇九（明治四十二）年、煉瓦造建屋
③明治紡績合資会社／鈴木守蔵、岡田音次郎／不詳

巻頭地図7

鹿児島本線の車窓から若戸大橋を望んでほど近く、赤煉瓦の工場らしき建物を見ることができる。これは、炭坑経営で知られる安川敬一郎が設立した明治紡績戸畑工場の建物の一部である。

工場の建設

安川敬一郎は日露戦争後、炭坑経営で得た富を元に明治専門学校、戸畑の明治紡績、大阪の綿縮織工場の設立を図った。鉱業以外の分野への進出は、継いだ家業の利益に頼ることなく自らの能力で糧を得ようとする意志の現れであった。戸畑で紡績業を始めた背景には、操業に膨大な量を必要とする石炭の産地から近く、家業が炭坑経営であったことが考えられる。明治三十九年に紡績業に詳しい鈴木守蔵に設計と予算を依頼し、同年に牧山の麓の埋立地を工場候補地として買収している。また、この頃紡績機械の需要が高まっているとの鈴木の報告に対し、イギリスで一番よい機械と称されたプラット社製を注文した。この年の暮から翌年にかけて、大日本紡績の技師であった岡田音次郎が海外の紡績業を視察し、戸畑工場の設計を行っている。そして明治四十一年、明治紡績合資会社を設立し、翌年に戸畑の地に世界的にも新鋭の紡績工場を開業して、アメリカやインドなどから輸入された原料を用いて綿糸を製造した。

溶接協会外観

紡績工場を偲ばせる切妻（現存せず）

工場拡張からシキボウへ

明治、大正期に相次いで工場を拡張し、昭和十二年には約一三〇〇人の職工が働く大工場に発展

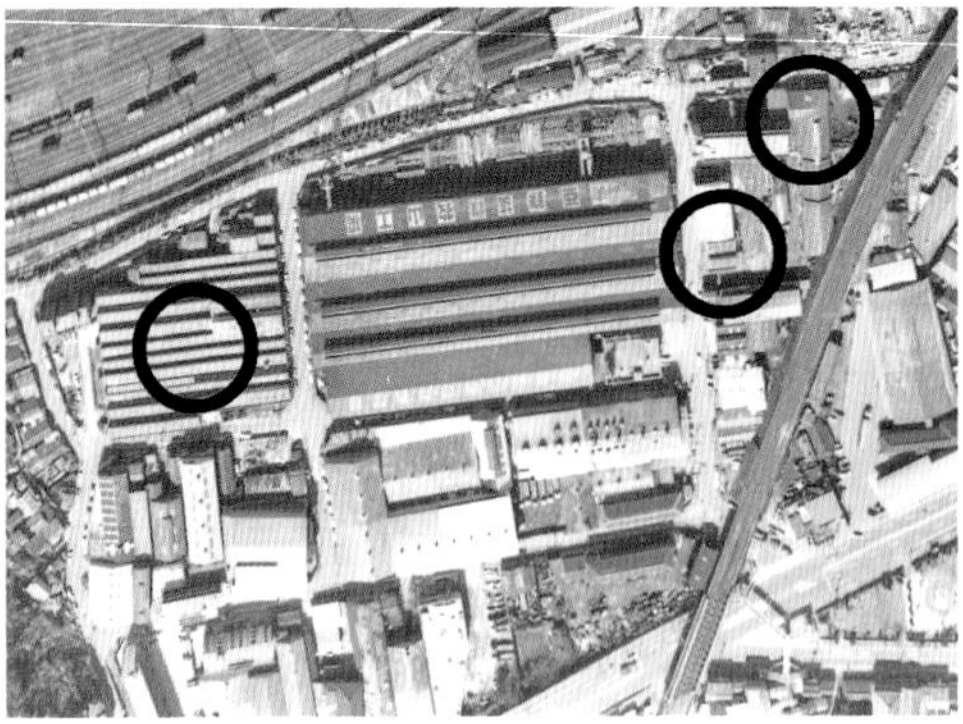

〈上〉『福岡県工場鉱山大観』にみる明治紡績戸畑工場
〈左〉明治紡績周辺の航空写真（昭和四十九年撮影）。○印の建物が部分的に残存

した。当時の壮観な戸畑工場の全景は『福岡県工場鉱山大観』に掲載されている。大正期にはタイヤ原料糸の製造にも研究の努力が払われるとともに、戸畑に加えて行橋に工場を設けるなど規模および内容の充実が図られた。一九一七（大正六）年の門司新報に「北九州工業の旺盛」と題した記事があり、現在も操業を続ける安田製釘と肩を並べるほどの生産額が紹介されている。このように堅実に発展を続けた明治紡績であるが、昭和十五年の国策による企業統合により現在のシキボウに合併され、創設者の手を離れることとなった。合併後の戸畑工場は昭和三十年に操業を終え、用地は分譲されて金属加工関係の工場などが立ち並んだ。

残存する三つの断片

先に述べた昭和十二年当時の戸畑工場全景と、昭和四十九年に撮影された航空写真とを比較すると、三ヶ所で建物が合致することがわかる。航空写真右上のL字型の建物が鹿児島本線の車窓から見られる赤レンガの建物である。端の一棟のみが残されており、現在は日本溶接協会の検定会場として大切に使用されている。溶接協会隣の会社には三角屋根が二つ連なった建物があり、外部からはコンクリート造りの印象を受けるが、内部では赤レンガを積んだ壁面が見られる。長大で三角屋根が特徴の紡績工場を偲ばせる建物である。航空写真中央に見られる工場は大規模な鉄工所であるが、現在は大型パチンコ店となっている。さらにもう一ヶ所、三角屋根が連続した往年の紡績工場を強く意識させる建物が部分的に残存した。

明治の進取の気概

松本健次郎は後に、「明治紡績の規模は小さくとも常に研究を重ね絶えず改良進歩を図つて来て、少からぬ特色と抱負を持っていた。折角育て上げたものを他の会社に合併させられるのは残念でたまらなかった」と書いている。往年の明治紡績の規模からすれば現存する建物は一部であるが、北九州の近代化を支えた明治の進取の気概を今に伝える貴重な遺産である。

（青地学）

60

旭《あさひ》硝子《がらす》牧山工場本事務所

（北九州工場）

①戸畑区牧山五－一－一
②一九三五(昭和十)年、鉄筋コンクリート二階建て(地階、屋階付き)
③旭硝子／不詳／不詳

＊建物・設備は二〇一〇年に解体された

巻頭地図13

旭硝子北九州工場本事務所（内部に昭和初期の面影も）

円筒式機械吹きガラスのサンプル

珍しい「大正期の円筒式」ガラスのサンプル

八幡と戸畑の境界の牧山の緩やかな登り坂に建つ旭硝子北九州工場本事務所。外観は、白くスマートな現代的オフィスであったが、工場閉鎖とともに解体された。しかし、中に入り二階に上がると、リノリューム張りの重厚なレトロ調の事務所に一変する。廊下の奥の応接間、洞海湾の絵がかかる落着いた部屋の一角には、大正初年の創業期に生産された、厚さ二ミリ、直径八六センチのラバース式の機械吹きの円筒式ガラスの大きなサンプルが記念品として飾ってある。初めて機械吹きの量産化に成功した当時のガラスが、当初円筒形で、それを切って板状に延ばして使用するという面白い製法で生産されていたことを明かす珍しい技術遺産である。

一方、本事務所と構内道路を隔てた正門右の空地には、創業期以来、同工場の主力製品の一つだったソーダ灰の生産を記念する炭酸化塔の上部ガスバッフル、自家発電所のトップタービンのカットモデル、そしてガラス工場跡から発掘された古いガラスの塊がモニュメントとして展示され、工場の歴史を偲ばせている。

板ガラスの量産工場として創立

旭硝子牧山工場は、「これからは生活文化が向上してゆくにつれ、板ガラスの需要が増加する」とガラスの初の国産化に乗り出した岩崎俊彌（三菱会社の二代目社長彌之助の次男）が、明治四十年に創業した尼崎工場（兵庫県）に次いで、一九一四（大正三）年に建てた同社二番目の工場で

隆々と咲き誇る樹齢四三〇余年の大蘇鉄とガラス塊

発電設備のモニュメント

ソーダ灰生産設備のモニュメント

ある。尼崎で国内初の手吹き円筒法の板ガラスの量産化に挑戦した岩崎は、三菱合資の骸炭製造所があった戸畑町牧山の同工場で、更に新しい技術であるラバース式機械吹き円筒法で窓ガラスの大量生産に成功した。

わが国初のアンモニア法ソーダ灰工場の併設

次いで第一次世界大戦の勃発で、ガラスの原料であるソーダ灰の輸入が激減すると、大正五年にわが国初のアンモニア法によるソーダ灰工場を建設した。日産一〇トンのソーダ灰生産を開始し、ガラス原料の自給にも成功した。その後、重曹、塩化カルシュウム、苛性ソーダ、塩安なども生産、北九州工業地帯の中核工場の一つとして活躍した。

戦後、耐火煉瓦も生産

さらに戦後も、昭和三十一年に高性能の自家発電所を建設すると、その余裕電力の有効利用のため、ガラス溶融窯用の耐火炉材・電融鋳造煉瓦の生産を開始してガラス、ソーダ灰、炉材の複合工場となった。大気汚染防止のため牧山山頂に建てられた発電所の排気拡散用の巨大煙突は、洞海湾地区の公害対策のシンボルとして市民に親しまれた。しかし、創業期以来活躍してきたこれら工場は、技術革新の中で相次いで休止、現在は加工ガラス工場に衣替えしている。

咲き誇る樹齢四三〇余年の大蘇鉄

なお、正門玄関横のモニュメント展示場の背後で咲く大蘇鉄は、完成したばかりの本事務所に威容を付加するため、完成直後の昭和十三年頃、同工場が鐘崎（現宗像市）の造酒屋から二千数百円（当時の日当四円程度）で買取り、移植したものである。当時すでに樹齢三六〇年余であったが、その後さらに六〇年余、隆々と咲き誇り、見る人の目を楽しませている。なお、事務所と円筒式ガラスのサンプルは非公開、構内のモニュメント類や大蘇鉄は、工場の事前の許可があれば見学できる。（長妻靖彦）

補論

起業祭

起業祭は、新日鐵八幡製鐵所の前身である官営製鐵所での作業開始式をきっかけとして始まった。官営製鐵所は一九〇一（明治三十四）年二月に高炉の火入式を行い、その後各主要工場の操業開始をうけて、本格的な作業開始式が同年十一月十八日に行われた。この開始式の日を中心に、毎年、式典・工場縦覧・余興や催し物などの行事が催されることとなり、「起業祭」と呼ばれるものとなった。主な開催主体は、製鐵所（官営製鐵所→日本製鐵株式会社八幡製鐵所→八幡製鐵株式会社→新日本製鐵株式会社八幡製鐵所）であったが、昭和六十年に製鐵所から市民らによる実行委員会の開催に移行した。昭和六十二年には十一月十八日を中日とする開催から、十一月初めの祝日や日曜を含む三日間へと変更され、また昭和六十三年には昭和天皇危篤による自粛中止となった。一〇〇年以上にもおよぶ間、その具体的内容は様々に変化してきたものの、現在に到るまで八幡における地域のお祭りとして継続して行われている歴史的行事である。

起業祭の定着

製鐵所は明治三十四年十一月十八日に、政府要人らを招いて盛大な作業開始の式典や園遊会を催した。工場の視察が構内で行われ、翌十九、二十の二日間には、一般の人々への構内開放が行われた。この時の開始式は、国家の予算を投入しての鉄鋼業推進に懐疑的であった議員らも多かったことから、彼らに対して官営による操業を納得させるだけの技術力のアピールが主要な目的でもあった。しかし、不幸にも当日の高炉からの出銑は「兎の糞」のようなもので、期待を裏切ってしまった。製鐵所の操業に対する厳しい視線は、日露戦争を経て操業が軌道にのるまで非常に強いものであった。その事は明治四十三年の起業十周年を伝える門司新報の記事に表れている。

起業式を行ひたる起源…より以後、今日に至るの間、事業振はず、経濟償はず、一時批難の焦点となり、或は民業に移すべしと議し、或は官民合同の事業と為すべしと論し遂には到底継續の見込無しと迄疑はれたる時代ありしも、…殊には日露の開戦に際し、製鐵所の國家に貢献せし所大なりし爲め、茲《ここ》に初めて其の効用を認められ、…國家の爲めに、此の大事業の漸《ぜん》を遂《とげ》て、成功の域に進みつゝあるを祝せざるべけんや（門司新報、明治四十三年十一月十八日）

日露戦争後の製鐵所の操業安定によって、起業祭は定着していった。例えば、「起業祭」という呼び名は、製鐵所においては既に明治三十五年から用いられていたが、新聞（門司新報、福岡日日）上では、日露戦争終結後の明治三十八年以後定着した。また工場縦覧では、それまでは各工場で操業の様子を見せるに止まっていたものが、同時期以降各工場で様々な装飾を施し、飾り付けを工夫するようになった。もともと官営としてふさわしい技術水準にあることをアピールする側面を持っていたことを考えると、そうした人々を楽しませる工夫は、お祭り的側面が強くなったことを示すものといえる。さらに明治四十三年には、八幡町制十周年の祝賀会が起業祭開催日に合わせる形で、翌日の十一月十九日に行われた[1]。そして製鐵所の構内開放も例年一日のみであったが[2]、この時は二日間にわたって行われた。この頃から起業祭と地域社会の結びつきが強いものになっていったことがうかがえる。

式典開催場所の変化と地域への拡がり（職工のお祭りへ）

明治期には工場敷地内を中心に開催されていたが、大正期に入ると構外にもその舞台が拡大し、地域をあげてのお祭りとなっていった。初期の頃から、町内でも日章旗や花を各戸毎に飾り付けをしたり、商売や余興を行うなど賑わってはいたが[3]、構内での催しが主であった[4]。それが大正期になると、地域全体へと広がっていく。例えば大正七年十月十六日の門司新報では、製鐵所共済会が「例年と異ならず」大蔵や前田地区での余興を開催するとあり、八幡町側のみならず、製鐵所側も大正初期頃から構外での余興開催を行い、大いに賑わうようになっていたことがうかがえる。また、明治末から大正期にかけて、起業祭において開催される式典には、精勤・勤続職工褒章授与式（明治四十二～）、殉職者招魂祭（大正五～）[5]、宿老任命式（大正九～）が加わった。褒章授与式は大正七年以降、大蔵地区に開設されていた幼年職工養成所で行われるようになり、殉職者招魂祭は大正十年以降、大谷地区に建設された弔魂碑前で行われるようになった（招魂祭会場略図参照）。ことに、この殉職者招魂祭とともに余興等の様々な催し物が、大谷広場を中心地として開催されるようになったことから、構内から八幡中央区の商店街そして大谷広場という広がりのある賑わいを見せるようになった。そしてこの大谷広場は、昭和期には野球場などの競技施設の拡充やサーカスなど余興の充実が見られ、更なる賑わいを呈するようになるのである（起業祭会場略図参照）。

　こうした動向の背景として、製鐵所にとって日露戦争後の本格的操業に必要となった職工の養成や技術向上[6]、および第一次大戦期の製鐵所労働者の激増[7]や労働争議の頻発[8]があった。つまり、この時期、製鐵所が職工の存在を重要視

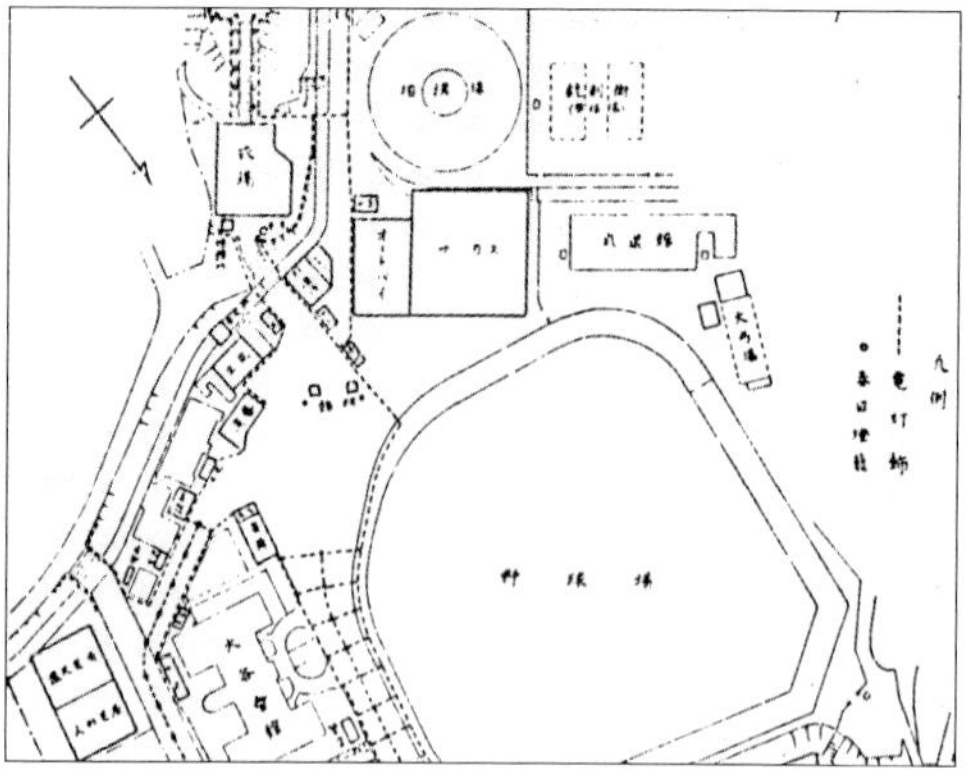

起業祭会場略図（昭和10年）

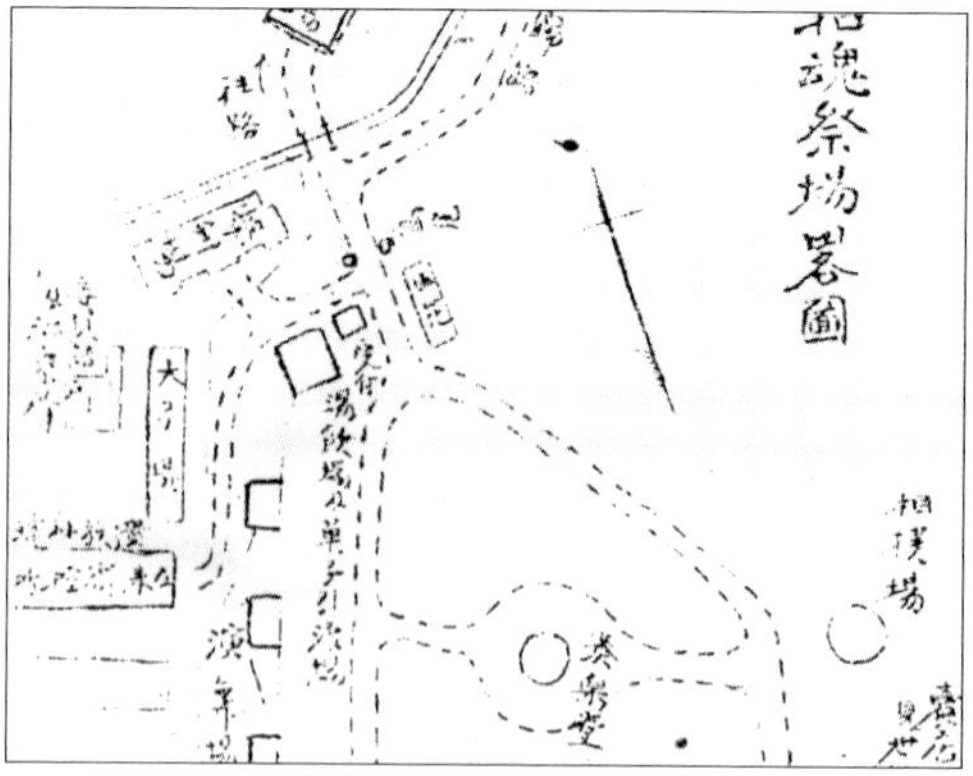

招魂祭会場略図（大正10年）

するようになったことが、起業祭における永年勤続者・精勤者の表彰や殉職者慰霊の式典開催に反映された。ことに大正期には、政府要人ら来賓客へ向けられる行事と比べても、これらがより重要視されていった。というのも、大正前期には幾度か起業祭の施行を自粛する動きがあったが[9]、その場合来賓招待や宴会を取り止めにしても、勤続職工に対する褒章授与式は挙行されていた。

　そしてこの時期、起業祭の賑いの担い手としても、職工や労働者が重みを増していったことは言うまでもない。例えば次の新聞記事からは、起業祭時の八幡市内の賑いの背景に、労働争議等による待遇改善があったことがうかがえる。

　労働者優遇の結果八幡市はヨリ以上の賑《にぎわ》ひにて市中は却《かえつ》て好景気を示し例年よりも多数の贅澤《ぜいたく》品の賣行ありたる程なる（門司新報、大正八年十月十九日）

　ちなみに大正初期の起業祭の開催は、大正四年に「御即位礼大嘗祭及び其後行はせらるべき祭典儀式」（くろがね、昭和五十七年十月二十日）と重なることを避けて十月となり、以後大正九年まで一ヶ月繰り上げられていたが、大正十年には元の十一月に戻された。その理由は、十月は天候不順で伝染病流行の時期であることや、招魂祭との同時開催などと関係しているとも説明されるが[10]、起業祭に来幡する製鐵所員の家族や親戚には、田舎で農業を営んでいるものが多く、十月は農繁期に当たるため十一月に変更してほしいとの要望が出たことによっていたとも言われる[11]。このように、大正期には製鐵所で働く職工や労働者、所員らの激増とともに、従業員とその家族らが起業祭の主役となっていったといえるだろう。

初期の工場縦覧の賑わい

　一般の人々を対象とした工場縦覧は、初期の頃からほぼ毎年行われており[12]、入場者数も新聞や『くろがね』に記されて

戦前の工場縦覧者数

年		工場入場者総数
1901	明治34	
1902	35	
1903	36	30,000 以上
1904	37	
1905	38	
1906	39	50,000 以上
1907	40	約 10,000
1908	41	
1909	42	
1910	43	
1911	44	
1912	45	
1913	大正 2	
1914	3	
1915	4	
1916	5	
1917	6	約 86,000
1918	7	74,867
1919	8	71,000
1920	9	65,060
1921	10	60,393
1922	11	65,347
1923	12	49,409
1924	13	57,304
1925	14	106,508
1926	15	65,671
1927	昭和 2	56,478
1928	3	45,062
1929	4	66,106
1930	5	71,606
1931	6	67,616
1932	7	72,396
1933	8	97,042
1934	9	57,831
1935	10	84,830
1936	11	

『くろがね』、門司新報、福岡日日新聞の掲載数値より作成
＊空欄は不明

いるものを見る限り、相当数にのぼっていた。(表)は『くろがね』、門司新報、福岡日日新聞に記載されていた、戦前における入場者数をひろったものである。まだ製鐵所の操業も安定していない明治三十六年には三万、また明治三十九年には五万という数字が見られ、幾分誇張があるとしても当初からかなりの賑いを見せていたことがうかがえる。明治四十年には約一万という記載があるが、その時の工場縦覧での混雑ぶりが門司新報で以下のように描かれている。

十八日の起業祭當日…非常の大賑を極めたること已報の如くなるが當日縦覧人の最も群衆せるは溶鑛爐前の鑄床《ちゅうしょう》にて…時は午後一時半より二時の間に群集せる男女老幼の眼前に火の瀑《ばく》の流れ出でたるを見て前列の多数が俄かに退きたるものから後列の一團は鑄床より押し落とされ老人小児五名の重輕傷を負ひ中にも七十許《ばか》りの老婆が此世の外の思ひ出に見物の最中此厄に遭ひ頭部に大怪我を受けたるなど悲惨を極めたり(門司新報、明治四十年十一月二十日)

縦覧工場の指定

一般に大正後期までは構内を自由に開放して見学させる形式をとっていたが、大正十四年から縦覧対象とする工場を事前に指定するようになり、この時は先の記事で人気の高かったことがうかがえる溶鉱炉(東田第一、第六)のほか、三工場が縦覧対象となった。ただし、この時に縦覧できる工場が限定されたわけではないようである。『くろがね』大正十四年十二月一日号には「本年は從來の例を破り…二分塊、軌條、三小形の三工場に於ける作業の實況をも觀覽に供せらるゝこととて遠近より押寄せたる工場觀覽者は豫想外の多數に上」ったとあり、以前は開放されていても操業している工場は溶鉱炉くらいであったが、この時は縦覧できる工場が増えたために観覧者が増加したとみるこ

とができるだろう。そして記録にある限りでは、この大正十四年時が戦前戦後通じて最高の入場者数となり、十万を超した。また同じく大正十四年以降、「工場縦覧の心得」が『くろがね』上に掲載され、「機械に觸れぬ事」「汽車に注意する事」「各通用門の外は出入せざる事」など注意すべき事項が細かく記されていた。こうした縦覧工場の指定や縦覧時の注意の喚起は、おそらく縦覧者の増加に加えて、構内状況がより一層充実してきたことから、縦覧者に危険が及びかねないことを考慮してのことであろう。

技術力の演出

人々にとって工場縦覧の楽しみの一つに各工場の派手な飾りつけがあったが、大正末から昭和初期にかけては、「作業の実況」を見せることに重点が置かれるようになった。この頃の製鐵所は設備拡充が進み、生産量、従業員数ともに飛躍的に伸びていく時期にあたる。そのためこうした技術力そのものが工場縦覧の魅力となっていったのであろう。

また昭和十一年には、起業祭での精勤者表彰の式典に発明考案者表彰も加わり、この年は十六名が表彰を受けている。この時の所長訓示では、官営から民営となったことを背景に、技術的向上を目指し精進し続けなければならないことが語られた。[13]

事業の發達進歩は一日も止まる事を許さないのであります。…随って我が製鐵所も…その内容に於て技術的にも精神的にも…改良進歩がこれに伴ふのでなければ決して将來の大を期待する事は出來ないと思います。…官業時代は製鉄業を修得する爲めに學校に入って居た様なもので、…今より三年前學校を卒業し世間に出て荒波にもまれてゐると云ふ風にも考へ得ると思ふのであります。…一本立ちになり自力を以て總ての事に當らねばならぬ今後に於て…一層確固たる覺悟と決心を固めて置かなければ到底將來の躍進は六ヶ敷いと思ひます。(くろがね、昭和十一年十一月一日)

なお、工場縦覧は、昭和十二年以降昭和十九年まで、戦局の影響により中止された。

戦後の工場縦覧

戦後においても工場縦覧の人気ぶりは相変わらずであった。開催されなかったのは、敗戦直後の昭和二十年およびストライキのあった昭和二十三年、そして昭和天皇危篤により自粛された昭和六十三年のみである。

昭和二十一年、戦後第一回目の工場縦覧では、「起業祭工場参観巡路」が設定された。ただし、この時はコース設定というより、各工場の出入及び出入禁止箇所を指南する程度のものであり、構内へと入る門は三つ開けられていた。[14]

こうした巡路設定は、縦覧者の危険を回避するためという

戦後の工場縦覧者数

年		工場入場者総数
1945	昭和20	中止
1946	21	
1947	22	24, 149
1948	23	中止
1949	24	
1950	25	
1951	26	約 86, 800
1952	27	
1953	28	
1954	29	
1955	30	
1956	31	約 80, 000
1957	32	
1958	33	69, 402
1959	34	
1960	35	
1961	36	53, 558
1962	37	68, 111
1963	38	63, 857
1964	39	約 58, 000
1965	40	59, 272
1966	41	
1967	42	60, 807
1968	43	70, 371
1969	44	
1970	45	44, 902
1971	46	40, 450
1972	47	20, 811
1973	48	46, 495
1974	49	21, 117
1975	50	23, 192
1976	51	24, 622
1977	52	28, 322
1978	53	36, 697
1979	54	35, 030
1980	55	30, 332
1981	56	29, 325
1982	昭和57	28, 411
1983	58	20, 148
1984	59	55, 684
1985	60	26, 889
1986	61	20, 893
1987	62	12, 752
1988	63	中止
1989	平成 1	12, 087
1990	2	8, 857
1991	3	9, 482
1992	4	10, 060
1993	5	11, 243
1994	6	5, 013
1995	7	4, 868
1996	8	4, 976
1997	9	4, 344
1998	10	4, 543
1999	11	4, 123
2000	12	4, 315
2001	13	2, 602
2002	14	2, 713
2003	15	2, 765
2004	16	2, 864

八幡製鐵所資料、『くろがね』、西日本新聞の掲載数値より作成
＊空欄は不明

ことに加え、「製銑、製鋼、圧延といった処で鉄鋼の出来るまでの工程がこれで理解出来る」（くろがね、昭和二十三年十一月一日）という説明からうかがえるように、鉄鋼生産の過程を理解できるようにとの配慮によるものでもあった。そして昭和二十七年には、各設備毎の詳細な説明が『くろがね』に掲載され、「従業員の方はもとより御客さん方も案内される人々の参観の手引き」となるようにと記され、また「各工場ではパンフレットの配布や図解、図表の掲示等を準備、当日はマイクで親切に解説する」（くろがね、昭和三十二年十一月十五日）など、技術的説明に工夫がなされていた。こうした背景には、昭和二十五年八幡製鐵株式会社発足時の最優先の課題とされた生産設備の近代化[15]があり、そのために技術的側面がより重視されていたといえよう。

社会科見学の対象

工場縦覧は社会見学や学習の対象として小・中学生らが

〈上〉会場の大谷グラウンドは人波みにあふれた
〈下〉工場見学は正装だった

多く訪れ、より一層盛んになっていった。昭和二十五年～昭和四十六年までは、八幡・戸畑両市内の小・中学校は十一月十八日が休校とされており、また、近郊ばかりでなく、九州や山口からも小・中・高校生までが多く訪れた。例えば昭和三十一年の『くろがね』には、「特に中学、高校生など普通は見られぬとあって目印の旗を押したてバスでのりこんだ団体などもあり、ともかく大変な人出であった」とある。昭和三十年代後半には、製鐵所構内に乗り入れていた西鉄バスが、工場縦覧にもかかり出された。戦後復興以降の経済成長が進む中、工場縦覧の重要性が社会的にも増していったのであろう。

東田第一高炉と工場縦覧

昭和三十七年の起業祭では、東田第一高炉が一〇回目の改修後初の工場縦覧対象となった。「高圧操業のため改造していっそうその偉容を増した東田一高炉に人気が集中、出銑作業がはじまると一斉に嘆声があがつていた」と『くろがね』が伝えている。操業開始から長きにわたり人気の高かった東田第一高炉は、昭和四十七年には東田第六高炉とともに休止（一高炉一月、六高炉六月）し、「わが国の近代的な一貫製鉄所発祥の地である〝東田〟の高炉群は全部の火が消え、長い眠りにつくことにな」（くろがね、昭和四十七年六月二十日）った。

ただし東田第一高炉は、以後も起業祭の工場縦覧における新たなシンボルとなった。八幡製鐵所は昭和四十四年に北九州市と公害防止協定、昭和四十八年に工場緑化協定を結び、公害防止と緑化に取り組んでいた。起業祭においても、昭和四十七年に環境管理コーナーを工場巡覧のコースに組み入れ、その点をアピールした。この年は八幡・戸畑双方にこのコーナーが設置されたが、翌年からは大谷広場に設置されるようになった。そして昭和四十七年十二月に、休止した東田高炉群の跡地に第一高炉のみを残し、工場内緑化をかねた記念広場をつくることが決定された。以後東田高炉記念広場が緑化のシンボル的な存在となり[16]、その後も長く工場縦覧のコースに組み込まれていた。

(注)

（1）八幡町の町制施行は明治三十三年二月であった。

（2）工場縦覧を中心とする構内の開放は、前述の明治三十四年、明治四十三年を除き十八日を中心とする一日のみが通常であった。ただし明治三十六年は十七・十八日の両日に予定されていたものが、急遽十七日の一日のみに変更されたようである。

（3）「八幡町も亦全町商況の恢復を兼ね手踊山笠其他種々の趣向中なるよしなれは當日は定めて賑はしきとなるべし」（門司新報、明治三十五年十一月十八日）「八幡町に於ても起業祭祝典の盛況を計り町内及旗作花に滿飾し引物競馬相撲等盛んなりき」（門司新報、明治四十二年十一月十九日）

（4）ただし、明治四十一年に構内高見山地区の官舎移転が決定された際、園遊会を八幡西本町の豊山公園で行うことが検討されたが、結局構内の高見山で行われた。またこの時は、「同所は漸次平坦なる工場敷地と爲す豫定にて建物も取拂らひあれば此起業祭に使用さる、ことも今年限りなるへし」（門司新報、明治四十一年十一月十八日）と思われていたようだが、その後も大正初期まで構内の高見山が主たる会場となっていた。

（5）ただし、起業祭と合わせて開催されるようになるのは、大谷弔魂碑前で行われるようになる大正十年以降であり、これは招魂祭第三回目にあたる。招魂祭の第一回は大正五年五月、第二回は大正八年十一月に開催されており、いずれも起業祭は十月に行なわれているため、別開催であった。さらに、招魂祭が毎年行われるようになるのは、第四回の大正十三年以降である。

（6）製鐵所は、明治四十年十月に直接労務管理体制を整備し、続く明治四十二年に勤続職工に対する表彰制度を設け、明治四十三年四月に幼年職工養成所を大蔵地区に開設した。

（7）八幡製鐵所の労働者は、職員、工員（当時の「職工」）、職夫のいずれにおいても、大正九年の数は第一次大戦開始の大正三年の約二倍となった。詳細は以下のとおり。（(財)西日本文化協会『福岡県史　近代史料編　東洋タイムス（一）』）

	職員	工員	職夫
大正三年	九九一	九、八八四	二、四四四
大正九年	二、二七八	一七、一九〇	六、一八五

（8）大正七年八月以降翌年までに計一六件の争議が発生し、また大正八年には日本労友会、同志会という二つの労働団体ができた（ちなみに八幡製鐵所の最初の労働者組織は、大正五年十月に発足した友愛会八幡支部であった）。そして大正九年に「溶鉱炉の火は消えたり」で有名な大争議が起こった。こうした中で、製鐵所は大正八年六月に工場課を設置して労働者の統轄機構を整備するなどの対応をとった。また時報『くろがね』が同年九月に発刊されたのも、労働者への情報伝達に努めようというものであった。（(財)西日本文化協会『福岡県史　近代史料編　東洋タイムス（一）』）

（9）「本年は諒闇中なるを以て來賓の招待なく…職員職工一同高見山の式場に参集…各勤續職工二百餘名に対し賞状を授與

し式を終りたる」（福岡日日新聞、大正三年十一月十九日）。「本年は虎列拉病流行の爲め、該祭典挙行を行はず單に勤續職工のみに対し例年の如く授賞を爲すべき」（門司新報、大正五年十月十九日）。

（10）くろがね、昭和五十一年十月二十日、昭和五十七年十月二十日など。

（11）朝日新聞西部本社（一九八三）や八幡製鐵所所史編さん実行委員会（一九八〇）など。

（12）ただし、明治三十七年、明治四十四年、明治四十五年、大正五年は工場縦覧が行われたか定かではない。

（13）昭和九年に全国的に統合され、官営製鐵所から日本製鐵株式会社となった。

（14）戦前にはほぼ五つの門が開かれていたようであるから、この時は制限されたとみることができる。

（15）昭和二十六～昭和三十年にかけての政府の鉄鋼業合理化方針（鉄鋼第一次合理化計画）によるものであり、八幡製鐵株式会社は三四二億円を投資した（『北九州市産業史』）。

（16）昭和五十五年十一月の起業祭時には、八十周年記念で東田高炉記念広場に植樹がなされた。

（山本理佳）

八幡製鐵所の住宅

はじめに

十年ほど前だっただろうか、いつだったか記憶が定かではないが高見の住宅街を訪れたことがある。通りの両側に住宅が建ち並ぶなかを一人歩いていると、ふと現代に武家屋敷がよみがえったかのような感覚におそわれたことを覚えている。

戦時中の空襲に見舞われることなく、建設当時の姿を留めていた高見の住宅はすべて解体されてしまい、今では高級住宅地に生まれ変わっている。ただ、住宅地のなかに筑前と豊前の国境を示す石碑が当時の面影を残すのみである。

製鐵所の従業員が、八幡及び戸畑の地で鉄をつくることによって、日本の鉄鋼業を支えてきたことは言うまでもないだろう。そのような従業員たちが暮らしていた戦前の住宅が、高見を最後にすべてなくなってしまったことは感慨深いものがある。近代化遺産としてのモノはなくなってしまっているが、住宅がかたち無いものも含めて残していったものを書き記しておきたいというのが、この文章のねらいとするところである。

まずは製鐵所住宅の基礎的なデータを明らかにしたうえ

製鐵所住宅の種類と名称の変遷

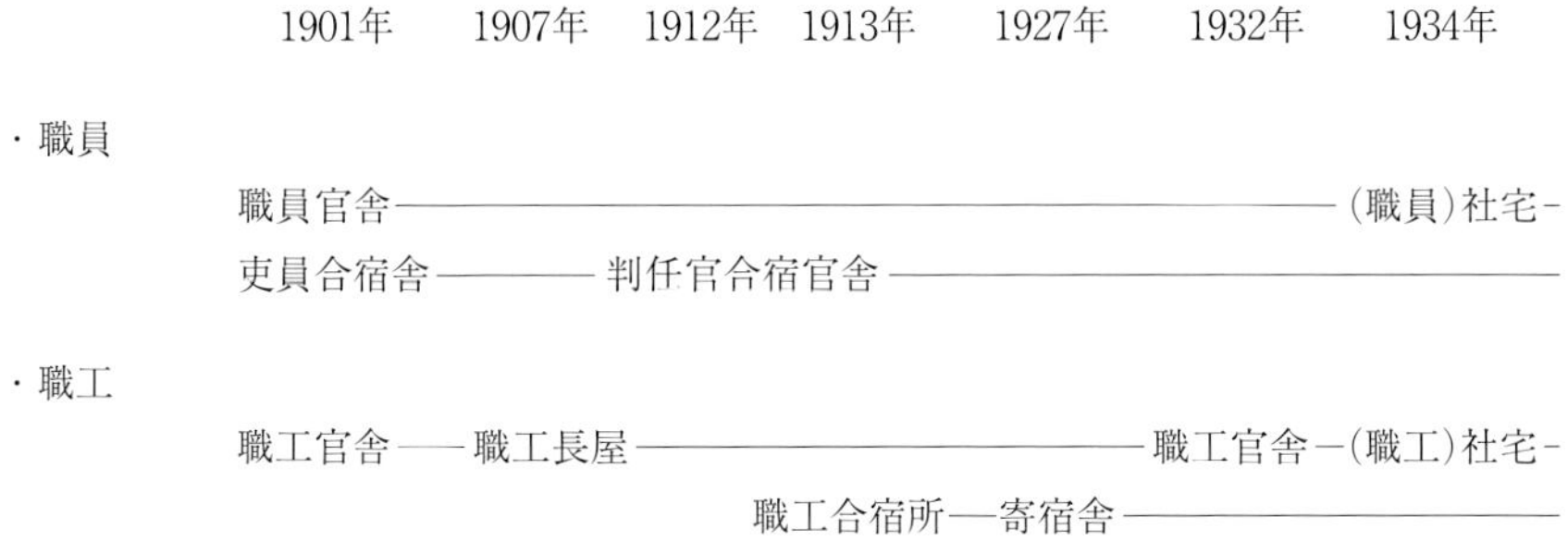

出典：『通達』（製鐵所文書）、『くろがね』より作成。

で、とくに製鐵所の住宅が八幡の街にもたらした影響について述べてみたい。

住宅の種類と名称

製鐵所は従業員にいつどのような種類の住宅を供給したのだろうか。図は、住宅の種類と名称の変遷について示している。製鐵所の住宅といっても、住宅を供給する対象や時期によって種類や名称が異なり、複雑な変遷をたどっている。

まず、最も大きな名称の変化は、製鐵所が一九三四年に官営から日本製鐵株式会社（以下、日鐵と略）へ再編された時である。つまり、農商務省（のちに商工省）管轄下では「官舎」と称されていたが、日鐵では「社宅」と呼ばれることになったのである。

次に、製鐵所は職員、職工、職夫それぞれ別々に住宅を供給していることがわかる。職工、職夫はどちらも労働者であるが、職工は常雇いであるのに対し、職夫は臨時雇いであり、雇用のあり方に違いがあったことに注意しておきたい。

職員の住宅は、まず操業開始前から「職員官舎」が設けられ、日鐵になって「職員社宅」に名称を変更している。また、操業開始直前の一九〇〇年、単身の判任官向けに「吏員合宿舎」が設けられた。大正に入って「判任官合宿官舎」

になっているが、もっぱら「職員合宿所」と呼ばれていたようである。

職工の住宅は、一九〇〇年の「職工官舎」から、〇七年に住宅の形態に応じた「職工長屋」へと変わっている。そして一九三二年に再び「職工官舎」に戻り、日鐵になって「職工社宅」になっている。また一九一三年、単身の職工（臨時職工、試験職工を含む）に限って「職工合宿所」が設けられている。この合宿所は、一九二七年以降は「寄宿舎」と呼ばれることになった。

職夫の住宅はしばらく設けられなかったが、一九二一年にはじめて「職夫合宿所」が設けられた。ただし、単身の職夫のみ入居が可能であり、家族持ちの住宅がつくられることはなかったのである。

住宅の戸数と配置

住宅の種類別の戸数と人数を記したのが（表－1）である。もちろん、時代が下るにつれて、住宅の戸数は増えているが、より詳しく分析するために、最もデータが残っている一九二三年について検討してみたい。

まず住宅を得た人数は、合宿所の人数を合わせて、職員四一三人、職工二七六〇人と考えることができる。当時の職員数は九一一人、職工数は一万五七四九人であるので、全員に住宅が与えられないのは明らかであろう。住宅を得た人の割合は、職員の四五・三％、職工の一七・五％になっている。つまり、まず住宅は職員、職工とも全員に与えられるのではなく限りがあったこと、次に職工と比較すると職員の割合が高いことがわかる。そして、これらの傾向は戦前において変わることはなかった。このことが、慢性的な住宅問題を繰り返す大きな原因になったのである。

ちなみに、八幡市の戸数は二一九八戸、その割合は九・一％であった。その後、八幡市の戸数が急激に増えていくのに対して、製鐵所住宅の戸数はそれほどではないので、その割合はやや低下していくことになる。

（表－2）は一九三三年における住宅の配置と戸数を示している。この表によると、まず本所がある八幡市だけでなく、戸畑作業場がある戸畑市、水源地をかかえる遠賀川にまで住宅が存在していることがわかろう。また地名をあげると、職員の住宅地か、あるいは職工の住宅地かどちらかをほぼ特定することができる。つまり、ある地区に職員と職工の住宅が混在しているのではなく、職員だけか、あるいは職工だけの住宅によって成り立っているのである。

製鐵所住宅の八幡市における配置を表した地図が、八幡市概略図である。この地図と（表－2）を見ると、製鐵所の住宅は、高見・大蔵・槻田と前田・平野町の二大住宅街にグループ化することができる。それぞれの戸数は全戸数

（表１）製鐵所住宅の種類と戸数の変遷

年月日	職員		職工				職夫	出典	備考
	官舎	合宿所	官舎	長屋	合宿所	寄宿舎	合宿所		
1911年	140戸			1486戸				『遠賀郡誌』371頁	
1923年4月1日現在	374戸	39人		1974戸	786人		450人	『製鐵所事業一覧』	戸畑工場を含む
1933年2月現在	404戸	37人	2234戸			245人	245人	『福利施設概要』15－21頁	戸畑工場、西八幡工場を含む

（表２）製鐵所住宅の配置（1933年）　　単位：戸数

行政区名	地名	職員官舎	職工官舎	計	備考
戸畑市	中原		108	108	戸畑寄宿舎11人
	小沢見	38		38	
	竹ノ下	3		3	
八幡市	高見	159		159	
	大蔵·槻田	102	1006	1108	大蔵寄宿舎119人
	久保		80	80	
	神田		158	158	
	勝田	9		9	
	病院	1	3	4	
	門田	44		44	門田合宿所21人
	鬼ヶ原	32		32	鬼ヶ原合宿所16人
	平野町	8	604	612	
	前田	8	259	267	前田寄宿舎115人
中間町	遠賀川		16	16	
計		404	2234	2638	282人

出典　製鐵所労務部『昭和８年２月現在製鐵所福利施設概要』1933年、より作成。
注１）職員官舎は高等官、判任官、雇の官舎を合算している。
２）行政区名、地名は1933年時点による。
３）合宿所、寄宿舎の人数は、1933年１月現在収容している人数を表す。

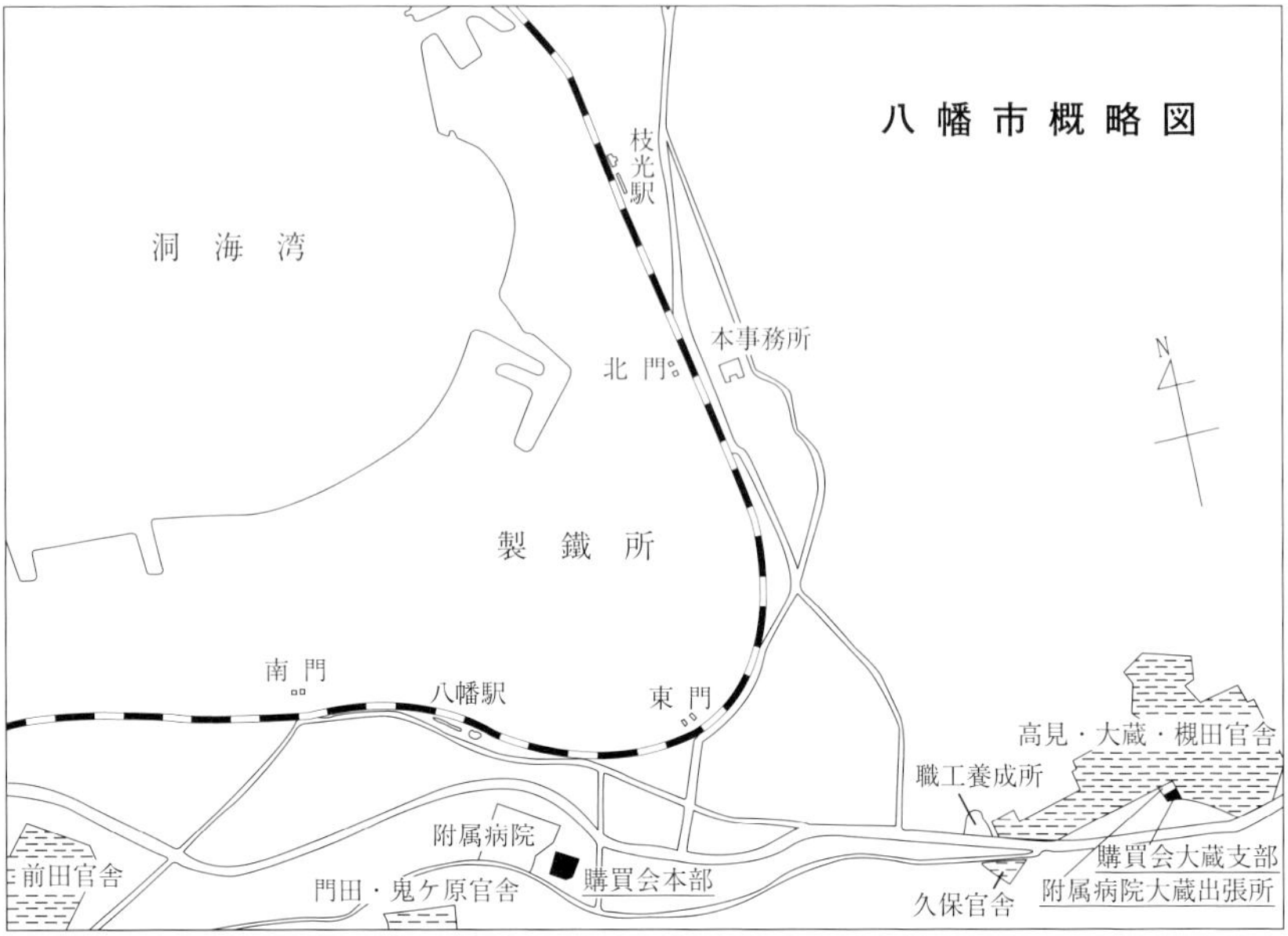

出典：『八幡市市街図』1919年7月（駸々堂旅行案内図、1920年）より作成

の四八・〇%、三三・三%を占め、両者合わせると八〇%を超えていた。

これらの住宅街は、一九〇八年にほぼ成立している。この年、八幡町大蔵から板櫃村槻田、及び黒崎町前田の両地域に製鐵所の住宅街が建設された。両者合わせると一六〇〇戸に及ぶ大住宅街であった。その後、前田に隣接して平野町の住宅街が形成されており、両者が戦前における製鐵所の二大住宅街と言っていいだろう。

住宅地の階層的秩序

ここでは、一九〇八年に完成した当時の高見及び大蔵・槻田の両住宅を例にあげて考察してみたい。両住宅は大蔵川の北側一帯、南向きの斜面に位置している。山手の高見住宅は職員用で高等官官舎二八戸、判任官官舎五八戸（その後十六年に鉱滓煉瓦・二階四戸建の欧風家並みの「ロンドン長屋」建築）から成っていた。これらの住宅はもともと製鐵所構内の高見山にあった官舎群を移築したものである。下手の大蔵・槻田住宅は実際には職工用の長屋で、甲種三三戸、乙種七七戸、丙種三五〇戸、丁種六八四戸から構成されていた。両住宅合わせて一二〇〇戸を超える一大住宅群であった。

高見住宅は一戸建て、あるいは二戸建てであったのに対し、大蔵・槻田住宅は長屋式で四戸建て以上であったので、職員と職工の格差は歴然としていた。身分が高い職員ほど山手に住まい、さらに昇進によって斜面を昇っていくような住宅の配置になっていたのである。ただし、職工がいくら昇進しても高見に住むことはできず、職員と職工の間には大きな溝が存在していた。こうした住宅にみられる職員と職工の格差は、そのまま生活面においてより顕著であった。さらにそのことは、彼らの妻子の意識にも影響を与えていたのである。

寒い日に高見官舎のお嬢さん等は、胸に飾りの多く付いた縮緬《ちりめん》の被布《ひふ》を着て牛若丸のような髪を結っていた人もいた。雨の日の登下校には女中が荷物を持ってお供して往復する風景も見られた。我等悪童どもは衣服についての関心は稀薄であったが、女児等は遊戯中に風彩のあがらぬ汚れた子と手をつなぐのは好まぬという優越的な気風や、態度、言葉使いに可成りの羨望もかくせなかった。学級参観日などには高見官舎の奥さん（地域ではこう尊称していた）方は綺麗《きれい》に着飾り乳幼児の居る方は、当時でも珍らしい籐製の乳母車に乗せて下女中に押させ、上女中に荷物を持たせて出席する人もいた。主人達は帝国大学卒の高級官吏も多く、奥さん達も女専卒か或いは女学校卒となれば長屋のかみさん連中は揃って敬遠気味であった（藤本要「槻田官舎の憶い出」『製鉄文化』一四一号、一九八〇年）。

また、職工長屋の甲、乙は少数であり、大半が丙、丁であった。職工でも階層が高いほど、勤続年数が長いほど条件の良い長屋に住んでいた。丙、丁は井戸や便所が共同で、狭い空間に制限されており、その生活ぶりは甲、乙とは異なっていたのである。

この両者（丙、丁…筆者注）は、入口の土間（一坪位）で炊事をしなければならないが、余りにも狭苦しいので、玄関入口を鉄の葉板《ブリキ》や板の小片等を利用して勝手気儘に囲い、炊事場や物置きにしていたので、見苦しく、入口が解らない格好であった。一条から七条まで区分された縦通りの両側だけは、四軒長屋の丙号であり、他は全部六軒長屋であり、棟と棟との中間に井戸（水道はなかった）と共同便所が設置されていたのであった。当時の燃料は薪と炭殻《がら》（ガスはなかった）であったが、小さい七輪に炭殻を入れ、これに燃しつけるのが大変であった。朝食や夕食の準備をする時は、七輪の上に煙突をもじった喇叭管類似のものを乗せた七輪が、道路上に行列するので、七輪と煙りで通行し難い状況であったことが忘れられない（大坪純『わが七十七年の生涯』一九七六年）。

この文章によると、製鐵所の職階制がまずは住宅の形態によって明らかになっている。さらに、生活面における格差が職員と職工の間、職工の階層間で顕在化し、そのことが大きな意識の隔たりを生んでいたのである。つまり、製鐵所の職階制が労働の場だけではなく、生活の場である八幡の街にも目に見えるかたちで持ち込まれたと言ってよいだろう。ところで、職工長屋に住んでいた人たちの感情はおそらく複雑であったろうと思われるが、地域の住民は製鐵所の住宅そのものを羨望していたようである。

屋内（職工長屋…筆者注）には電灯の昼間線は無く、夜になると十燭光《しょっこう》（十二・五ワット）が点灯され、それでも近郊の農家の人達は『官舎の電気灯（当時の呼び名）は明るく昼のごとある』と羨やんでいた（前掲藤本「槻田官舎の憶い出」）。

製鐵所とは直接関係のない地域の住民も、製鐵所の住宅がもたらす秩序に無縁ではなかったのである。

一方、製鐵所の住宅に入居できなかった家族持ちの職工は、借家住まいや間借り住まいをせざるをえなかった。また、単身向けの職工合宿所がつくられたが、多くの者は親戚や知人の家に同居するか、下宿屋に住まうしかなかった。ちなみに、製鐵所を定年で退職した者が、退職金で通勤に便利なところに借家を二、三戸建設していたという。一九一三年には営業者二五〇名の参加によって、下宿屋同業組合が結成されている。

職夫の場合は、製鐵所が建設し職夫供給人が共同で管理、経営している職夫合宿所、職夫供給人が個別で設けている下宿屋があった。製鐵所が日々作業に必要とした労働者は、何組かの職夫供給人が請け負って供給していたのである。また、請負親方に属する職夫を入居させている下宿屋が存在していた。この場合、一戸六畳四間の下宿屋に、四五人も詰め込まれていることがあったという。八幡駅前の春の町には、多くの下宿屋が建ち並び、いわゆる「労働下宿」を形成していたのである。

閉鎖的な住宅街の形成

既述の高見・大蔵・槻田《つきた》の住宅街では、製鐵所の主導による地域編制が進んでいる。まず、住宅街が完成する前後に、購買会大蔵支部、病院大蔵出張所が設立された。この住宅街では、他に先んじて製鐵所の購買会、病院の施設が設立されているのである。

さらに大正期の地図を見ると、高見地区には職員の社交場である高見倶楽部、テニスコート、運動場があり、二条通一丁目から高見一丁目の山手には「製鐵所新公園」の予定地も存在していた。一九一六年には製鐵所の尽力によって建設された高見小学校が開校している。

大蔵地区には住宅街の完成とともに巡査駐在所が設置された。製鐵所の施設では、購買会、病院のほか職工幼年養成所が設立され、そのなかに図書館が設けられていた。職工の合宿所がつくられたのも、この地区である。また槻田地区には郵便局があり、南方には「槻田遊園地」があった。

槻田官舎（絵はがき）

このように、高見・大蔵・槻田の住宅街は、購買会、病院など製鐵所施設が優先的に設置され、さらには学校、警察、郵便局などの機関が置かれていた。このような生活基盤の整備によって、住民はおそらく住宅街のなかだけで生活することができただろうと思われる。つまり、住宅街以外とは一線を画して暮らすことが可能であるので、閉鎖的な空間をつくりあげていたと考えることができよう。

行政区域の拡大

製鐵所の二大住宅街は、西側では黒崎町前田、そして東側では板櫃《いたびつ》村槻田、ともに隣接する町村にわたって設立されている。ここには多くの製鐵所従業員が住んでいるため、八幡町制一〇周年をきっかけに、両地域を八幡町へ編入しようとする動きが活発化した。

一九一二年の八幡町議会において、八幡、黒崎両町の合併交渉案が可決され、黒崎町側と交渉を開始した。また同年、八幡町は板櫃村とお互いに交渉委員会を設け、合併に向けての協議が始まっている。これらの動きは、町民、町当局の意向だけでなく、居住地域が異なるため従業員の待遇に何かと不都合が起こる事態を解決したいとする製鐵所の要望が強く働いていたのである。

ところが、黒崎町側と前田区側との間で、合併をめぐり対立した。黒崎町側は合併するほど事態が差し迫っているわけではなく、前田区のみの分離合併を認めるにしても、町有基本財産の問題がからんでいて、合併への道のりは容易ではなかったのである。ようやく一九一五年末になって、前田区の現有財産のみを八幡町へ割譲することで交渉がまとまり、翌年七月一日八幡町に編入した。同様に板櫃村側と槻田区側との間でも、村有基本財産をめぐって難航していたが、最終的には合意が成立し、一九一六年三月一日八幡町に編入することになった。

　こうして、八幡町は製鐵所の住宅が展開していた両地域の編入に成功することによって、一九一七年三月一日八幡市を成立させることができたのである。

おわりに

　皿倉山に登って、八幡から戸畑の街を眺めてみると、製鐵所が戦後につくった住宅があちこちに建ち並んでいるのを見ることができる。また住宅だけでなく、スポーツや文化の施設も展開しており、街そのものに製鐵所との関わりの深さが感じられる。

　ただし、五市合併によって誕生した北九州市にとっては、それぞれの街の成り立ちが異なるため、統一した政策を打ち出すことが難しいといった声も耳にする。そのような声があることを聞くと、この文章もいくらか参考になるのではないかと思う。

（時里奉明）

シビルエンジニア・沼田尚徳《ひさのり》

　河内・養福寺貯水池や「くろがね線」は近代化遺産として高く評価されるとともに、今なお八幡製鐵所の生産施設として稼働している。これらの構築物は、技術的にも、意匠的にも官営製鐵所特有のいわば自立した系をつくりだしてるところにそのユニークさがある。そしてその系の中心は、製鐵所が操業開始する前年の一九〇〇（明治三十三）年に技手として任官し、昭和五年に退官するまでの間、技師として製鐵所の土木・建築を司った沼田尚徳その人であった。

　沼田技師は、これだけの近代化遺産を残しながらも限られた人にしか知られていない。本稿では、沼田尚徳技師に敬意を表しつつ、ささやかながらその人となりに触れてみることとしたい。

沼田技師の功績

　製鐵所所内報「くろがね」は昭和五年七月十一日号において「幾多の功績と従業員の追慕をあとに」と題する記事を掲載し、退官する沼田技師に対して、次のように最大級の賛辞を贈り、氏の功績を讃えている。

勅任技師沼田土木部長は本所の全土木事業を双肩に背負っていた大技術家でかつては東洋一を以て誇る河内・養福寺両貯水池の建設、四十万坪と言われる洞岡の埋築、及び繋船壁築造工事、近くは八幡・戸畑電気運滓鉄道の敷設等次から次と殆ど継続的に大土木事業を完成し、こと水道関係方面に至っては殆ど同氏の手によって今日の完備を来した訳でいちいちその功績を列挙すれば枚挙にいとまなき程本所の今日の大なさしめたる大恩人である。

氏は茨城県水戸市の人で明治八年生まれの本年五十六才、明治三十三年七月京都帝国大学理工科大学土木工学科を卒業し、直ちに製鐵所技手として入所し、三十五年技師に任ぜられ、四十四年工務部修築科長となる。大正四年六月英米両国出張を仰せつけられ、帰朝後八年一月には、繋船壁築造、海水循環設備・船溜及び貯水池新設・給排水設備並びに鉄道関係工事の設計主任兼建設主任となり、同年工務部土木課長兼務を命ぜらる。十年七月には勅任官を以て待遇せられ、十二年五月高等官二等に昇進、製鐵所臨時建設部長兼工務部土木課長となり、翌十三年二月には都市計画福岡地方委員会委員を仰せつけられ、十三年九月勲三等に叙せられ瑞宝章を授けられる。昭和二年四月土木部長を命ぜられて今日に至ったのであるが、その間陸軍造兵廠における土木に関する業務を嘱託され、また八幡市及び戸畑市の上水道顧問となり両市の水道計画に関係せられ本年一月にはさらに若松市の水道顧問を嘱託せられる等水道方面には造詣深く斯界の権威である。

職務には極めて忠実熱心にして「製鐵所の乃木さん」と讃えられた程にてかつて河内・養福寺両貯水池両貯水池工事中のごときそれこそ日曜毎に、あの白髪の慈顔に片手に帽子をうち振り、テクテクと河内より山越に養福寺に回りつぶさに実地を検分せられる等、到底まねようとしてまねられるべき所でない程の熱心ぶりであった。一面詩をよくし召水と号し北九州方面には相当名をしられ、九州詩壇(漢詩)の第一人者宮崎来城氏とも昵懇の間柄にて、それらを思い合わせるとき河内貯水池の如き雅趣に富んだ設計も流石にとうなづかれる。

沼田の履歴

若干補足すると、一八九四(明治二十七)年七月第一高等学校第二部(理工農系)に入学、明治三十年七月同校卒業、と同時に京都帝国大学理工科大学土木工学科入学にした。彼は東京帝国大学に進学するつもりであったが、ちょうどこの年に京都帝国大学が開校、学生には大学選択の自由はなく京都に振り分けられてしまったという。沼田は「家族に東京帝国大学に合格していたのに京都にいかされとても不本意であった。しかし東大に進学した同期からは勅任官になった者は誰もいなかった。」と家族に語っている。

製鐵所に任官し、順調にキャリアを積み重ねたかに見える沼田であるが、大正五年四月初め、九ヶ月に及ぶ英米視察から帰任し、帰国祝や、不在時の業務整理に追われてい

叙勲記念であろうか。正装姿の沼田尚徳

る最中、下大谷貯水池（一一二頁の写真参照）が決壊し、一般市民にも死傷者が生じる規模の災害となったため、修築科長という立場上、責任を免れる訳に行かず、結局大正五年十月には三ヶ月減俸の処分を受けたこともある。

エリートの美学、沼田の生き方

英語で土木はシビルエンジニアリング、建築はアーキテクチュアであると日本では教えられ、あたかも対立概念であるかのように思われている。しかし本来シビルエンジニアリングとは、ミリタリーエンジニアリングに対する新しい概念であり、沼田は、高校や大学での教育、任官後の研鑽、アメリカ土木学会会員としての先進的な知見を通じて、機能や経済性ばかりが優先され、アートの要素を欠いた土木では、シビルエンジニアとして自分に課せられた仕事が完結しないことを理解していたに違いない。幸か不幸か、沼田は製鐵所に任官した。製鐵所における土木・建築は高等官技師として彼が中心であり、職務の遂行において自分の信念に忠実であり得たことが、河内貯水池やくろがね線を生み出したものと思われる。

過酷な境遇

沼田は世俗的な概念からすれば、その境遇は決して恵まれたものではなかった。彼の力量をもってすれば、技術官僚として中央の官界や建設業界に属していれば世間的な名声を得ることは容易であったに違いない。しかし農務省所管の製鐵所に土木技術者として任官した彼の活躍できるフィールドは限られており、勅任技師にまで上り詰めたとはいえ、土木部長が最高位の役職であり、製鐵所の役職上は後輩に追い越されざるをえない立場にあった。

家庭的にも不幸が彼を襲う。河内貯水池着工前年に五歳の次女を病気で失い、堰堤工事開始時期に高見官舎に同居していた父を亡くす。工事最盛期の一九二五（大正十四）年には、長女、三女、四女を猩紅熱で失う。一九二六（大正十五）年には三男が誕生したもの、半年後には病没。そして泰子夫人も河内貯水池完成と相前後して病没してしまう。

さらに河内貯水池建設に心血を注ぐ沼田に対して、会計検査院という大敵がいた。会計検査院について沼田は次のように語っている。

—養福寺はとにかく、河内はなかなかの大工事で、完成までに多くの月日を費やしたので、その間に物価があがる労銀があがるで、予算は段々追加しなければならなくなるといった状態でした。そこで会計検査院が現場に来てみると、なかなか工事が凝っている。割石をたんねんに積み上げて家を造ったり、あの魚形橋をつくって美観を添えたりしているので、大いに心象を害して私は叱られたものです。

この時、沼田は橋を架けずに迂回路を新設する場合の工費を計算して反論したと言い伝えられている。

士族の価値観

こうした過酷な境遇にあっても沼田は己の信じる方針を貫き、河内貯水池、養福寺、炭滓線を完成させた。沼田のこの強い生き方はどこからきたのであろうか。その背景には、大義や誇りを人生の第一義とした水戸藩の士族として価値観があったのではなかろうか。沼田の祖父、沼田泰誨は水戸藩勤王志士として殉難、伯父沼田準次郎こと梅村速水は二十七歳の若さにして高山県知事に任命され、かつて天領であった飛騨高山の地において明治政府の一員として理想の政治をめざしたが、暗殺されそうになり負傷、農民一揆発生の責を問われ、収監されていたときに傷が悪化し獄死している。こうした環境にあって沼田尚徳は知的エリート階級に属する者として、課せられた使命を全うすることこそが人生の目的であり、家庭の悲劇や組織における処遇の限界を超えてシビルサーバントに徹しきったのであろう。

胸を打つ湖畔の追悼碑

河内貯水池堰堤つきあたりや河内水路西只越橋等に建設関係者を記した英文のプレートがある。その筆頭にDESIGNED AND BUILT BY H. NUMATA M.AM.SOC.C.Eと刻まれている、日本語に訳せば、「設計建設　米国土木学会会員　沼田尚徳」の意であり、自分の仕事に対する誇りと責任を明確に主張している。

沼田は河内貯水池の水面を臨む白山宮の一角に土地を買い、河内貯水池の完成と相前後して亡くなった妻を慰霊する碑を

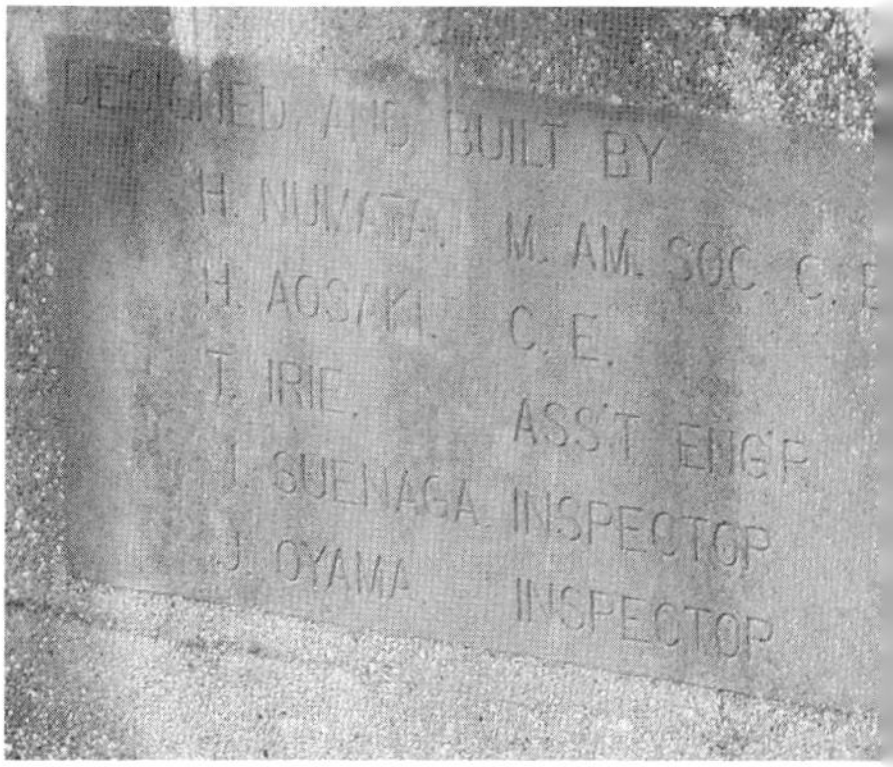

河内水路西只越橋に刻まれている銘板

湖畔にひっそり立つ泰子夫人の慰霊碑

建てた。湖側には漢文で、山側には英文で自らの作による追悼文が刻まれている。英文の追悼はつぎのとおり。

IN MEMORY
OF
MY LATE BELOVED WIFE
MRS. YASUKO NUMATA
THROUGH WHOSE SELF-SACRIFICE
AND UNDER GOD,S BLESSING
I HAVE BEEN ENABLED
TO CONSTRUCT
KAWACHI WATER-WORKS.
SHOWA 3 (1928)
H.NUMATA

最後に、沼田は父親として、五人の子供、そして妻までも喪うが、この大規模建設工事において、今で言う労働災害による犠牲者を一人も出していない。これは特筆されるべきことである。

（開田・菅）

北九州の「近代軍事遺産」

はじめに

「近代軍事遺産」とは、多くの読者にとって耳慣れない用語であろう。ここで取り上げようとする「近代軍事遺産」は、これまでのところ「戦争遺跡」ないし「戦跡」と呼ばれることが多かった。この「戦争遺跡」という用語も、ごく最近になって市民権を得て認知されるようになった。ここでは、まず「戦争遺跡」をめぐる近年の全国と九州地方の動向を探ったうえで、従来の「戦争遺跡」に代わる「近代軍事遺産」の用語と概念を提示する。つぎに、近代北九州における軍隊と戦争の歴史を年表で確認し、それらのうちのどの程度までが現在にまで「遺跡」や「遺産」として継承されているのか、確認してみたい。

「戦争遺跡」保存のための運動と政策

「戦争遺跡」というジャンルおよび用語が定着するようになったのは、日本近代の戦争にかかわる遺跡・遺物・記録・伝承を保存しようという運動があり、調査・研究が全国的に積み重ねられてきた結果である。第二次大戦後、戦争を記録しようという運動は、まず空襲体験者による惨禍の告発としておこなわれた。一九七一年に発足した「空襲戦災を記録する会全国連絡会議」は、この運動の交流センターとしての役割を果たしてきた。これにたいし、一九八〇年前後に開始された「平和のための戦争展」運動は、戦争の被害・加害・抵抗を総合的に再現しようと進められたが、この過程で戦争と軍隊にかかわる各種の資料や遺跡が掘り起こされることになった。こうした市民運動とは別に、考古学研究者からも、近代戦争遺跡の学術的調査と保存対策を求める声が起こり、八四年には沖縄から「戦跡考古学」が提唱された。この動きは全国に広がり、九四年には「戦跡考古学研究会」も組織された。九七年に結成された「戦争遺跡保存全国ネットワーク」は、こうした諸運動が合流した連合組織である。

この間、戦争遺跡の調査と保存を要求された国や自治体も、ようやく対策を講じ始めた。一九九〇年六月に沖縄県南風原町が沖縄戦当時の陸軍病院壕を史跡に指定して以後、文化財としての認知が急速に進展した。九五年三月には、国の文化財保護法と史跡等の「指定基準」の改定により、一九四五年頃までの遺跡に指定の道が開かれた。これによって、国の史跡に指定された広島「原爆ドーム」の世界遺産登録が可能となった。また文化庁は、九六年度から「近代遺跡所在調査」を開始し、二〇〇二年六月時点で全国(六府県を除く)合計五四四件(幕末維新期の二四件を含む)の「戦跡」(政治関係遺跡の一部に分類)の所在が報告され、うち五〇件が詳細調査の対象とされている。各種の指定・登録を受けた「戦争文化財」の数は、二〇〇六年二月現在、全国で一〇七件(国指定一〇件・道県指定七件・市町村指定五一件・国登録三五件・市町村登録四件)に達し、今後もますます増える趨勢にある。これに連動して、専門博物館・資料館も増えている。従来は靖国神社「遊就館」のように、日本の侵略戦争を擁護・賛美する傾向のものが多かったが、最近では、反戦・平和の理念を掲げて戦争の悲惨な実態に迫ろうとするものが多くを占めるようになった。

北九州地域において近現代の戦争を記録しようという組織的な動きが始まったのは、一九七〇年代初頭のことであった。七一年に、「北九州空襲を記録する会」が発足し、初めて空襲体験の記録化に取り組んだが、長続きしなかった。他方で翌七二年には、旧軍関係者らを中心に「小倉地区軍施設保存の会」が発会し、急速に失われてゆく軍事施設の痕跡を留めるため、各跡地に石碑を建立するなどした。このふたつの団体は異った視点から戦争を記憶しようとしたが、十分な成果をあげることなく終わった。なお、陸上自衛隊では、すでに六五年小倉駐屯地内の旧陸軍将校集会所建物に資料館(現史料館)を設け、旧陸軍の歴史を顕彰する展示をおこなってきている。

次の転機となったのは一九九五年のことであった。この年、北九州市が旧小倉造兵廠の給水塔を撤去しようとしたことにたいし、六月に「給水塔保存推進会議」が結成されて反対運動が起った。おりから八月には「第一回平和のための戦争展in北九州」が開催されて運動が高揚し、現場での座り込み闘争の結果、一一月に一部移転保存ということで決着をみた。戦後の北九州で初めての「戦争遺跡」保存運動であった。これが契機となって、翌九六年二月「北九州平和資料館をつくる会」が結成され、私設の「北九州平和資料室」を開設し、市立「平和資料館」の建設を要求して運動を展開した。北九州市は二〇〇四年八月、「平和資料室」の収蔵品を埋蔵文化財センター内の「戦時資料展示コーナー」に引き取った。これと並行して、空襲をはじめとした記録資料を発掘・保存しようという動きもあり、九九年一二月「北九州の戦争を記録する会」が結成された。

以上、戦後の北九州では、「戦争遺跡」保存のための努力が積み重ねられてきたが、北九州市行政の消極的な姿勢により、「戦争遺跡」や「戦時記録」にたいする本格的な学術調査、例えば考古学的な発掘調査、文書・記録の所在調査などは、いまだかつて実施されたことがない。北九州市の文化財行政や博物館展示のなかに近代軍事史の正当な位置づけをおこなうことが急務である。

「戦争遺跡」の定義と分類

現在「戦争遺跡」の定義として通説となっているのは、十菱駿武の見解である（「戦争遺跡序論」『続しらべる戦争遺跡の事典』）。すなわち、「近代日本の侵略戦争とその遂行過程で、戦闘や事件の加害・被害・反戦抵抗に関わって国内・国外で形成され、かつ現在に残された構造物・遺構や跡地」を指し、その概念は、英語のWar-related Sites（戦争関連の遺跡）に相当するとされる。時代的には「近代軍制が始まった明治初期からアジア太平洋戦争の終結後まで」、地域的には「かつての『大東亜共栄圏』の領域」、対象としては「考古学的な遺跡以外に、地上文化財・建築物・土木構造物や歴史上の跡地まで」を包含するものと解釈されている。しかし、「近代日本の侵略戦争」という表現では、幕末の攘夷戦争、戊辰戦争や士族反乱など防衛戦争や内戦を排除してしまうことになる。また、「戦闘や事件の加害・被害・反戦抵抗に関わって」という説明では、軍事力の発動としての戦争にともなって発生する「戦闘や事件」に対象を矮小化してしまいかねない。時代区分について、近代の始点を「近代軍制」とするにしても、西洋式兵器と兵法の導入はすでに幕末に開始されていたことをどう評価するのか。終期を「アジア太平洋戦争の終結後」に求めるのは、帝国陸海軍の終焉を指標とするのであろうが、現在米軍基地を含めて、その施設の多くが旧軍から継承されたものであることをどう考えるのか。等々、疑問が多い。
　このような「戦争遺跡」定義の欠点は、それを専門的に研究してきた「戦跡考古学」が、「産業考古学」や「産業技術史」などの分野と疎遠であったため、「戦争遺跡」が「産業遺産」や「土木遺産」とは別の独自の領域として設定されてきたことが影響していると考えられる。しかし、現実には日本の近代化・産業化は軍事大国化と並行して推進されてきたのであり、その結果軍事関連の遺産は「近代化遺産」のなかで大きな比重を占めており、また「近代産業遺産」とも大きく重なり合う分野である。先に見た定義では、対象物として「地上文化財・建築物・土木構造物」などをも広く含めているのであるから、「近代産業遺産」や「近代土木遺産」など、隣接の歴史的遺産とどのように重なり合いまた相対的に区別されるのか、その位置づけを明確にする必要があろう。

　実在する「戦争遺跡」についてみれば分かるように、その多くはいわゆる「近代化遺産」と重複しており、それらは軍事目的の「近代化遺産」であるということもできる。そういった意味から、筆者は、「近代化遺産」（近代文化遺産）の一部としての「近代軍事遺産」(Modern Military Heritage)という概念と用語を提起したい。その範囲と分類を示せば、**図1**（**「近代軍事遺産」の範囲と分類**）のようになる。

　次に「戦争遺跡」の分類についてみると、先の通説によれば、「政治・行政関係」「軍事・防衛関係」「生産関係」「戦闘地・戦場関係」「居住地関係」「埋葬関係」「交通関係」「その他」の八種類に分けられ、具体例が列挙されている。この八分類は主に軍事用途別に区分された網羅的なもので、ここから漏れるものはほとんどないが、やや羅列的な嫌いがある。少なくとも「軍事・防衛関係」と「戦闘地・戦場関係」、「生産関係」と「交通関係」は一つにまとめてよいのではないか、「居住地関係」「埋葬関係」もあえて独立させる必要はないのではないか、逆に「記念碑」は「埋葬関係」に含めずに分離させたほうがよいのではないか、ということを指摘しておきたい。

図1　「近代軍事遺産」の範囲と分類

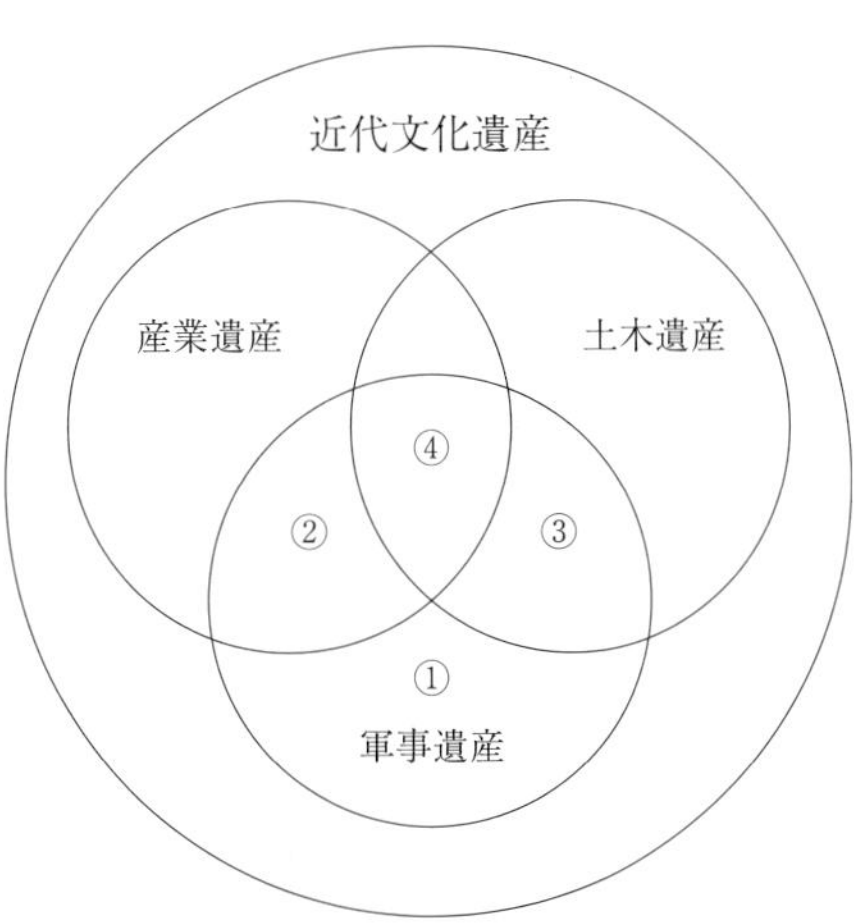

①　軍隊施設. その他(記念物　等)
②　生産・補給施設. 兵器類
③　戦闘施設
④　軍用鉱山　等
〔馬場俊介の原図を改作〕

「戦争遺跡」の分布状況

「戦争遺跡」はきわめて新しい分野であり、指定文化財としては急増しているものの自治体による温度差も大きく、現時点でどこまでの範囲を含めうるか流動的要素が強い。全国的な調査としては、前述した文化庁による「近代遺跡所在調査」（二〇〇二年六月集計）の「軍事」関係部分、文化財保存全国協議会や戦争遺跡保存全国ネットワークに結集する研究者・活動家らがまとめた「（都道府県別）全国戦争遺跡リスト」があり、数え方にもよるが、前者で計五四四件（ランク別A一一六件・B一九九件・C二〇八件・無二一件）、後者で計一七四四件がリストアップされている。

福岡県については、文化庁の「近代遺跡所在調査」に計一三件（A二件・B一件・C七件・無三件）、「福岡県の戦争遺跡」（用松律夫作成『続しらべる戦争遺跡の事典』）に計四二件が含まれている。いずれも、同一の遺跡中で複数の遺構をカウントしている場合があるため、単純な数的比較は難しいが、陸軍大刀洗飛行場関係が大部分を占めており（前者九件・後者二四件）、福岡・北九州・久留米などの大都市部の遺跡が少ないことが指摘できる。北九州市域については、「全国戦争遺跡リスト」に小倉造兵廠関係遺跡として五件が挙げられているが、最近刊行された『北九州の戦争遺跡』は、市内と周辺地域で合計五六件を載せている。これほどの数の「戦争遺跡」＝「軍事遺産」が存在するにもかかわらず、文化庁リストにただの一件も挙がっていないことは異常というほかない。各都道府県・市町村からの報告を集計した文化庁リストから漏れているということは、北九州市の担当部局から福岡県に対して何の報告も上げられていないということを意味する。その結果、下関要塞の砲台・保塁、第十二師団諸部隊、小倉陸軍造兵廠など重要な戦争遺跡がまったく認知されず、下関要塞の山口県側遺跡一一件（いずれもAランク）を報告した下関市とは対照的な行政の消極的姿勢を指摘せざるを得ない。

次に指定文化財についてみると、国指定一〇件・道県指定七件・市町村指定五二件、計六九件（二〇〇六年七月集計）のうち、九州・沖縄地方では国指定が一件（大浦天主堂・国宝）、市町村指定のものが計一四件（島原市の「からゆき塔」・沖縄市美里小学校奉安殿を含む）という状況で、全国的にみてその認知度は高いとは言えない。このうち最も早かったのは、一九九五年三月に大分県宇佐市が史跡に指定した宇佐海軍航空隊跡の「城井一号掩体壕《えんたいごう》」であり、福岡県では行橋市が二〇〇二年十二月、築城海軍航空隊跡の「稲童《いなどう》一号掩体壕」を史跡に指定した。登録文化財（国と市町村合計で四一件）としては、長崎・大分・鹿児島各県で計四件が国の有形文化財として登録されている。うち大分県のものは、佐伯海軍航空隊の掩体壕であり、結局九州地方では、合計七件の指定・登録文化財のうち三件までが旧海軍の掩体壕で占められていることになる。

北九州の「近代軍事遺産」

この地域の「戦争遺跡」を「軍事遺産」として正当に評価するためには、この地域における軍隊と戦争の歴史をある程度ひもといておくことが必要である。ここでは、幕末から現代に至る北九州の軍事史を年表によって鳥瞰するにとどめる(**北九州の近現代軍事史年表**参照)。

近現代の北九州地域における軍隊と戦争の歴史は、アジアにたいする侵略を基調としながらも、加害・被害両面にわたるきわめて膨大な事績が蓄積され、第二次大戦終了後六〇年以上を経た現在もなお継続していることがわかる。

第二次大戦中までの陸海軍の軍事諸機関を列挙してみると、その数は優に二〇〇を超え、うちある程度までは同じ施設が継承されて利用されていたとはいえ、正確な所在地を確認するだけでも、資料的な困難がつきまとう。ここでは、その一例として小倉市街地(城内)にあった軍事施設の変遷を示しておく(**地図**参照)。

これらの軍事的営為の結果を示す遺跡や遺物(その一部は現役の軍用施設)は、現在どの程度残されているのであろうか。ここでは、これまでに把握できている遺跡・遺物の分布状況を**表**にしてみた(**北九州の近代化遺産一覧**および**北九州の近代軍事関係記念碑一覧**参照)。これを見ると、①記念碑・慰霊碑などの記念物が四〇件を数えるのにたいし、遺構の現物が確認できるものが二七件と少ないということ、②地域的な特徴として、旧小倉市域ついで門司市域の順で多いこと、③軍事施設のなかでは、量的に最も多かったはずの軍隊施設が少数で、むしろ生産・補給施設の方が多いこと、④戦闘施設では、遠く一九一〇年代までに廃止された要塞施設がかえってよく残存していること、⑤遺物については、敗戦後没収・廃棄された武器・兵器類の現物がほとんど残されていないが、敗戦後も継承されたはずの兵器製造機械類も確認できていないこと、などが指摘できる。

むすび

さて、「歴史的遺産」(Historical Heritage)の Heritage とは、人類が将来にわたって継承すべき価値を持つ歴史的な財産という意味が込められている。しかし、ここで見てきた「軍事遺産」なるものは、あくまで軍事的活動の所産であるから、人間社会の将来にわたってこの種の「遺産」が再生産され続けていくことは、けっして望ましいことではない。しかし、戦争と平和の歴史の実像を復元するためには、この「軍事遺産」は無視できない重要な現存資料なのである。このような視点から、「軍事遺産」の調査と保存のための地域に根ざした活動が、今こそ求められているのである。

(坂本悠一)

〔小倉市街地(城内)の変遷① 1910 年〕

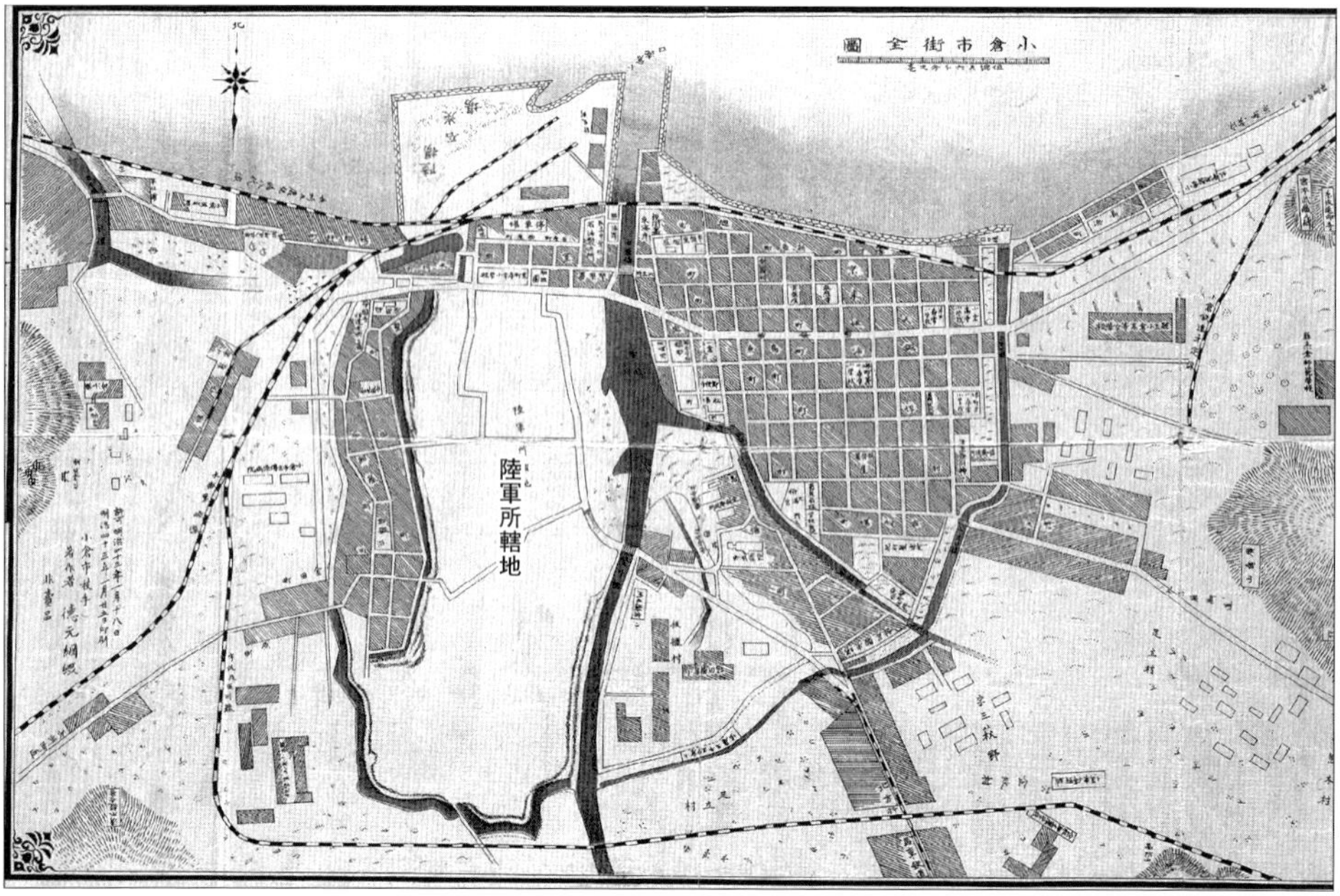

〔小倉市街地(城内)の変遷② 1919 年〕

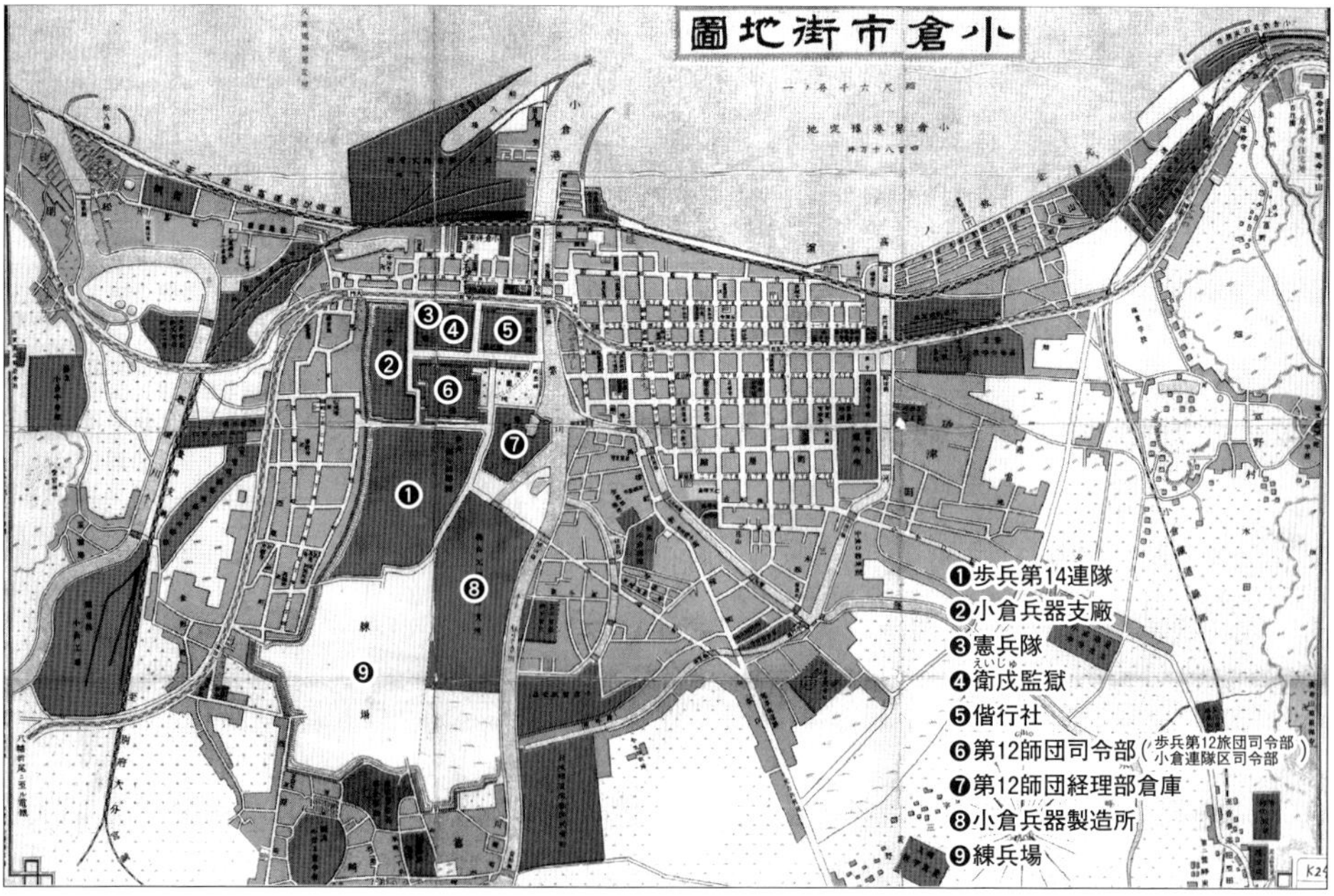

〔小倉市街地(城内)の変遷④ 1939 年〕

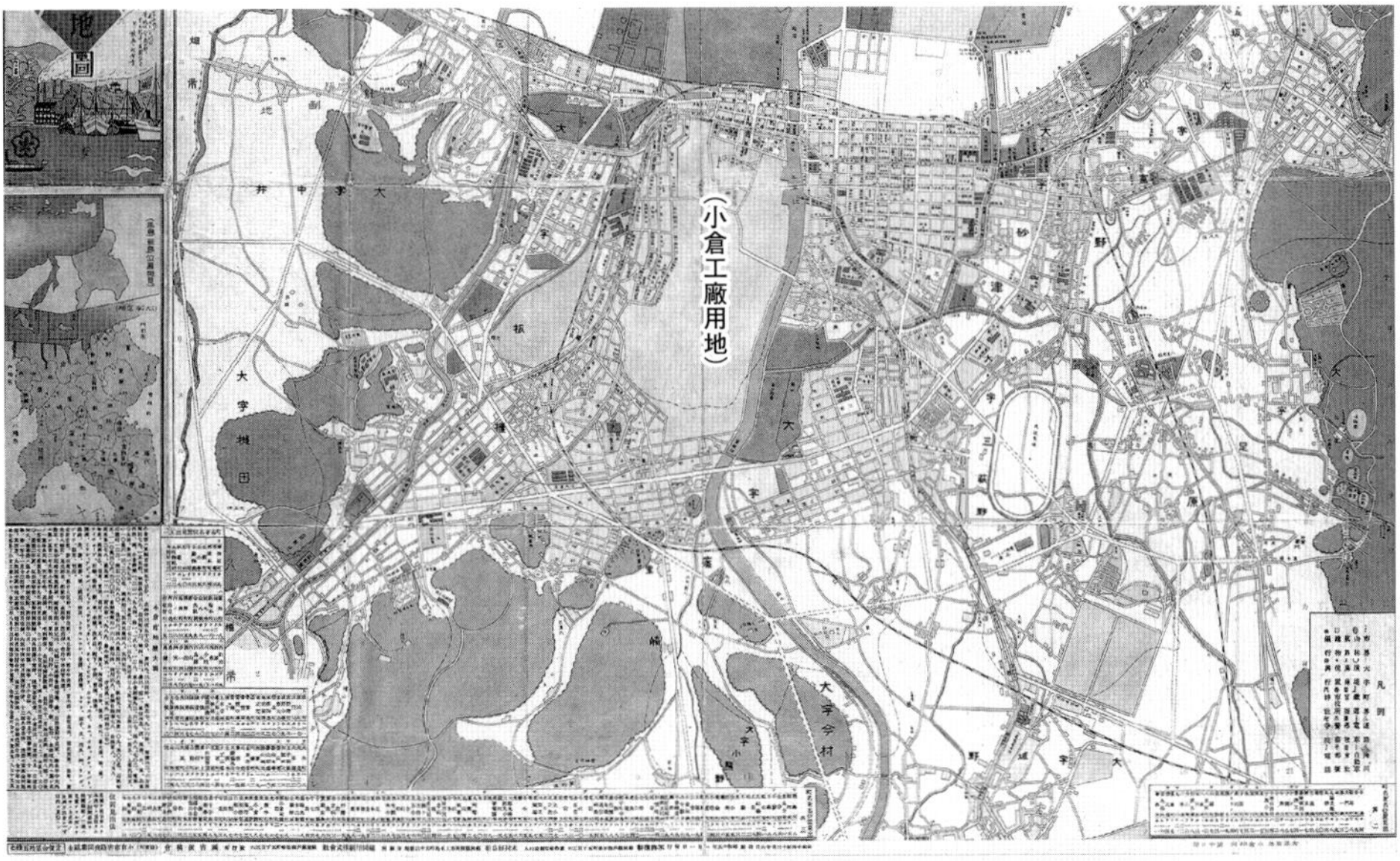

〔建設中の陸軍造兵廠小倉工廠〕

建設中の地下道（1930 年 12 月）

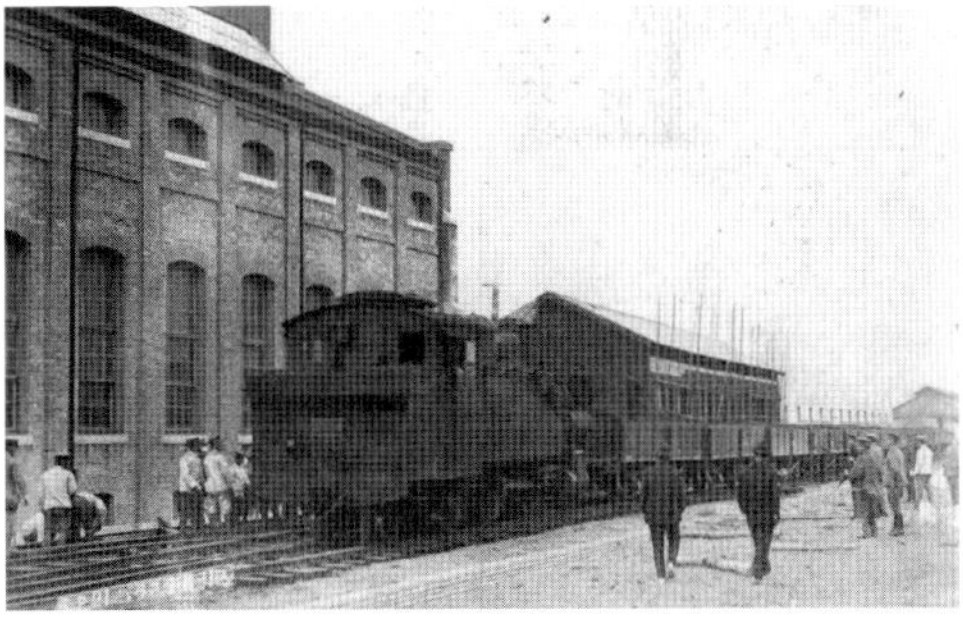

建設中の鉄道引込線（1930 年 2 月）

第一旋工場内の起重機組立工事（1930 年 12 月）

圧延工場の建屋（1931 年 3 月）

（表）北九州の近代軍事関係記念碑一覧

建立年月	名称（内容）	建立者	所在地（現在）
?	「廿七八年戦役記念之碑」		小倉北区城内　八坂神社前
1905・11	「常陸丸慰霊碑」（1904・6軍用船常陸丸で遭難の将兵31名）	第十二師団将校	小倉北区　南小倉小学校
1906・8	「軍馬塚」（1895・6軍用船門司丸で遭難の軍馬57頭の慰霊）	第六師団遭難将兵	門司区清見町　正蓮寺
1922・11	「第十二師管忠魂碑」（歩兵第十四聯隊開設以来の戦没者）	第十二師団長　小倉北区城内	小倉北区城内　八坂神社前
1932・4	「勅諭下賜五十周年記念」碑		小倉南区　陸上自衛隊小倉駐屯地
1932?	「肉弾三勇士」記念碑	（碑文撤去）	若松区　高塔山公園
1932?	「勅諭下賜五十周年記念」碑	小倉衛戍地現役在郷軍人一同	小倉北区黒原　平和公園
1933・8	「歩兵第十四聯隊之趾」石碑	歩兵第十四聯隊	小倉北区　勝山公園
1934・5	「日支事變殉難軍馬碑」	正蓮寺仏教婦人会	門司区清見町　正蓮寺
1938・10	「忠霊塔」		小倉北区城内　八坂神社前
1942・3	「忠霊塔」		小倉北区黒原　平和公園
1942・10	「軍馬忠霊塔」	坪根金一	小倉北区城内　八坂神社前
1942・10	「國土防衛戰士之碑」（1938・2高射砲暴発事故で死亡の兵士4名）	国防婦人会若松支部	若松区修多羅　高野山九州別院墓地
1943	「常陸丸殉難勇士之碑」（1904・6軍用船常陸丸で遭難の将兵31名の顕彰）		芦屋町西浜町
1944?	「体當り勇士の碑」（1994・8米軍B29を撃墜した飛行兵2名の顕彰）		八幡西区大膳
1945?	「十字架の塔」（オランダ軍捕虜の墓標）	日本炭礦㈱遠賀礦業所→水巻町に	水巻町古賀
1950・8	「戦災殉難者之碑」	八幡市	八幡東区　谷口霊園
1952・8	「慰霊塔」（1945・8八幡空襲の小伊藤山防空壕内死者）		八幡東区　小伊藤山公園
1952・9（改装）	「メモリアルクロス」（朝鮮戦争国連軍戦没者）	米軍小倉駐留師団＋北九州五市	小倉北区小文字　羅漢山
1954・8	「鞘ヶ谷戦災死三十一柱之碑」（1945・8八幡空襲の死者）	鞘ヶ谷運営協議会（日本製鉄鞘ヶ谷住宅）	戸畑区西鞘ヶ谷町
1957・9	「忠霊塔」	若松市忠霊塔建設期成会	若松区高塔山公園
1958・9	「世界平和パゴダ」	ビルマ仏教会・門司市	門司区　和布刈公園
1959・1	「慰霊塔」（戸畑市戦没者）	戸畑市社会福祉協議会	戸畑区　夜宮公園
1959・7（移設）	「満州・上海事変戦病死者合同碑」1932建立	小倉市遺族会（移設）	小倉北区黒原　平和公園
1963・2（再建）	「嗚呼忠烈ユフタ之戦士」石碑（シベリア出兵戦死者35名の慰霊）	野戦重砲兵第六聯隊1921建立	小倉南区　陸上自衛隊小倉駐屯地

1964（名変）	「慰霊碑」（1940・12「忠魂碑」として建立）	在郷軍人分会→門司市	門司区　老松公園
1965・4	「歩兵第十四聯隊址」石碑	関係有志	小倉南区　陸上自衛隊小倉駐屯地
1965・4	「乃木希典像」	歩兵第十四聯隊関係有志	小倉南区　陸上自衛隊小倉駐屯地
1966・3	「鷲峰山平和観音」		小倉北区　鷲峰山山頂
1967・9（再建）	「元帥杉山元之像」	顕彰会（再建）	小倉南区　陸上自衛隊小倉駐屯地
1968・5	「小倉歩兵第百十四聯隊第七中隊慰霊碑」	建設有志	門司区旧門司　甲宗八幡神社
1971・（移設）	「唐人墓」（下関戦争フランス水兵戦死者）	1895フランス宣教師が建立	門司区　和布刈公園
1972・1（再建）	「勅諭の碑」（野戦重砲兵第五聯隊）	同隊戦友会（再建）	小倉南区　陸上自衛隊小倉駐屯地
1972・9	「平和之碑」（野戦重砲兵第二十聯隊戦没者慰霊）	九州奨徳会	小倉北区　鷲峰山山頂
1976・4	駆逐艦戦没者慰霊碑（駆逐艦「涼月」「冬月」「柳」乗組員の戦死者）	若松海友会	若松区　高塔山公園
1976・8	「長崎の鐘」	北九州市（長崎市寄贈）	小倉北区　勝山公園
1977・11	「被爆殉難の碑」（1944・6小倉園芸学校空襲死者の慰霊）		小倉北区　三郎丸小学校
1983・8	「平和記念碑」	北九州市	小倉北区　勝山公園
1985・6	「小倉陸軍病院記念碑」		小倉南区　国立小倉病院
1990・10	「小倉陸軍造兵廠跡」碑	小倉陸軍造兵廠従業員有志	小倉北区　大手町公園
2000・3（移設）	「殉職船員無縁塚」（関門海峡で遭難の海員慰霊）	海事関係者（日本殉職船員顕彰会）1946・1建立	門司区　和布刈公園
2001・8	小倉陸軍造兵廠給水塔レプリカ	北九州市	小倉北区　大手町公園
？	「戦没者慰霊碑」（林商会八幡工場の空襲死者）	㈱林商会	八幡東区

（注）個人墓碑・史跡標柱（たんに名称だけを記したもの）・兵器模型などは除外した。

北九州の近現代軍事史年表

年代	北九州（含関門）の軍事事項	北九州と福岡県	日本と世界
文久三	3小倉藩が海岸砲台を建設		7薩英戦争
元治元	8四国連合艦隊が下関を攻撃		
慶応元	1板櫃川畔の火薬製造所が爆発		
慶応二	8長州藩が小倉を占領	6～8長州戦争	
慶応四	4小倉藩兵を官軍に派遣		1戊辰戦争（～M2・5）
明治二			6東京招魂社（79・6靖国神社） 7兵部省
明治三			2造兵司（79・10東京・大阪砲兵工廠）
明治四	4西海道鎮台を小倉に設置（布告）	8鎮西鎮台設置（73・1熊本鎮台と改称）	7廃藩置県
明治五			4陸軍省・海軍省 11徴兵令
一八七三	1熊本鎮台小倉営所設置	2佐賀の乱	1陸軍鎮台
一八七四			5台湾出兵
一八七五	4歩兵第一四連隊編成（小倉城内） 4小倉営所病院開設		9江華島事件
一八七六		10秋月の乱	9海軍鎮守府
一八七七	2歩兵第一四連隊が熊本に出動	2～9西南戦争	
一八七八			12参謀本部
一八七九			4琉球処分
一八八二	8歩兵第一四連隊が朝鮮（壬生軍乱）に出動 12小倉衛戍監獄開設（田町）		1軍人勅諭
一八八四	5門司に海軍貯炭庫を設置 7歩兵第一四連隊が朝鮮（甲申政変）に出動		10秩父事件
一八八五	5歩兵第一二旅団本部編成（88・5歩兵第一二旅団司令部と改称）	1海軍予備炭田設定（91・3開放）	
一八八六		6歩兵第二四連隊編成（福岡）	10陸軍省臨時砲台建築部

一八八八	5小倉営所病院を小倉衛戍病院と改称 6小倉大隊区司令部開設(96・5小倉連隊区司令部と改称)	5第六師団編成(熊本)	5六箇師団設置
一八八九	3田向山砲台竣工 9笹尾山砲台竣工	7海軍新原炭礦開礦	2大日本帝国憲法
一八九〇	5要塞砲兵第四連隊編成(96・5下関要塞砲兵連隊と改称) 6古城山砲台竣工		
一八九一		4九州鉄道門司~高瀬間開通 8筑豊興業鉄道若松~直方間開通	
一八九四	9混成第一二旅団が日清戦争に出動(~95・6)		8日清戦争(~95・4)
一八九五	1砲兵第三方面本署開設(97・9門司陸軍兵器支廠と改称) 3長谷弾薬庫・軍需品倉庫建設(門司) 4下関要塞司令部開設(98・11第一二師団に編入) 5野戦首砲廠門司兵器修理所開設(97・4大阪砲兵工廠門司兵器修理所97・9大阪砲兵工廠門司兵器製造所と改称) 7和布刈(門司)砲台竣工 10富野堡塁竣工 10古城山堡塁竣工	4豊州鉄道小倉~行橋間開通	8台湾領有
一八九六	6臨時陸軍運輸通信部宇品支部門司出張所開設 11歩兵第四七連隊編成(小倉城内、97・11北方へ移駐) 12西部都督府開庁(小倉城内、04・1廃止)		
一八九七	6工兵第一二大隊(96・11熊本編成)が北方へ移駐(25・5廃止) 7野砲兵第一二連隊(96・11熊本編成)が北方へ移駐(25・5廃止) 9騎兵第一二連隊(96・12熊本編成)が北方へ移駐(25・5廃止)	6八幡製鉄所開設(01・11操業開始)	
一八九八	3矢筈山堡塁竣工 11第一二師団司令部開庁(小倉城内00・2新庁舎に移転) 11輜重兵第一二大隊(97・10熊本編成)が北方へ移駐(25・5廃止) 11下関要塞司令部(95・4編成)を第一二師団に編入 11第一二師団憲兵隊開設 ー小倉衛戍監獄開設(小倉城内)		ー六個師団増設
一八九九	4小倉衛戍病院が北方に移転	4門司市制	7軍機保護法

年代	北九州（含関門）の軍事事項	北九州と福岡県	日本と世界
一八九九	7下関要塞地帯指定 11小倉陸軍兵器支廠（98・10熊本開設）が小倉に移転	8門司港を一般開港指定	7要塞地帯法
一九〇〇	12高蔵山堡塁竣工	4小倉市制	6北清事変
一九〇一		5関門鉄道連絡船開通	
一九〇二		12九州鉄道戸畑海岸廻線開通	1日英同盟
一九〇三	1九州鉄道小倉裏線開通（16・5廃止） 4六連島に海軍望楼建設		
一九〇四	2第一二師団が日露戦争に出動（～05・12） 2下関要塞に警急配備 2九州鉄道足立駅開設（16・5廃止） 4陸軍運輸部門司支部開設（09・4陸軍運輸部本部門司出張所、23・4陸軍運輸部門司出張所と改称）		2日露戦争（～05・9）
一九〇五	1大里捕虜収容所開設 4日明捕虜収容所開設		
一九〇六			3鉄道国有法 8関東都督府
一九〇七	7歩兵第一二旅団韓国に出動（～09・6） 7重砲兵第五・六連隊編成（下関、18・12野戦重砲兵第五・六連隊と改称） 11重砲兵第二旅団司令部編成（下関、18・12野戦重砲兵第二旅団と改称）	2小倉軌道香春口～北方間（馬車鉄道）開通 7九州鉄道（株）国有化 10関門両港合併し第一種重要港湾に指定 12第一八師団（久留米）編成	
一九〇九	10小倉憲兵分隊開設		
一九一〇			8韓国併合 11帝国在郷軍人会
一九一一	2小倉在郷軍人会発会	9九州電気軌道門司東本町～黒崎間開通 9鹿児島本線大蔵支線廃止	10辛亥革命
一九一二		7九州電気軌道戸畑線開通	
一九一三	3小倉陸軍兵器支廠門司出張所設置（門司陸軍兵器支廠廃止）		
一九一四		3若松市制 6九州電気軌道黒崎～折尾間開通	7第一次世界大戦（～19・6）
一九一五		4小倉鉄道東小倉～上添田間開通	1対華二一ヵ条要求

一九一六	4大阪砲兵工廠小倉兵器製造所開設	11陸軍特別大演習	
一九一七		3八幡市制	11ロシア革命
一九一八	7小倉陸軍兵器支廠が城野に移転(40・4小倉兵器補給廠と改称) 8第一二師団がシベリアに出動(～19・7) 8歩兵第四七連隊が門司・戸畑の米騒動鎮圧に出動 10大阪砲兵工廠小倉兵器製造所門司出張所開設 12下関重砲兵大隊編成	9小倉電気軌道北方線電化開通	8シベリア出兵(～22・10) 8米騒動
一九一九	11野戦重砲兵第五連隊(07・9下関編成)が北方に移駐	10陸軍大刀洗飛行場竣工	3・1独立運動 5・4運動 6ヴェルサイユ講和条約
一九二一	－蓋井島・八幡岬に砲台設置	6洞海港を第二種重要港湾に指定	11ワシントン会議(～22・2)
一九二二	－小倉衛戍監獄が城野に移転		8陸軍山梨軍縮
一九二三	4陸軍造兵廠小倉兵器製造所開設(28・4陸軍造兵廠東京工廠小倉兵器製造所と改称) 4小倉衛戍監獄を小倉衛戍刑務所と改称		9関東大震災
一九二四		9戸畑市制	
一九二五	5第一二師団司令部が久留米に移転 5歩兵第四七連隊が大分に移駐 5野戦重砲兵第二旅団司令部(18・11下関編成)が小倉へ移駐 5野戦重砲兵第六連隊(07・9下関編成)が北方へ移駐	5第一八師団(久留米)廃止	4治安維持法 5陸軍宇垣軍縮
一九二七			4兵役法 5山東出兵(～29・3)
一九二八	4陸軍造兵廠東京工廠小倉派出所設置(33・10廃止) 11歩兵第一四連隊が北方に移転		6張作霖爆殺事件
一九二九		5陸軍忠海兵器製造所開設 11九州電気軌道枝光線開通	
一九三〇			4ロンドン海軍軍縮条約
一九三一	7第一回関門北九州防空演習 －小倉駐屯陸軍各部隊が満州事変に出動		9満州事変
一九三二			3満州国建国 五・一五事件
一九三三	11陸軍造兵廠小倉工廠開設(40・4小倉陸軍造兵廠と改称)		3国際連盟脱退
一九三四	9第二回北九州防空演習	11日本化薬製造(株)小倉作業所設置	

年代	北九州(含関門)の軍事事項	北九州と福岡県	日本と世界
一九三五	3蓋井島砲台竣工	5小倉港を一般開港指定	
一九三六	4歩兵第一四連隊が満州に移駐 9～10第三回北九州防空演習	4第一二師団(久留米)が満州に移駐 6福岡第一飛行場(雁ノ巣)開港	二・二六事件
一九三七	8西部防衛司令部開庁(小倉) 8小倉衛戍病院を小倉陸軍病院と改称 9歩兵第一一四連隊(第一八師団)編成(小倉、華中派遣) 10陸軍造兵廠火工廠曽根兵器製造所開設(40・2東京第二陸軍造兵廠曽根製造所と改称) 10白島砲台竣工	11西部防衛管区に防空警備下令 9第一八師団(久留米)再設 11西部防衛管区に警戒警報発令 12(株)太刀洗製作所設立	4防空法 7日中戦争 8軍機保護法改正 11大本営開設 12南京占領
一九三八	8火野葦平「麦と兵隊」発表	5中国軍機が九州一円にビラ撒布	4国家総動員法 6学徒勤労動員開始
一九三九	－陸軍山田弾薬庫開設	7西部防衛管区で防空訓練 10筑豊炭田に朝鮮人労働者を動員 北九州各市で警防団結成	5～9ノモンハン事件 7国民徴用令 9第二次世界大戦
一九四〇	3下関飛行場(小月)開設 4小倉陸軍兵器支廠を小倉兵器補給廠と改称 7歩兵第一四連隊(在満)が第二五師団へ転属 8西部軍司令部編成(小倉、12福岡移転) 8西部軍砲兵隊司令部編成(野戦重砲兵第二旅団司令部を改編、小倉) 8高射砲第四連隊(太刀洗)が小倉に移駐 9第六六独立歩兵団司令部編成(小倉城内) 9歩兵第一二四連隊編成(小倉43・5熊本に移駐) 飛行第四戦隊(菊池)が小月に配備	7小倉港を関門港に統合 小倉造兵廠春日製造所開設(45・2日田へ疎開)	7日独伊三国同盟 9北部仏印進駐
一九四一	6陸軍富野弾薬庫竣工 6(陸軍)門司兵站部開設 7小倉防空隊司令部編成(西南女学院) 7下関要塞に準戦備下令 7下関重砲兵連隊編成 9(海軍)門司在勤武官府開設 10(海軍)下関防備隊編成 12関門海峡を防禦海面に指定 12西部防空旅団編成(小倉、43・8西部防空集団と改称)	10福岡県下で特別防空訓練	7南部仏印進駐 12太平洋戦争
一九四二	3陸軍芦屋飛行場完成 3小倉連隊区司令部廃止	3関門鉄道隧道開通(44・3複線開通) 4八幡製鉄所で徴用開始	4ドウリットル空襲 6ミッドウェー海戦

	3小倉(黒原)に忠霊塔を建立 7第一船舶輸送司令部開設(門司) 8第一九飛行団司令部編成(小月) 9八幡仮俘虜収容所開設(43・3福岡俘虜収容所第三分所と改称、12小倉に移転) －若松に海軍倉庫建設	9日本化成工業(株)穴生爆薬工場操業開始 9西日本鉄道(株)設立 10海軍築城飛行場竣工 12洞海港を関門港に統合	
一九四三	4福岡俘虜収容所第一五分所開設(水巻、43・9第九派遣所と改称) 4曽根飛行場の建設工事開始 8下関要塞司令部が小倉に移転(45・4下関要塞守備隊と改称) 8小倉造兵廠汚職事件(吉田廠長自殺) 12北九州五市を防空都市に指定 －家屋の強制疎開　(八幡市一〇四〇〇戸・小倉市八七〇〇戸移転)	4福岡県護国神社設置(三社統合) 5小倉鉄道(株)国有化 6築城海軍航空隊が富高から築城に移駐 9在郷軍人会国土防衛隊結成 10九州飛行機(株)設立	2ガダルカナル島撤退 9イタリア降伏 10軍需会社法 12学徒出陣
一九四四	1第一二一警備大隊(43・8熊本編成)が小倉に移駐 1第二五四－二五七特設警備大隊編成(下関・小倉・戸畑・八幡) 1第二〇一－二〇四特設警備工兵隊編成(下関・小倉・戸畑・八幡) 2飛行第五九戦隊が芦屋に配備 3小倉造兵廠に女子挺身隊動員 6西部高射砲集団編成(小倉) 6／16米軍空襲、小倉造兵廠に被害(B29を一機撃墜) 7飛行第一二師団司令部編成(小月) 8／20米軍空襲、八幡製鉄所に被害(B29を四機撃墜) 9小倉造兵廠で風船爆弾製造(～45・3)	2陸軍蓆田飛行場(板付)着工 3築城海軍航空隊(第二次)開隊 4北九州の六社を軍需会社に指定 6北九州五市を学童疎開都市に指定 7西部軍管区に戦時警備下令 小倉造兵廠糸口山製造所(宇佐)開設	7米軍サイパン島占領 8女子挺身勤労令 10満一七歳以上を兵役に編入 11マリアナ基地からの本土爆撃開始 11松代大本営着工
一九四五	2下関要塞守備隊編成 2小倉造兵廠が日田に疎開 3／27関門海峡に機雷投下開始 3小倉地区憲兵隊編成 4門司地区鉄道司令部開設 4第七艦隊編成(門司) 5門司・若松港湾警備隊編成 6第四高射砲隊司令部編成(小倉) 6／28－29門司市街地空襲 8／8八幡市街地空襲 8／9原爆搭載機が小倉上空に飛来 10／21－24米軍第三二歩兵師団が小倉に進駐	2西部軍管区・第一六方面軍司令部編成(福岡、6山家地下壕に移転) 5九大生体解剖事件 5第五六軍司令部編成(赤間) 6／17－18大牟田市街地空襲 6／19－20福岡市街地空襲 6米軍捕虜処刑事件 7／1－2下関市街地空襲 7／26－27大牟田市街地空襲 8／11久留米空襲 9／30米軍福岡に進駐 10博多引揚援護局開設	2米軍硫黄島上陸 3東京大空襲 4米軍沖縄本島上陸 5ドイツ降伏 6「本土決戦」方針 6義勇兵役法 7／26ポツダム宣言 8／6広島に原爆投下 8／8ソ連対日参戦 8／9長崎に原爆投下 8／15日本降伏発表 9／2降伏文書調印

年代	北九州（含関門）の軍事事項	北九州と福岡県	日本と世界
一九四五	12小倉陸軍病院が国立小倉病院となる 12第二復員省呉地方復員局下関掃海部設置（48・1運輸省に移管） －小倉に米軍「国際クラブ」開設	11添田町で火薬爆発事故	11陸・海軍省廃止
一九四六	4臨時関門掃海部隊編成 5米軍第二四歩兵師団が小倉に進駐 5曽根火薬庫で爆発事故 5山田弾薬庫で爆発事故 8西部復員監部福岡上陸地支局門司輸送相談所開設（47・1廃止） 9博多引揚援護局門司援護所開設（47・3廃止） 10八幡・門司・若松各市を戦災都市に指定		5東京裁判（48・1判決） 11日本国憲法公布
一九四八	2洞海湾掃海完了・航行安全宣言 5海上保安庁門司海上保安本部掃海部設置 9駆逐艦「涼月」「冬月」「柳」を洞海湾に沈着（50・防波堤に沈設）		
一九四九	1関門港西口掃海完了・航行安全宣言 11関門港東口掃海完了・航行安全宣言		4ＮＡＴＯ 10中華人民共和国
一九五〇	6北九州に警戒警報・灯火管制 7米軍第二四歩兵師団が朝鮮に出動 7／11キャンプ城野の米兵集団脱走事件 7米軍が門司港外貿岸壁を接収（52・5一部解除） 12警察予備隊を旧曽根製造所跡に開設 －旧兵器補給廠が米軍の死体処理所となる		6朝鮮戦争（〜53・7） 8警察予備隊
一九五一	5警察予備隊第一一連隊第二大隊編成（曽根） －小倉に米軍ＲＲセンター開設	5福岡市で米軍機墜落事故	9サンフランシスコ講和条約 9日米安保条約
一九五二	7小倉玉屋の米軍接収解除		7保安隊
一九五三	12曽根飛行場の米軍接収解除		
一九五四	8富野弾薬庫の米軍接収解除 9陸上自衛隊第一七連隊第二大隊編成（曽根）		7陸上自衛隊
一九五五	2富野弾薬庫を陸上自衛隊に移管		5ワルシャワ条約 8原水禁世界大会
一九五六	1陸上自衛隊第一九連隊第二大隊編成（曽根、北方に移転）		

一九五七	2旧歩兵第一四連隊（北方）、旧兵器補給廠（城野）の米軍接収解除 3陸上自衛隊小倉駐屯地（北方旧歩兵第一四連隊跡）開設		
一九五九	1旧小倉造兵廠跡地の米軍接収完全解除	9築城飛行場が米軍から返還	
一九六〇	12芦屋飛行場を米軍から航空自衛隊に移管		6日米新安保条約成立
一九六二	8陸上自衛隊第四師団第四〇普通科連隊編成（小倉駐屯地）		
一九六三		2北九州市制	
一九六四	［2陸上自衛隊小倉駐屯地資料館開設（旧陸軍将校集会所）］		
一九六五			2米軍北ベトナム爆撃
一九六八		6米軍機が九大構内に墜落	
一九七一	［－北九州空襲を記録する会発足］		［7空襲戦災を記録する全国連絡会］
一九七二	2山田弾薬庫が米軍から返還（一部自衛隊使用） ［12小倉地区軍施設保存の会発会］	4米軍板付基地返還 ［－大牟田の空襲を記録する会］	5沖縄本土復帰
一九七三			－「全国毒ガス調査」
一九七五		［6福岡空襲を記録する会］	4ベトナム戦争終結
一九七八			8日中国交回復 11日米防衛協力指針
一九七九			12ソ連軍アフガン侵攻
一九八一			3中国残留孤児初来日
一九九〇			［6沖縄県南風原町病院壕史跡指定］
一九九一			1湾岸戦争 12ソ連邦解体
一九九二			4PKO法
一九九四			［－戦跡考古学研究会］
一九九五	［8第一回平和のための戦争展in北九州］ 11旧小倉造兵廠の給水塔撤去（01・8レプリカを設置）	［3宇佐市が城井掩体壕を史跡指定］	［3「史跡指定基準」改定］ ［文化庁「近代遺跡所在調査」］
一九九六	［2北九州平和資料館をつくる会結成］		3四省庁「特殊地下壕実態調査報告書」 ［12原爆ドーム世界遺産登録］
一九九七			［7戦争遺跡保存全国ネットワーク］

年代	北九州(含関門)の軍事事項	北九州と福岡県	日本と世界
一九九九	[12北九州の戦争を記録する会結成]		7日中遺棄兵器処理覚書
二〇〇〇	11苅田港で毒ガス弾発見(03・6－8再発見)		
二〇〇二		[12行橋市が稲童掩体壕を史跡指定]	
二〇〇三			3イラク戦争
二〇〇四	[8北九州市が「戦時資料展示コーナー」を設置]		
二〇〇五		7～11陸上自衛隊第七次イラク支援派遣(第四師団)	
二〇〇六	[2北九州市が旧小倉造兵廠の説明板を設置]		

近代化遺産の歴史的背景

戦前北九州地域の産業発展と都市形成

産業発展の時期区分

経済動向をベースに社会変動する近代（明治以降）の地域社会は、その変化のあり様が人口動態にストレートに反映される。北九州旧五市の人口推移によって、この地域の展開過程を区分すると、次のようになる。

全国に市町村制が実施された一八八九（明治二十二）年、現在の北九州市域の人口は、二町（小倉、若松）二六村で九万人弱であった。最大を数えたのは旧城下町の小倉一万五〇〇〇人で、松ヶ江、黒崎などが三〇〇〇人を上回り、若松・戸畑・八幡はそれ以下であった。日清戦後から、まず門司、そして八幡を中心に人口の増大が始まった。日露戦争後には北九州地域で二〇万人と、一〇年間で一〇万人の増加である。その後、第一次大戦ブームをはさむ十年間で二〇万人、一九三〇年代の準戦時期十年間で二〇万人も増加し、昭和十五年が戦前のピークで、八三万人を数えた。第一次大戦期はとくに八幡、準戦時期は八幡に加えて小倉での増加が顕著である。

戦後は、敗戦時に戦前ピークから三〇万人も激減し、五〇万人余から出発した。人口増の回復が短期間に進み、昭和二十九年に戦前ピークを回復し、昭和六十一年には地域人口は一〇〇万人を記録した。しかしその後は漸増で、昭和五十四年をピークに減少し始めた。平成十八年一月の人口推計は九九万人余で、昭和三十四年水準となった。

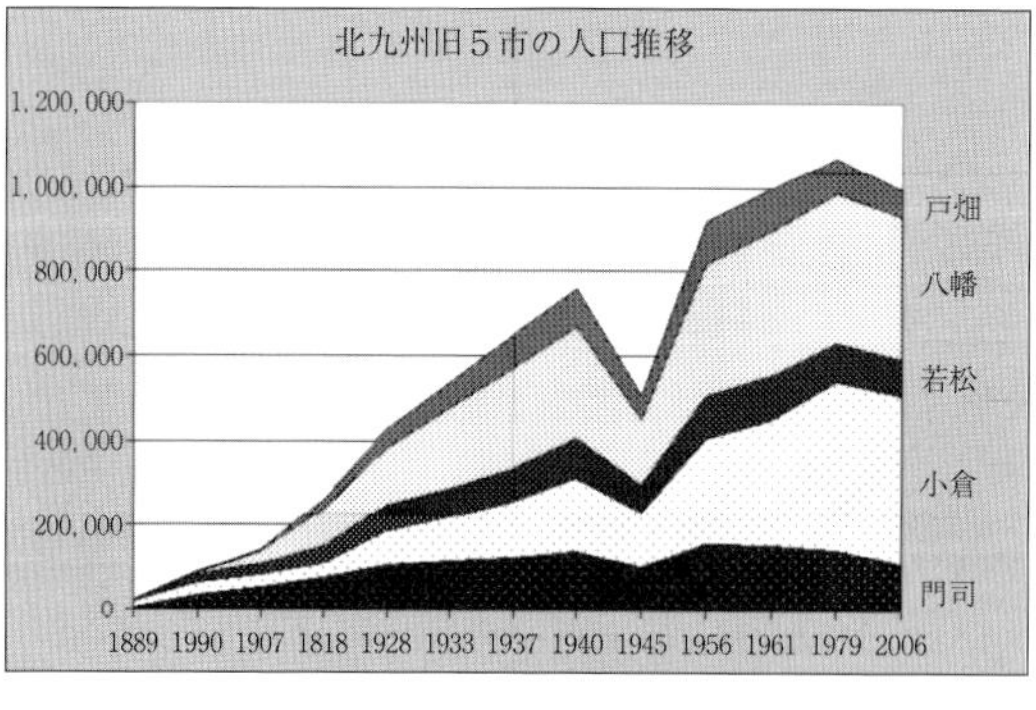

こうした動向を踏まえると、北九州地域の産業が発展し、域外から人口が大量流入した時期は、日清戦後（門司の港湾と八幡製鐵所立地）から産業発展が窺えるものの、戦前では第一次大戦期と準戦時期、戦後の高度経済成長前といえる。

この基本的動向を前提に、戦前の北九州地域の産業発展と都市のあり方について、近代化遺産との関わりを意識しながら、概説する。煩雑になるのを避けるために、年号は可能な限り省略している。

日清戦後の本格的な企業勃興

日清戦争までは、城下町小倉を別にすると、この地域は農業中心の「伝統的経済構造」に彩られた寒村が点々としていた。この地域の産業は、稲作中心の主穀生産を専らとする農業が大半であった。二毛作が進んでいたが、小作地率は全国平均の三九％に対して五〇％にものぼっており、農家は赤字経営に呻吟《しんぎん》していた。門司・小倉・若松・八幡の沿岸には、塩田が広がっていた。工業は未熟であったが、地域最初の会社組織による原動機使用の近代的工場が、戸畑に士族授産の炭塊社として誕生した。

地域の変貌をもたらしたのは、筑豊石炭産業の興隆であった。撰定鉱区制と機械化によって、中央の財閥系・阪神資本が進出し、大規模採炭が進行した。明治二十二年に門司港が貿易港に指定されると、北九州地域はこの筑豊炭の積み出しを担うことになった。民間資本によって九州鉄道、筑豊興業鉄道、豊州鉄道と鉄道網が巡らされ、門司築港、若松築港会社が港湾を整備した。地元資本による家入鉄工所、門司新報、中央から千寿製紙（後の王子製紙）浅野セメント、三井物産支店、日本郵船・大阪商船の門司・若松支店が進出してきた。

国家の拠点性付与

日本の産業革命にあわせて、この地域でも日清戦後の工業化が開始した。この工業化は、何よりも官営製鐵所の八幡立地が大きなインパクトとなったように、国家の公共政策によって拠点性が付与され、各地域のその後の個性をもたらすことになった。

門司は特別輸出港から一般開港場、その後の第一種重要港湾によって国費による港湾整備が方向づけられた。九州鉄道本社の設置は、鉄道国有化以降も九州の起点の位置を占めさせた。一八九九（明治三十二）年の日本銀行西部支店の開設は、多くの都市銀行支店を引きつけて「九州の金融の中心地」とした。門司の市制が異例の早さで施行された背景には、「日本進歩の対面を表示する一大要路」と内務省がみなしたことにあった。

小倉は、第十二師団司令部の開庁が「軍都」の性格を帯びさせ、元城下町、小倉県庁所在地であったことから、税務署・裁判所などの設置によって、この地は行政的拠点の性格をもった。官営八幡製鐵所の創立は、この地域の素材型重工業の起点となり、筑豊炭田を後背として鉄道交差点となった折尾には、県費第一号の東筑中学校が設置された。筑豊炭輸送の終点駅となった若松は、石炭の積出港となり、特別輸出入港指定によって決定的となった。

そして、関門海峡には海底電線が敷設され、小倉電信局が業務を始め、国道（現在の三、一〇号）が幹線として縦横に走った。若松で地域最初の電灯が灯り、電話交換が始まり、小倉稲荷座で最初の活動写真が顔見せをし、門司の電気館が県内最初の常設映画館としてオープンした。生活文化の近代化も進み始めた。

寒村は新開地へ

しかし急速な産業発展は、この地域がもともと「寒村」であっただけに、町を雑然とした「新開地」と化していった。

門司は、「無資無産ノ徒ニシテ、諸府県下ヨリ来集」し、「彼等ノ多クハ狭隘《きょうあい》不潔ナル小家ニ、男女七・八名、若シクハ拾余名モ同居シ」た。町は、「飲料水ニ乏シク、亦下悪水路ノ構造未ダ全カラズ、…道路橋梁溝渠等ノ設計アルモ、未ダ之レニ着手スルヲ得」なかった。

製鐵所の建設が始まった八幡でも同様であった。「弦歌不断、交通頻繁、劇場新設、繁昌の兆し」を示し、八幡は新開地の様相を呈してきた。「腰掛尻の弊風」で「土地の繁栄策なんどに尽力」しない人々の群れが一攫千金を夢見て流入し、八幡村は「狐狸《こり》の巣窟《すくつ》」から「粉壁紅欄《ふんぺきこうらん》の巷《ちまた》」と化した。八幡村は、当然のこととして、都市的整備を計画的に行う行政能力も財政的資力もなく、いきおい、市街地形成は混乱した。

都市は「生きられた空間」ではなかった

猥雑な新開地には伝染病が猛威を振るった。水道もなく、衛生状態の悪い港町門司は「伝染病の問屋」と称され、まずコレラが流行した。大正九年に終息するまで、コレラは一九〇〇（明治三十三）年に流行し始めると、三十五、四十、四十一、大正五年と続いた。「水売り」が職業として存在していたが、明治四十四年に門司で最初の給水が始まった。この頃まで、死亡数が出生を上回り、東京がそうであったように、この地域も都市は「生きられた空間」ではなかった。

日露戦後から本格的な工業地

日露戦後から、北九州地域は「工業地」の様相を明確に示し始めた。①製鐵所の本格的操業、②門司港の「総合貿易港」化と若松港の石炭積出港化、これらが立地条件となって、③中央・阪神資本が鹿児島本線海岸部の平坦地に進出してきた。大里の鈴木資本六工場（大里精糖所、大里製粉、帝国麦酒、大里酒精製造所など）、小倉には東京製綱、八幡に安田製釘、戸畑には鮎川義介の戸畑鋳物などである。④市民の新しい足として九州電気軌道（九軌）が北九州地域を横断した（明治四十四年の門司〜黒崎、その後戸畑支線、折尾線）。九軌は、市街電車を走らせただけでなく、電気事業が地域に電灯をもたらした。

地域に拡がる製鐵所

とくに八幡が大きく変貌し始めた。明治末から製鐵所の拡張が本格化すると、東門、北門周辺を構内に組み込み、それまで構内にあった官舎と付属病院がすべて構外に移転した。構内には工場が増設され、煙突が林立した。「製鐵所多数の煙突より噴出する多量の煤煙空を掩《おお》ひ、瓦斯安母《あんも》尼亜《にあ》の悪臭鼻を衝き、衛生上に適せず」、八幡の「黒い雀」は、この頃からであった。

八幡村大蔵と企救郡板櫃村大字槻田は、大蔵川の北側、南向きの陽当たりのいい勾配地であった。ここに、広大な高級官舎がつくりあげられた。官舎地帯は、一条から七条まで区分され、三条から七条の山手は長官、高等官、判任官の官舎と倶楽部が建設された。旧所在地を偲んで高見町と命名された。職工用の長屋が槻田官舎である。しかしこうした社宅に入居できる者は、職工のなかでも限られていた。多くの職工は、二～五人を同居させる素人下宿が普通であった。「(長崎街道を)歩きながら左右に目を配れば、大《たい》厦高楼《かこうろう》などひとつも見当らぬかわりに、バラック式の俄《にわか》普請が、ここかしこに毎日際限なきかの如き勢で増しつつ」あった。製鐵所が必要とする日々何千人という人夫が職夫で、彼らはいわゆる労働下宿に収容された。職夫供給人が、春の町一帯を中心に労働下宿をつくりあげた。八幡の町には、高家賃で貧弱な多くの住宅と、階層的な製鐵所官舎・労働下宿が混在することになった。加えて製鐵所は、「何でも並べておけば売れる」という新開地の小売に対応して、社宅地に購買会を設けて日用品の供給を始めた。

大戦ブームと工業地帯形成

第一次大戦ブームが、この地域の工業化をさらに加速し、日本の四大工業地帯のひとつとして、「北九州工業地帯」が形成された。

とくに製鉄業奨励法が後押しとなり、「洞海湾沿岸への工業の西漸」を見た。若松の東海鋼業、帝国鋳物、日米板硝子、日華製油、折尾本城には日本製鉄、黒崎に安川資本の九州製鋼、九州銑鉄、黒崎窯業、安川電機製作所が連ねた。拡張を続ける製鐵所に隣接して東洋製鉄、戸畑にはまた旭硝子、明治製糖。この頃から小倉にも大工場が進出した。浅野小倉製鋼所、東洋陶器、大正電球（→東芝）、大阪曹達など。現在も多くが操業している大工場のほとんどが、この頃に進出した。

門司港は、綿花・麦粉・砂糖・鉱油・米穀などの「西日本第一」の集散場となって、地域の工業化を推し進めた。そして蒸気機関から電動機への「動力革命」が、九軌・九州水力電気の供給電力によって進行し、門司から折尾に至る海岸平坦部の電力網に工場が連綿と帯状化していった。旧五市を横断する九軌開通をきっかけとする「北九州」の呼び名の定着とともに、「北九州工業地帯」が全国的に知られるようになった。

都市問題の表面化

こうした急激な工業地化は、土地取引の急増と地価昂騰を引き起こし、門司では「一等市街住宅地の如きは東京の二等地たる日比谷公園付近と其価格大差なく」とまで云われた。「門司の住宅は借家許り」で、自宅所有者はわずか一割にすぎず、狭くて家賃の高さが深刻であった。農地を転用しても工場用地などは不足し、それまで「不可埋の原則」であった洞海湾の埋立が始まった。住宅難から「徹底的に多数の増築」が求められた。産業基盤の限界が表面化し、それによる生活条件の歪みが明らかになってきた。例えば製鐵所労働者は、「家族持よりは多く独身の若手の多い所から就職後相当自己の経済の余裕が出来て始めて配偶者を迎え子を持又は郷里より両親乃至兄妹を呼寄せると云ふ者が非常に多」く、彼らは「到る所に雑居生活」を強いられた。街には、年々千数百戸、毎月平均百戸以上が新築されたが、追いつかなかった。この頃の八幡は、街路は規則的だが、住宅はもとの農地がそのままの形態ででてくるので、いびつな敷地と家向きがそろわない格好となった。こうして、小商店や住宅が乱雑に混在した市街地となった。そして、市民生活の公共施設は貧弱を極めた。「一ツの市営公園もなく、病院なく、公会堂なく其他何等の社会事業の一端をすら見る事が出来」ない。八幡市は、「十一万の民衆が便宜上一ツの所に寄集まって居ると云ふ丈け」の「俄仕立の一大労働都市」となった。

モダンと都市での家族形成

一九二〇(大正九)年の反動恐慌とその後の日本経済の不振が変化をもたらした。工場労働者は友愛会、そして労働組合を組織し、待遇改善を激しく求め始めた。大正九年の製鐵所大争議は、世に「溶鉱炉の火は消えたり」と評され、この地域も「争議の時代」を迎えた。昭和三年の第一回普通選挙では、「無産政党の福岡二区」を実現し、労働者の政治的・社会的進出を印象づけた。大正デモクラシー以降、社会と生活様式のモダン化が進んだ。都市市街地には百貨店・映画館・西洋料理店・カフェー・喫茶店が生まれ、商店街は鈴蘭燈が彩り、「(八幡)本町行くときや、お手振って」とうたわれた。

工業地と都市への流入人口が定着を始めた。製鐵所労働者は八幡に定着し、家族を形成して住み着いた。製鐵所職工の年間移動率は、大正八年の三六%を頂点に以降急速に低落し、昭和七年にはわずか一・八%となった。流入人口は依然として続き、八幡市の人口は大正十年に一〇万人を越え、昭和九年には二〇万人に達した。この内の七割、一四万人が寄留者である。この多くの寄留者が八幡に定着し始めた。国調人口によると、八幡の自市内出生率が急上昇している。大正九年の自市内出生者の割合は男子一六%で

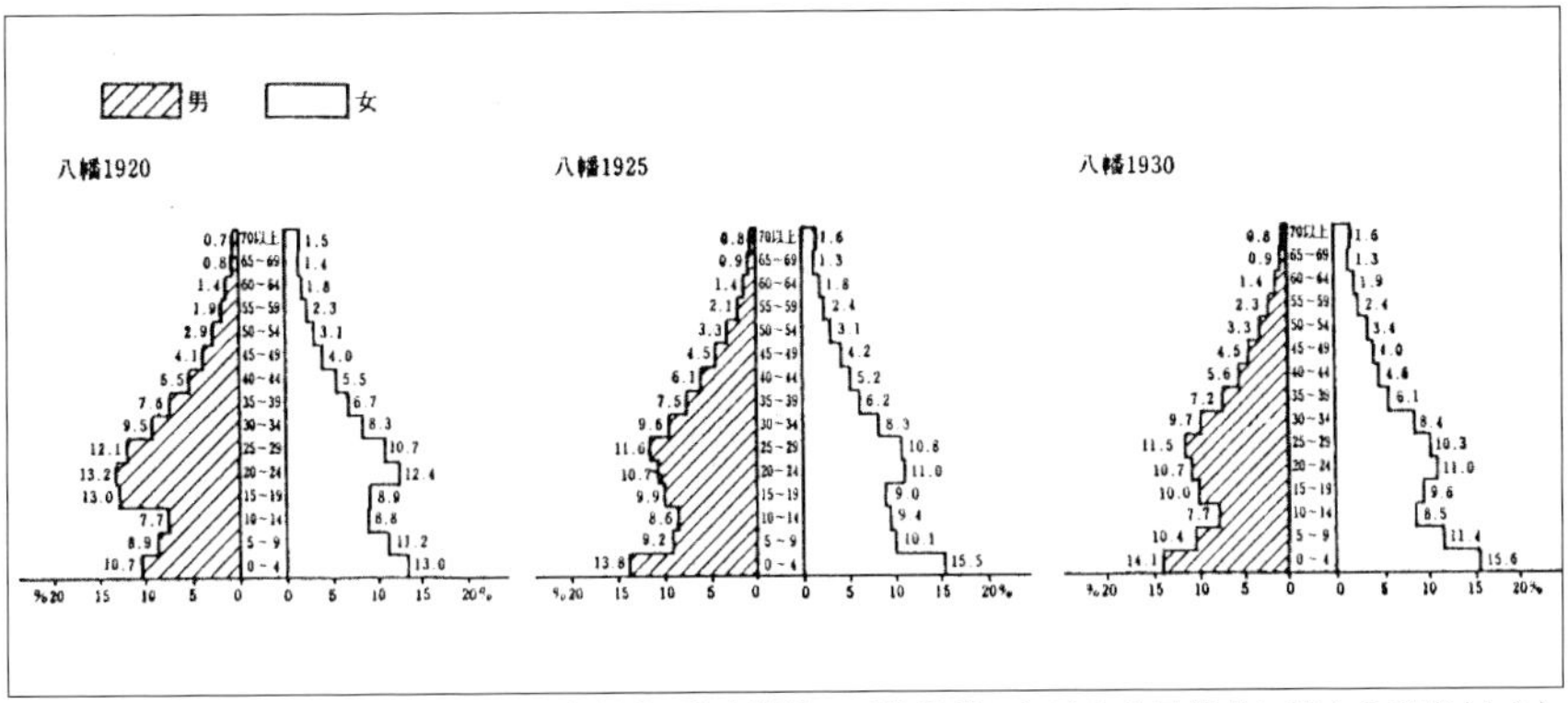

八幡市の年齢別人口構成（国勢調査、奥須磨子「戦前期の工業地帯における住民構成に関する考察」より）

あったが、それが昭和五年には二九%に上昇した。また、男子人口を上回る女子人口の増加によって、男女比は縮小していった。この比率は、同期間に一二九から一一五に縮まった。人口の年齢別構成を見ると、各年齢層ともに男女対応型で、年々ウェイトが年齢の高い層へ移行し、〇～四歳層の割合は、男子が一三%から一六%、女子は一一%から一四%と高まり、ここには流入人口の家族形成を見ることができる。

現代都市への転形

大正デモクラシーと無産階級の社会的進出という大衆民主主義状況と域内再生産と人口の定着が、都市問題と失業問題への対処の必要性を不可避とし、都市経営と社会事業を生み出していった。一般的には「近代都市から現代都市への転形」といわれる、都市の公共政策＝行財政による都市生活基盤の整備・介入そして計画化が始まった。この動きは、重工業・労働都市の八幡で始まり、そこで最も明確な姿を示した。

八幡市は、大正九年に社会課を設置して社会事業を進めていたが、大正十二年に都市計画法施行が指定されると、都市政策を推進する市長は、大学出の専門官僚を登用した。土地区画整理によって道路網とその舗装を含む都市空間を拡張・整備し、上下水道に着手し、公営住宅・労働紹介所・託児所・診療所など社会事業を展開し、塵芥焼却場を建設していった。こうした事業によって市民生活の共同消費手段が政策的に進められ、しかも「市民の利害に関係ある事項」を旧五市では唯一の『八幡市公報』として公開していった。現在もその姿を残す円形の駅前広場と放射線式街路という特徴的な黒崎駅前区画整理事業は、八幡市の最初の区画整理事業であった。しかし既成市街地の改造は、資金的にも困難であり、事業は郊外への空間拡大となった。昭和にはいると、枝光・尾倉の人口は停滞し、槻田、前田、黒崎などの人口が激増しているように、既成市街地は飽和状態となり、東西に拡延し始め、住宅が「山へ山へと延び」はじめた。

枝光に本事務所を移した製鐵所は、大争議後の労使協調を進めた。三交替八時間労働制、懇談会設置の他に、大正十年以降に慰安会を開催し、大谷地区に体育・文化施設を設けた。職工クラブの大谷会館、野球場・プールなど一大スポーツ・センターが生まれ、大谷グラウンドを会場とした起業祭は、「各種の見世物や興行物で歓楽の坩堝《るつぼ》と化し、近郷近在からの人出で全く身動きもならぬ雑踏を呈する」八幡随一の呼び物的行事となった。

軍事工業の拠点としての繁栄

満州事変後、この地域は急速に「軍事工業の拠点」の様相を帯びてきた。

昭和九年に半官半民の国策会社日本製鐵となった八幡製鐵所は拡充が続き、東京工廠が小倉に移転して巨大な陸軍工廠が建設された。牧山から黒崎に移転した日本タールは石炭化学コンビナートの日本化成（その後三菱化成）となり、海軍用爆薬の供給地となった。安川電機は電動機の大量生産を実現し、工場周辺に築地工場街など多くの下請工場群を形成した。新興著しい戸畑には、日立金属を中核に沖台工場街が金属・機械の下請けとして軒を連ねた。旧五市は、それぞれが全国有数の「新興工業都市」となった。都市別の工業生産額は、東京をはじめとする六大都市、そして川崎市に次ぐ位置に旧五市がそろって並んでいた。

こうした北九州工業地帯の戦時体制における重要性が、国家の公共政策による拠点性を強めていった。小倉工廠の開庁、曽根毒ガス工場と官営軍需工場が建設された。鉄道省は若松港の石炭輸送力を強化するために東洋一のガントリー・クレーンを設備し、小倉港開港、内務省洞海湾総合修築工事、大蔵省は小倉地先臨海工業地帯造成・築港および関門改良事業を決定し、工場用地の確保と港湾機能を強化した。県営事業として戸畑漁港が築造され、日産グループのトロール基地と水産事業が推進された。彦島との競争を制して小倉放送局が開局し、北九州五市の即時通話が可能となり、関門鉄道トンネルが開通し、関門国道トンネルの工事が着手された。また、門司には大阪毎日新聞西部総局・大阪朝日新聞九州支社がともに設けられ、通信・情報・交通機関が拠点的に整備されていった。

五市合併論

昭和九年には、四〇年後の五市人口一〇〇万人、そして北九州地域の飽和人口一〇〇万余とした北九州都市計画がうちだされ、福岡県は「北九州地方振興連絡委員会」を設置し、工業用水と飲料水の不足の解決、総合的港湾計画の樹立、各種公共施設の設置、総合的都市計画の実現という「統制ある大施設」のためには「五市合併は絶対必須の要件」とした。

そして、この重要な軍事拠点は「国防都市」として位置

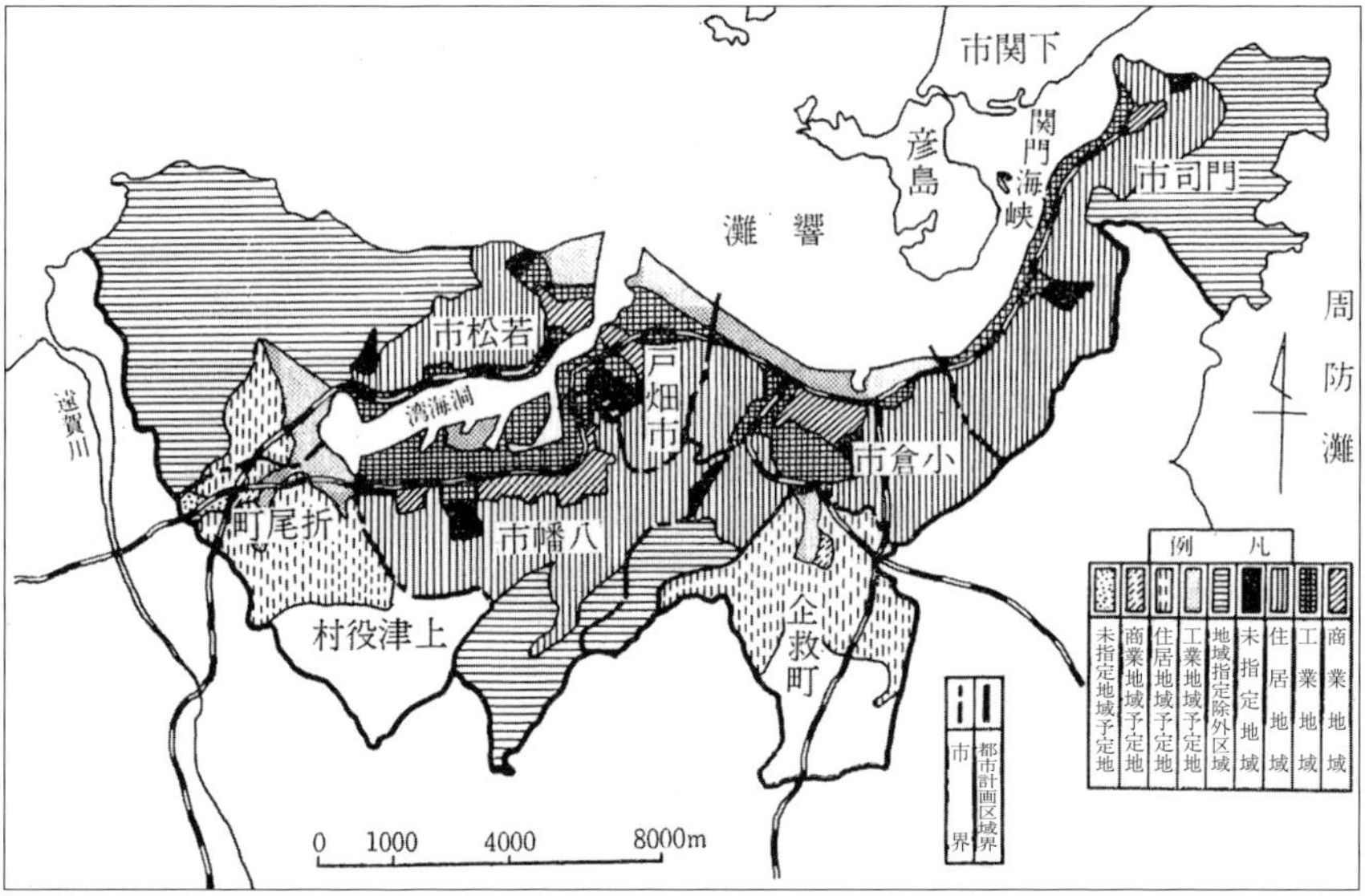

北九州地方都市計画地域略図（昭和８年）

づけられた。昭和三年に参謀本部は北九州を防空の要地とし、関門北九州大防空演習、北九州防空演習を官民挙げて繰り広げた。そして「挙国的防空体制」は、東部の東京、中部の大阪、西部の北九州に三分し、小倉に西部防衛司令部が設置された。

旧五市の都市的個性

旧五市を一帯とした国防・港湾・工業都市の動きの中にあって、地勢的影響もあって、旧五市は都市的個性を色濃くもっていた。戦前北九州地域の「繁栄期」であった昭和十五年頃について、当時の「地誌」によって確認しておこう（金尾宗平『福岡県地誌』の要約）。

【門司】背後にある断層崖の浸食形に支配されて、柄杓《ひしゃく》形の輪郭をなし東部に四角形の胴体を作り、その各々の隅から四方に肢節を出している。大里から白木崎の海岸が工場地帯で、柄杓の水の入る部分が市の中枢部で、鉄道管理局・市役所・郵便局・商工会議所など官衙《かんが》区をなしている。東の海岸通りは港務局・税関・倉庫等汽船関係の建物が櫛比《しっぴ》している。

工業地と山の手の住宅区の中間に商業地域があり、諸銀行が連ね、商店街が拡がっている。住宅は傾斜地山麓に階段状の聚落をなし、学校や三菱・郵船・住友銀行社宅や鉄道官舎もこの地域にある。

【小倉】魚町辺を中心とした略《ほぼ》円形の胴体と、亀の如く六方に短い頭尾と四脚を出した肢体とからなっている。紫川を中に往古の入江にできた三角洲の上には旧城下町、延命寺川の押し出した富野台（扇状地）の上には新しい住宅地ができ、有産階級の高級住宅が多い。清水町付近が市の躍進につれて新興住宅地となってきたが、下級の安建築が多い。

旧城下町の町域の大部分が、大陸に見る外郭都市の変形の如く、大がかりな堀に東西南の三方を取圍《かこ》められ、門司口、筑前口、中津口、香春口など重要通路にあたる所には、今の肢体が発達している。亀頭となる海面への進出は埋立と相俟つて新しいことであり、香春口への異常な突進は北方方面に兵営ができてからのことである。したがって、肢体の大部分は、最近発達した工場の吸引力に依る若い町といえる。

【若松】渡船場を頂点とした三角形の町が胴体となり、西の山麓に細長く伸びた肢体と、北と東に埋立地等を利用して発生した若い町とがその枝となっている。

市役所から公会堂を経て若松駅に至る地域がいわば都心で、官衙・銀行・会社・社寺・商店が多い。本町通りが主要街路で、道幅六間、銀行や商店が並んでいる。製鐵所の鉱滓捨場による洞海湾埋立地に新営工場が続出し、船員・仲士・労働者の住宅地となっている。山の手付近が有産階級の住宅地で、学校区にもなっている。

【八幡】その姿は、極めて痩せた輪郭で、躯幹《からだ》部のない肢体部だけの集合物ともいえる。それは海岸が製鐵所で限られ、裏は皿倉山の断層崖に制約されているから。したがって町の成長は、そのスロープを這い上がるか、通町の狭隘を超えて大蔵川の地溝谷に伸びるか、又は枝光や黒崎方面の通路に従って発展するかしかない。八幡の大通りを東西すると、緩慢ながら上下にローリングしている。それは以前浸食谷の間に残っていた、いくつかの山脚を削りとったからで、その残骸の上には多くの社寺が祀ってあり、元の谷頭の中にはため池や貯水池がある。

海岸工業地帯（埋立地）、中央商業地帯、山麓住宅遊園地帯、南方皿倉山地と東方丘陵地帯に区分できる。中央は、製鐵所を中心に東区、中央区、黒崎区に三分、東区は市役所・警察署・郵便局など官衙区で、中央区は純粋の商店街で飲食店や料理屋雑貨店が多い。黒崎は、将来の工業住宅区である。住宅が大蔵谷・清水谷を埋め、更に皿倉山麓を上へと這い上がる。「山へ山へと八幡はのぼる　のぼる　鋼つむよに　ジツ　家が建つ　家が建つ」（北原白秋、八幡小唄、昭和五年）と歌われた。黒煙都の風下に当たる地は、冬の北西風のため煤煙の影響が多く、且つ喧噪《けんそう》でもあるので、丘陵によって遮断された清水谷、大蔵谷、荒生田谷が好住宅地となる。

労働者の慰安は、大蔵谷の運動場、荒生田の遊園地、大蔵水源地、白鶴・豊山・東洋の三公園、上津役の養福寺貯水池である。

【戸畑】市の全景は、海岸に基底を有つトロイデ型ともいえる。所々に袋町が多い。東部へは九軌電車線に沿って触角を伸ばし、西部は牧山丘陵の山麓に大工場が続立している。

北部の埋立海岸地域は名古屋岬を中心に弧を描きつつ鉄鉱置場や工場地帯として発展し、南部の郊外農耕地帯は次第に住宅化されている。港地域は、共同漁業の移転以来、魚市場を中心に付属工場が占め、トロール船の一大漁港区を形成している。この一部には遊興的な二等料理屋街があり、船員によって栄えている。本町通りが繁華街で、これに次いで明治通りと中本町通りがある。前者が漁区相手の商業街、後者は住宅区相手の町である。住宅区は、大部分が工場従業者の住宅で、連続した社宅の景観が異彩を放つ。都心部に市役所・警察署・公会堂等があり、比較的閑静な街をなしている。東の中原洪積台地に明専があり、境川から日明にかけてが市民の休養地である。東に板櫃、西に牧山、南に金比羅山の丘陵があり、それに囲まれた低地が郊外農業地である。

「資本主義都市の最も悪しき例」

こうした個性を持つ旧五市は、「資本主義都市の最も悪しき例」と云われた地域の実態があった。こうした状況が、この地域の戦前の産業発展による都市のあり様の到達点であった。

「一度北九州都市群を汽車にて通過するとき、其れ等の工場より吐き出す黒煙の空を覆ふて天日為に暗き下、沿線の雑然と不健康に軒を並べた家屋の密集を見、自動車を馳せて、この都市群を縦走するとき、行き交う自動車、荷馬車、自転車の数々、その通路を埋めて電車へ雲集する人の群れなど名状し難い混乱にあって、まざまざと過大交通の苦を味はしめられる」。「北九州都市群は、国土計画上より過大都市ならず、市街の形態は過大都市と等しき交通の混乱、保健に不適をなしているものであって、換言すれば、都市計画上不良なるためこの観を呈しているものである。これ等都市群の全面積は二二五平方キロメートルにして、その内、工業地帯及住宅商業地は五七平方キロメートルに密集し、而かも工業地帯と其他地帯との割合、工業地帯一に対し、其他地帯（住宅、商業及その中に含まるる緑地帯等）三にあり、これが為めこの状態を呈すること、なったものであって、而かもこれ等を貫通せる道路は巾一二メートル以上のもの僅かに一本に過ぎず、この上を、工業地帯の原料生産物其の他が往復し、更に市街の交通を加へ混乱を極めつつあるものである」（金森誠之）

「この地は」、人口密度において、「過密又は過少の非合理的都市形態にあり、然も、その四五％は過密なる最も悪き人口の構成であり、その範囲は海岸線に沿う帯状の平地にして面積僅かに一〇〇〇ヘクタールそこそこなれば全利用面積に対し僅かに一〇％以下の地帯であり、そこに全人口の約半数が集中しおる状況である。然して未だ市街地の余地十分なる大部分の土地が未開発のまま残されている事は、単にこの地の地形的な特質ではなく今迄都市発展に対し、都市生活圏の形成に対し、都市交通機関の拡充に対し戦前地方計画的な考慮が払われてなかった」（赤岩勝美）

（清水憲一）

戦後復興のモニュメント

近代化遺産という場合、戦前あるいは第二次世界大戦終了時期までに建設された諸施設を指すことが多い。また文化財という場合も、構築物にあっては、多くの場合、竣工後の経過期間を五〇年間としているようである。本誌においても一部例外はあるものの、近代化遺産とする条件のひとつを第二次大戦終結までとしている。その意味では近代化遺産には該当しないかもしれないが、日本の戦後復興を支えた北九州地域においては、復興のモニュメントともいうべき都市インフラや建築が昭和二十年・三十年代に数多く誕生した。戦後六〇年を過ぎた今日、その多くが更新時期を迎え、いくつかは既に解体撤去され、また存続している諸施設についても今後の対応が問われる一方、あと数年もすれば文化財として評価を得ることのできるものも多いと思われる。本稿では、北九州地域がもっとも輝いた思われる戦後から昭和三十年代をレビューするとともに、その時代に造られた記念碑的な諸施設について述べてみることとしたい。

北九州の戦争被害

基幹産業の拠点の一つである八幡製鐵所と兵站の一大拠点であった門司港を有する北九州地域は当然のことながら米軍の重要な攻撃対象であり、昭和十九年六月から中国成都を基地とする米軍機の波状的な爆撃を受けることとなり、昭和二十年に入るとサイパン島を基地とする米軍機さらには艦載機による攻撃を受ける事態となった。こうした戦災により、北九州各市においては市街地が被災し一般市民にも戦災が及び始め、八幡製鐵所に隣接する平野、前田地区においては多数の市民が犠牲となった。門司地区も頻繁な爆撃を受け市街地、沿岸部倉庫地帯が被災するとともに投下された機雷によって港湾機能は停止状態に陥った。爆撃の重要目標とされた八幡製鐵所に関しては一部施設はかなりの被害を受け一時期休止状態に陥ったものの、総体的には思いの外軽度の被災で済み、終戦後のいち早い生産活動の回復につながったと言われている。

敗戦当日、全国で稼働中の高炉は十二基（内地）。うち八幡製鐵所では東田の第二・第四高炉および戸畑第二高炉の三基が稼働していた。翌九月には、原料・エネルギーの枯渇から八幡製鐵所の三基のみの稼働となった。

五十年遅れの開発・赤谷

若干余談になるが、一九〇〇（明治三十三）年前後、官営製鐵所は製鉄所そのものの建設と並行して、原料を国内で確保するために新潟県北部の赤谷鉱山を調査開発していた。ところが製鐵所の操業開始と相前後して様々な思惑、事情から、鉄鉱石は中国大冶鉱山によることとし、赤谷の開発は中止されてしまう。第一次世界大戦により鉄鋼ブームが生じたことを契機に赤谷鉱山の開発を再開、鉄鉱石搬出用の鉄道まで建設するが、大戦終了後の慢性的不況からまたも開発を断念する。戦時色が強まる中、日本製鐵の原料部門が分社した日鐵鉱業の手により赤谷鉱山は三度開発され、昭和十六年、漸く採掘にいたった。敗戦により、外地を含め海外からの鉄鋼原料の輸入が完全に途絶えてしまう昭和二十年から二十一年の一時期、八幡製鐵所の使用した鉄鉱石の中で赤谷産が二〇万㌧と絶対量は少ないとはいえ、大きなウェイトを占めることとなった。官営製鐵所設立にあたり原料の国内調達という大方針のもとに開発された赤谷鉱山は五〇年の歳月を経て漸くその所期の目的を果たすこととなった。

「傾斜生産政策」

戦後復興にあたって政府は、鉄鋼業の生産回復を国策として推進する。当時の鉄鋼業は原料の欠乏、とりわけ石炭の不足が深刻な状況にあった。このため昭和二十二年一月から傾斜生産という産業政策が実施された。これは石炭と鉄鋼業を超重点産業に指定し、石炭をまず増産、鉄鋼に重点的に供給、鉄鋼を増産して石炭増産のための鋼材を炭坑に供給するという政策であった。またこの政策を裏付けるために復興金融公庫融資や価格調整補給金が実施され、金融政策上も鉄鋼業に重点をおいた資源配分がなされた。昭和二十六年には日本開発銀行が設立され、国家財政による資金融資を通じて重化学工業化が推進されることになる。大蔵省はこの年金融機関に対し電力・石炭・船舶・鉄鋼に重点的融資するよう指導している。

この復興政策の恩恵を最も受けたのが北九州地域であったことはいうまでもない。八幡製鐵所や筑豊の石炭産業が直接的な効果を享受しただけでなく、周辺産業にもその効果は当然ながら及んでいった。

現代に繋がるインフラ整備

さらに戦後復興を加速したのが昭和二十五年に勃発した朝鮮戦争であった。朝鮮特需と呼ばれたブームの到来は皮肉ながら敗戦日本の復興にとって強力な梃子となった。就中朝鮮戦争の兵站基地となった北部九州一帯にとってその効果は大きかった。足立山麓にあるメモリアルクロスはその朝鮮戦争における連合軍の戦死者を慰霊するモニュメントである。

このような時代を背景に、戦後復興から昭和三十年代半

戦災慰霊碑を中央に置く英国式ロータリー。後ろは村野藤吾設計の八幡市民会館と八幡図書館

ば以降の高度成長が始まるまでの間、北九州地域には、今日の先がけとなるような都市インフラが整備されるとともに有数の建築家の手による作品が造られた。

大正末期より北九州の各市おいては区画整理事業が進められ、都市基盤が整備されつつあったが、戦災による被害が大きかった門司、八幡、若松の三市では、土地利用計画、街路計画公園緑地計画、上水道計画等からなる戦災復興計画がたてられ、今日の骨格となる街づくりが進められた。今日八幡駅前一帯の街路整備や八幡駅の移設はこのときに実現したもので、今日いささか活気にかけるとはいえ、骨格の太い街路や、戦災記念碑を中央においた英国風のロータリーには、当事者の街づくりにかける並々ならぬ意気込みが感じられる。

昭和十二年の調査開始以来、その建設が進められ、敗戦後、一旦工事が休止していた関門トンネルは、関係者の努力が実り、昭和二十七年道路整備特別措置法に基づき、工事は再開され、昭和三十三年三月供用を開始した。

若松戸畑間の自動車道は、昭和十二年にはトンネル案が検討されたが、昭和三十年橋梁案に変更されて建設省が調査を開始、その後日本道路公団が事業を引き継ぎ、昭和三十三年に着工、昭和三十七年今日を九月に供用を開始した。

昭和三十二年一月八幡製鐵所は戸畑地区において臨海製鐵所の建設に着手、三十四年九月には戸畑第一高炉が稼働を開始する。この戸畑に造られた新鋭製鐵所は、今日の臨海製鉄所の原型であり、その完成は、我が国経済が敗戦からの復興を経て、本格的な成長期への移行を開始したことを示すものであった。

今ではありふれた海底トンネルとベイブリッジ、大規模臨海工業そして市街から、郊外に広がる近代的アパート群、九州の一地方にあってこれだけの先進的な都市インフラが、昭和三十年代に整備されていたというのはひとつの驚きであり、その後全国各地に展開する工業都市の近未来的風景でもあった。

アントニン・レーモンドの作品群

戦後いち早く復興を遂げた北九州地域においては、著名な建築家が起用され、先進的な建物が造られている。特に戦前から日本を舞台に活躍した世界的なレベルの建築家アントニン・レーモンドの主宰する建築設計事務所の設計によって数多くの作品が建設された。

〈上〉レイモンド設計の門司ゴルフ倶楽部クラブハウス内部
〈下〉吉村順三設計の小倉カンツリー倶楽部クラブハウス内部

昭和二十九年には安川電機製作所の本社社屋、安川氏の紹介によって八幡製鐵健康保険組合諸施設の設計も同事務所が手がけることとなり、昭和三十年には当時最先端の建築技術を使って大谷体育館（解体撤去）が建設されたのをはじめ、河内寮（西南女学院へ売却閉鎖中）北九州市郊外の神湊玄海荘、同英彦山山の家が建設された。さらに昭和三十四年には同事務所の設計により門司ゴルフ倶楽部のクラブハウスが建設された。このクラブハウスはレーモンド建築の特徴を良く表しているとても貴重な建物である。大正末期、九州山地の中央部日之影林道の最奥部の見立に、レーモンド監修のもとに建設されたイギリス人鉱山技師のための居住施設「英国館」とこのクラブハウスには強い類似性をみることができる。

アントニン・レーモンドは帝国ホテルの設計建設にあたりF・L・ライトの助手として同行した人物で、ホテル完成後も日本に残り設計事務所を開設した。日米関係が悪化し始めるとアメリカに帰国、戦後再び日本で活躍した建築家であるが、このレーモンドに傾倒した日本人建築家の一人が吉村順三で、彼の設計による小倉カンツリー倶楽部クラブハウスが昭和三十七年に完成している。師であるボヘミア系アメリカ人が和風を基調に設計した門司ゴルフ倶楽部、弟子である日本人が西欧的モダンを追求した小倉カンツリー倶楽部、著名建築家による対照的な二つの建物の存在は、戦後復興が終わり、豊かになり始めた新しい時代の到来を示すモニュメントでもある。

八幡育ちの偉大な建築家　村野藤吾の作品

唐津に生まれ、八幡で育ち、小倉工業学校を卒業、八幡製鐵所に就職し、兵役を経て、大学で学び直し、我が国を代表する建築家のひとりとなったのが村野藤吾である。村野藤吾の名前を知らなくても、その個性的なデザインから彼の設計した建物は有名なものが多い。昭和三十三年に完成した八幡市民会館は彼の代表作のひとつであるが、昭和二十九年には平和ビル第一棟（八幡駅前再開発に伴い撤去）、翌三十年には北九州市立八幡図書館、三十四年には小倉市民会館（解体撤去）が完成している。八幡信用金庫本社社屋（昭和四十六年）も彼の後期の作品である。

なお、未確認であるが、八幡東区祇園にある八万湯（現在男湯は学童保育所、女湯はアトリエとして利用）も、所有者の話では昭和三十六年頃、村野藤吾の設計によって建設された銭湯とのことである。

突如出現した近代的アパート群。八幡製鐵所桃園社宅（撮影昭和 26 年）

その他にも最近解体された黒崎地区にあった旧九州厚生年金病院は、日本近代建築の先駆的存在であった山田守の設計により建設されたものであり、昭和三十年の竣工とはとても思えないモダンさを誇っていた。門司にある旧門司郵便局電話課の建物（一九二四〈大正十三〉年）は、日本の近代建築史に足跡を刻む逓信省営繕課の手による作品であるが、その設計者は山田守であり、同一設計者の初期の作品の方が現存することとなった。

北九州の誇るべき文化

北九州地域が最も輝いていた時代を象徴するこれらの建物は、竣工後半世紀を経た現在、解体されてしまったものも数多くあり、現存するものもいずれその存続が問われる時期を迎えている。文化財として保存を訴えるのは易しいが、古い建物を改造・活用する公的手法や制度が整備されない限り、残念ながらその存続を図ることはきわめて困難な課題であろう。

本書に紹介したとおり、北九州市には、戦前戦後を通じて我が国近代化の過程における文化的歴史的価値を有する施設が数多く存在している。そのことを街の誇りとして、この地の文化として認識することが北九州市のアイデンティティ形成に重要かつ有効であり、そのプロセスを通じて、これらの歴史資産に対する市民・地元行政レベルのベクトルが定まり、基本的な認識を共有しながら、保存活用あるいは解体撤去の検討がなされるべきと思われる。

（菅和彦）

保存活用の取り組み

門司港レトロ地区

近代化遺産の街、門司港

高度経済成長の終焉とともに昭和五十年代以降、多くの地方自治体で都市や地域の個性の見直しと創出を目的に、まち並みづくりや都市の景観整備が行われるようになった。昭和五十九年、政令指定都市では全国で三番目に都市景観条例を制定した[1]福岡県北九州市では、一一の重点地区を指定し、それぞれの地域性に応じた景観整備を進め、その効果も様々に見いだされるようになった。このうち、平成八年に面的指定の更新を行った門司港地区は、近代港湾都市が持つ歴史的な建造物を保存・活用した近代化遺産の街として港まちの変貌ぶりが広く紹介され[2]、現在では多くの来街者で賑わう街となった。

自然と歴史の門司港レトロ

門司港地区の中核的な位置にある「門司港レトロ地区」は、北九州市の最北部に位置するJR門司港駅を含むエリアである。九州を南北に通る鹿児島本線の北の起終点である門司港は、鉄道駅の開設以来、駅を中心に市街地が形成されてきた。街の周辺部は、西側の早鞆《はやとも》ノ瀬戸といわれた関門海峡、北側は海抜一七五メートルの古城山を山頂とする瀬戸内海国立公園の一部の和布刈《めかり》公園、南は海抜一九四メートルの三角山《さんかくやま》があり、この北と南の山あいを東から西へ、海に抜ける地形からなる。こうした海と山の大景観を抱える街に様々な歴史が築かれてきた。JR門司港駅から北、約二キロの位置に仲哀天皇九年（西暦二〇〇年）に造られたと伝えられる九州最北端の和布刈神社があり、九州と本州を分かつ関門海峡は、足元をすくうように悠久の太古から潮が流れる。ここは瀬戸内海経済文化圏にとって枢要な海域で、江戸末期には全国の沿岸域と交易上重要な役割を担ってきた。自然と多くの歴史を有する環境にある「門司港レトロ地区」は、JR門司港駅から北に約一キロ、南に五〇〇メートル、海から東に五〇〇メートルほどの広がりのある中心市街地部の中核で、「第一船だまり周辺区域」を含む約一二ヘクタール程のエリアである。

レトロ地区の整備

近代都市としての門司港地区の急速な発展は、一八八九（明治二十二）年の特別輸出港の公布以降である。その後、九州を代表する石炭の積み出し港として翌二十三年には第一船溜（現在のレトロスクウェア）の築港、明治二十四年の鉄道駅の開設により陸と海との結接点として、門司港地区が形成された。明治三十二年には一般開港場ともなり、貿易港として駅につながる桟橋通りには商船会社の支店や銀行が建ち並び、今に残るレトロ建築が造られていった。[3]しかし、昭和十七年六月の関門海底鉄道トンネルの開通により、本線から分岐した位置の門司港地区は、経済的な発展に陰りがみられることとなる。昭和三十八年の旧五市対等合併によってそれまでの門司市は、門司区として発足したものの地域経済の浮揚は門司港地区住民の念願であったが、昭和六十年十月の西鉄路面電車門司線の廃止は、追い討ちをかけるように地元に深刻な経済停滞感を与えることになった。こうした状況に応えるように昭和六十二年、自治省の「ふるさとづくり特別対策事業」を活用し、翌六十三年十二月には「門司港レトロめぐり海峡めぐり推進事業」と名付けられた構想が国の承認を得、都市整備の具体化が始まった。この構想は、街に点在する港町の歴史を物語る各種の建築物の再生・整備と海、山の自然の豊富な海峡プロムナードの形成をベースに都市型の観光拠点化を進めるものである。事業の大枠は、地区の核となる歴史的な建造物の整備、街路の景観と広場の整備、回遊性確保のための橋梁の整備、親水性付与の港湾緑地の整備、通過交通排除のためのバイパス道路整備の大きくは六つの整備事業からなり、平成六年には第一期整備の完了となった。その後、平成九年から十三年までを事業年度とした第二期整備が進められた。「門司港レトロ地区」は、第三セクター方式や一部行政主導の上物整備も進み、平成十年にはレトロ推進事業を拠り所として「門司港ホテル」、観光物産館「港ハウス」が建ち、平成十一年には複合商業施設の「海峡プラザ」、高層マンションの三一階「門司港レトロ展望室」が整備され、地区づくりの基幹的な施設等が概ねでき上がった。その後、平成十五年には「門司港レトロ地区」の南側隣接地に福岡県と北九州市の公的資金によって関門海峡にまつわる歴史、文化、自然等を紹介するミュージアム「海峡ドラマシップ」が開設した。現在、こうした施設を基盤として様々な活動が行われている。

レトロ地区関連の景観行政

北九州市では昭和四十九年策定の「北九州市総合計画」を踏襲して、昭和五十五年に「新・新中期計画」を策定した。この計画では「都市の景観」を重要施策に掲げ、これに従って同年に都市景観審議会、昭和五十八年に「まち並みデザイン委員会」を設置し、昭和五十九年に都市景観条例の公布に到る。昭和六十一年には初めて都市景観整備地区を四地区指定し、このうち門司港地区は「桟橋通り都市景観整備地区」として整備方針と整備基準が定められた。平成元年には北九州市の総合計画である「北九州市ルネッサンス構想」を策定し、平成三年には、都市計画局に都市美デザイン室を設置し、景観行政への本格的な取り組を始めた。平成四年には「カラールネッサンス北九州」によって全市を対象に拠点、都市軸、地域の観点から十四の地区別景観形成方針を策定し、門司港地区を「西海岸地区」として位置づけ、景観形成の方針を示した。

平成五年には、都市景観形成の基本計画を策定し、門司港地区は十一の重点整備地区の一つとして整備指針が示された。これらの計画方針に併せ、平成六年にはレトロ事業の進捗を見据え、広範囲の景観整備の観点から門司港地区の景観検討調査が行われ、これを受けて平成八年に現在の面的な六区域を新たに指定した。これらの一つが後の「門司港レトロ地区」となる「第一船だまり周辺区域」である。一方、関門景観の観点から平成十二年には下関市と北九州市、両市が海峡を挟んだ広域景観計画ともいえる「関門景観基本計画」を策定し、景観行政のモデルともいえる取り組みを行っている。

まちづくり活動始まる

昭和五十五年の「都市景観審議会」の設置や昭和五十八年の「まち並みデザイン委員会」の活動等により市民の都市景観への関心が高まり、大正三年に建造された国鉄門司港駅（現ＪＲ）の保存運動が起こり「門司港駅保存会」が昭和五十八年に発足した。地域の経済人や一般市民を巻き込んだ運動は、昭和六十三年十二月、駅舎としては全国で初めて国の重要文化財指定へと実を結ぶ。この活動は、やがて地域個性の発掘へと広がり、門司港全体のまちづくり運動へと発展していくこととなる。

昭和六十年、法人会員と個人会員とによる「門司まちづくり21世紀の会」が発足する。当初、地域経済の振興や都市整備への提案を目的とした活動は、会内部の組織や活動方針の確定しない時期が続くが、事務局体制が確立すると、事業委員会制の導入を機に昭和六十二年からまちづくりニュースの発刊等を行うようになる。やがて二一世紀の門司港整備構想の作成は、会の活動の最大テーマとなり、昭和五十四年に市が策定した港湾機能の整備を目的とした第一船溜埋立ての「門司港西海岸地区整備計画」案の対案を第一船溜の保存と活用を基本とした残存案として昭和六十二年に作成（第一次案）した。当時、第一船溜の埋立ては港湾整備の大前提とされていたため、これを踏まえて第一船溜埋立て整備構想案（第二次案）を作成し、市の担当局へ提案した。この案は、第一次案同様、幹線道路バイパス整備、第一船溜周辺の倉庫群の全面的な再編活用を構想した案であった。こうした取り組みの中、翌六十三年には第一船溜の埋立て問題が、市内部の港湾整備担当局と都市整備担当局とで昭和五十四年以来の決着があり、埋立免許の一部変更が行われ第一船溜は残存されることとなった。この間、機能重視の港湾整備による地区づくりから、街の個性創出による地区づくりへと変化する都市アメニティ志向の時代への流れを読み取ることができる。この時期「門司まちづくり21世紀の会」では、壮大な都市整備がテーマで、その前提が歴史的な建造物の保存と活用を題材とする取り組みであった。

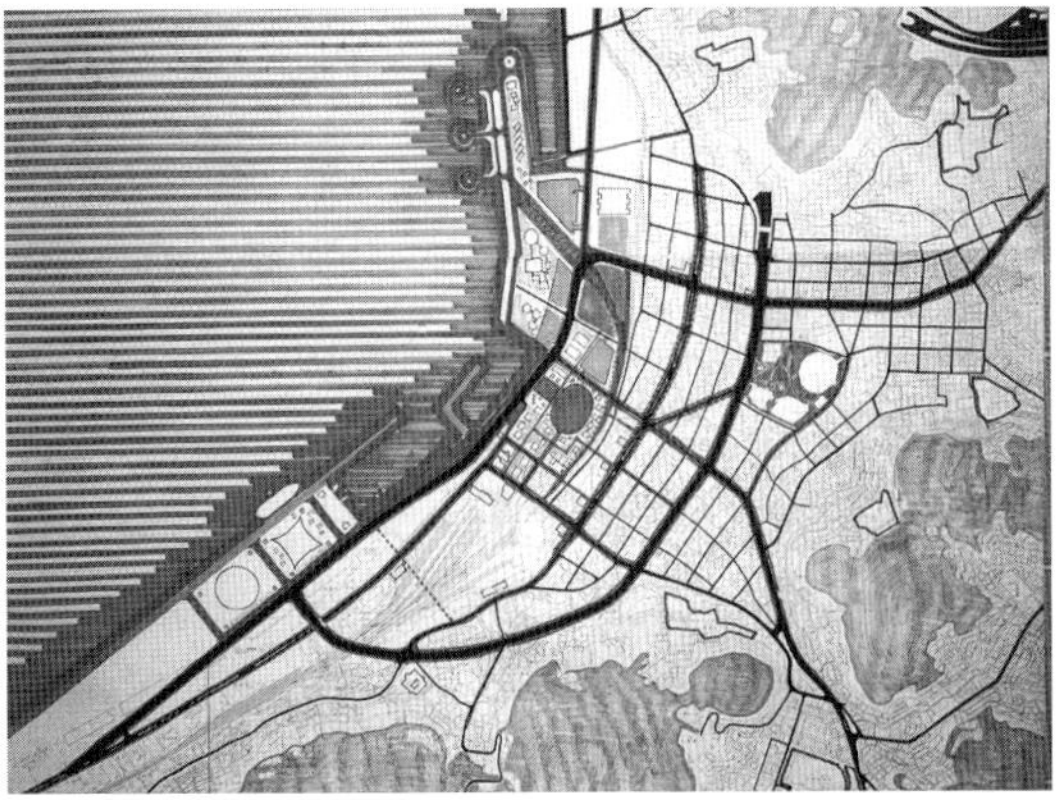

西海岸地区整備計画案（第１次案）

レトロ地区の整備とまちづくり活動の展開

昭和六十三年には自治省の「門司港レトロめぐり海峡めぐり推進事業」が始動し、これを支援する形で翌、平成元年には市、民間一一社出資の「門司港開発準備会」が発足し、開発構想を同年米国の都市計画計系コンサルタント会社に委託し、行政での修正が加えられ「門司港・レトロ・まちづくり事業案」を地元に提示した。この構想は、第一船溜を残存活用するもので、「21世紀の会」が当初提案していた保存活用の主旨としても賛同できるものであった。平成二年には「門司港・レトロ・まちづくり事業案」をベースに第一船溜を中心とした「レトロ地区基本デザイン」を策定し、現在の地区整備基本方針の確定をみる。平成四年には「門司みなと商店街振興組合」が発足し、同五年に活動拠点のコミュニティホール機能を持つ「カモメホール」を建設。同年、ＪＲ門司港駅前のレトロ広場や歩行者専用のはね橋（「ブルーウイング」と命名）の完成があり、「レトロ地区」が市内外に知られ始めた。平成六年の三菱倉庫門司支店倉庫跡地を活用した板状一五階建てマンションの建築不許可問題は、民間建設会社が市を相手取り行政訴訟法に基づき提訴した。この問題を機に「門司の景観を考える女性の会」が発足し、住民アンケート調査や都市計画の専門家による景観シンポジュウム等の活動が行われた。[7] マンション問題は、翌年、大幅な設計変更の結果、原案の板状一五階建てマンション計画案は、自然地が見通されるような景観に配慮した塔状三三階建てになって和解し、最終的

まちづくり活動の「ニュース」

には三一階建てのマンション案を提示した。

昭和六十三年から平成六年まで継続したレトロ事業の第一期は、いくつかのまちづくり団体の発足と集客や周知を目的としたイベント活動が活発に行われた時期であった。平成七年には「レトロ地区」のグランドオープンがあり、これを機に地元のまちづくり六団体が、「門司まちづくりネットワーク」を結成し、それまでの個別のまちづくり活動からの脱却を図った。同年末、官民参加の「門司港レトロ倶楽部」が観光振興と地域の活性化を目的に、地元住民や民間団体、行政の参加協力によって門司港レトロ地区を中心にイベントの企画・運営、広報活動を開始した[8]。昭和六十年以来、地元住民による代表的なまちづくり団体である「門司まちづくり21世紀の会」は、事務局の地道な活動によってまちづくりに関する様々な取り組みを行い、平成十六年七月にはNPO法人として地域のまちづくりの主導的な団体として現在も活動を行っている。

その成果と課題

近代化遺産の街、「門司港地区」は、明治中期から戦後の一〇年ほどの間に建てられた建築物が多く残存する歴史と風情を伝えるミュージアムタウンである。平成七年、「門司港レトロ地区」のグランドオープン以来、既に一一年が経過した。まちづくり団体の将来構想のキーワードは〝歴史のまちの再生〟であったことを考え併せ、これまでの地区の保存と活用に係わる成果と課題について整理することとしたい。

第一に、地元住民からなる「門司まちづくり21世紀の会」が、市街地全体の再生と歴史的な価値の建造物の活用を提案したことは、それまでの港湾機能重視から街の全体像と歴史の見直しに対して先駆的な提案となり、その後の行政での指針づくりやレトロ景観整備地区の支援につながったことは、住民によるまちづくり活動の大きな成果であったといえる。

第二に、昭和五十八年に始まった「門司港駅保存会」によるJR門司港駅の保存運動は、地域資源の発掘と保存、活用へと発展し、これを継承するように様々なまちづくり団体が設立され、行政による都市景観整備地区指定の地元の受け皿的な役割を担った。その後も点在する歴史的な建造物の保存運動やマンション問題への景観意識の高揚は、まちづくり活動団体によって地域住民の関心を高めることに貢献し、景観行政にとっても重要な役割を担った。

第三に、第一船溜周辺に整備された物産館や複合商業施設等は、集客力を特段に高め、街の活性化に寄与し、近代化遺産のミュージアムタウンを周知させるには大きな力となった。

一方、「門司港レトロ地区」内の施設整備の多くが行政等の公的機関主導であることに鑑みれば、今後は、まちづくり団体、民間事業者、行政、及び専門家の実働的な活動をまちづくり団体の主導によって地区の運営を進めていくことが求められている。いずれにしろ、現在の「門司港レトロ地区」が、全国的に知られるようになったのは、近代化遺産の保存への想いが、地域住民や企業、行政の共通の価値となり、その想いを実現させた多くの人達の地道な取り組みがあってこそ、現在があるのは間違いのないことである。

明治の中期以来、近代港湾都市として栄えた門司港の街は、その経済活力を原動力として都市インフラや歴史的建造物が造られてきた。現在では年間二五〇万人[9]を超える観光客が訪れる北九州市で最も賑わいのある地区となっている。四半世紀前、「第一船溜」は埋め立ての危機にさらされたが、港湾機能から都市機能充足の時代的な要請と地域個性創出への情熱から第一船溜の保存と活用へとつながり、行政主導によって都市型観光地形成地区として大きく変貌した。近代化遺産の建造物は、かつての役割を終え今は、その時代を伝える生き証人として第二の役割を担って関門海峡の海風の中に息づいている。

(注)

(1) 政令指定都市では、神戸市(昭和五十三年)、名古屋市(昭和五十九年)に次いで北九州市が三番目に制定した。

(2)「門司港レトロ事業」については多くの書籍等で紹介されている。専門書では「都市計画217」(一九九九年)で概要を述べている。

(3) 今日では回想的なデザインや建物をいう。

(4)「北九州市都市景観形成基本計画」(北九州市)は、全市的な都市景観形成の取り組みと方針を示している。

(5) 都市景観整備地区として六区域を指定している。このうち第一船だまり区域は、約一二㌶で全体の約一六%を占めている。

(6)「門司まちづくりニュースNO・2」昭和六十二年十一月号に構想案が明示されている。この案は十月二十三日に行政に提案したものである。

(7) 平成六年五月二十三日に開催された都市環境デザイン会議主催(本部、東京)による「海峡都市の文化を語る」の詳細は、JUDIニュース一八号(一九九四年六月二十日)参照。

(8) 広報活動の一環として「情報誌・レトロタイムズ」が平成八年から発刊され、平成十七年の一九号まで出されている。

(9)「北九州市観光動態調査報告書」北九州市(平成十六年)によれば、門司港地区の立寄り観光客(日帰りのみ)は、レトロ推進事業が開始された昭和六十三年に六七・四万人、JR門司港駅前広場やはね橋の完成した平成五年には一二八・八万人、レトロ地区のグランドオープンの平成七年には一九四・八万人、平成十五年には、二五五万人で、一三年間に約三・八倍となっている。

(大久保裕文)

東田第一高炉（1901）

東田第一高炉の経緯

東田第一高炉は一九〇一（明治三十四）年に操業を開始した。以降、数度の改修を経ながら昭和三十七年の改修を最後に、昭和四十七年休止し、その役割を終えた。

昭和四十五年、戦後解体された八幡製鐵株式会社と富士製鉄株式会社との合併が実現し、新日本製鐵株式会社（以下、新日鐵）が発足した。以降、八幡製鐵株式会社期から取り組まれ始めた八幡地区の合理化がより一層進められていくこととなった。その過程で、当時東田区域で稼動していた高炉二基（第一、第六）の停止が決定され、昭和四十七年東田から高炉の火が消えた。この時、新日本製鐵株式会社八幡製鐵所（以下、製鐵所）は、公害対策の一環である工場緑化の方針に従い、高炉群があった区域一帯を公園緑地に整備し、東田高炉記念広場とした。そして地元住民らの要望もあり、東田第一高炉のみが象徴的記念物として整備・保存された。記念広場は昭和四十八年の起業祭時に一度一般公開され、昭和四十九年十一月十六日の開場式実施後、一般に常時開放されるようになった。所謂〝1901〟のプレートは操業開始時を示す意図から、この整備時点で掲げられたものであり、これが現存の東田第一高炉が「イチ・キュー・マル・イチ」と称される由縁でもある。

因みに一九〇一年操業当時の高炉は、原料装入を垂直の櫓によって行っていた（垂直櫓方式）が、その後、大幅な機械化による傾斜塔式装入方法に変化していった。昭和三十七年改修の東田第一高炉にもその傾斜塔式装入方法が採用されていた。また当時としては最先端の技術である高圧操業が、わが国で初めて導入された。このために、改修前と比べると形状や大きさが大きく変化し、内容積、高さも倍以上となった（表参照）。このことから、現存高炉は昭和

東田第一高炉の変遷

改修次	年	内容積（㎥）	高さ（m）
第１次	1901 － 1902	493.9	30
第２次	1906 － 1906	493.9	〃
第３次	1906 － 1910	479.8	〃
第４次	1910 － 1915	440.0	
第５次	1916 － 1918	〃	〃
第６次	1919 － 1923	〃	〃
第７次	1924 － 1930	〃	〃
第８次	1933 － 1940	468.6	〃
第９－１次	1940 － 1945	455.6	〃
第９－２次	1949 － 1951	〃	〃
第９－３次	1951 － 1952	〃	〃
第10次	1962 － 1972	892.0	70

資料出所：北九州市・新日本製鐵株式会社（1994）『東田第一高炉（1901）の今後のあり方に関する調査委員会報告書』

三十七年に新たに建設されたととらえられるべきであり、プレートの示す操業開始の年とは区別する必要がある。

記念広場となる

東田第一高炉保存運動は、実は東田高炉群が休止した昭和四十七年に遡ることができる。この時地元では東田高炉保存期成会（会長・大坪純）が発足し、翌年にかけて、高炉保存と公園の常時開設などを製鐵所幹部との意見交換や陳情書で数度にわたり要請している。その地元住民らの要望に応える形で、製鐵所は高炉保存および公園開放を積極的に行った。東田高炉保存期成会は、その後昭和五十年に東田高炉記念広場協賛会と改称し、同年桜の苗木八〇〇本を製鐵所東門から東田第一高炉に至る道筋に植樹した。そして製鐵所はパンフレットを作成・配布し、利用の普及に努めた。こうした地元住民や製鐵所の尽力の結果、東田第一高炉は地域のシンボル的存在としてさらに深く馴染んでいった。自然豊かな広場として市民の利用に供し、また起業祭においても、この記念広場は賑う場所の一つとなり、さらに昭和六十年代には住民らによるイベントもこの広場で行われていた。

東田再開発と高炉解体が浮上

しかし同じ昭和末期には、東田地区一帯を再開発する計画が検討され始め、それとともに施設の老朽化が激しいこともあり、東田第一高炉の解体案が浮上した。平成元年十月、製鐵所側からこの事が報告されると、地元住民や北九州市、中央有識者など様々な方面から、強固な保存を求める運動が展開されることとなった。

各界の陳情始まる

解体方針の表面化以降平成二年始めにかけて、住民らをはじめ各方面の人々が高炉解体を問題視し、何とか阻止しようと動いた。北九州市の文化財を守る会（会長・木村照彦）や産業考古学会（会長・金子六郎）、日本産業技術史学会（会長・吉田光邦）、日本科学史学会（会長・山崎俊雄）は、保存要望書を市や製鐵所に提出するなど陳情活動を行い、また市も製鐵所とのトップ会談では当初から「保存へ向けて努力する」との結論を出し、教育委員会を中心に動いた。住民らも非公式に市関係者らを交えた話し合いを重ね、署名運動の可能性の模索、市民啓発を目的とした講演会やシンポジウムの開催、それに伴う有識者への協力要請、話し合いの場の設定など、様々な保存へ向けての活動を検討していた。

国際鉄鋼彫刻シンポジウム

こうした迅速な動きが見られた背景には、一つは産業・

東田高炉の歴史的意義と保存についてシンポジウム（1991年）

土木関係の施設に対する文化遺産としての認識の高まりと、いま一つは国際鉄鋼彫刻シンポジウムというイベントによる地域内での東田第一高炉に対する評価の高まりがあった。産業土木関連施設が保存に値する歴史的遺産であるという考え方は、昭和五十年代以降の全国的な取り組みなどから浸透し始めており、各学界や有識者ら、市行政、文化団体の動きを活発化させるものとなった。また、昭和六十二年に開催された国際鉄鋼彫刻シンポジウムは、市や住民などの関係者が東田第一高炉は価値あるものということを再認識するものとなった。このイベントは若手芸術家が発起人となり、地元住民や市、製鐵所の尽力もあって実現したものである。国内外から鉄鋼彫刻家が集まり、作品展示が東田高炉記念広場で行われ、大きな反響を呼んだ。ちなみにこの時製鐵所は参加彫刻家十数人に一人三十トンの鉄、および作業場・設備を無料で提供した。当初から市の積極的な保存策検討を指示した市長、および高炉保存においてシンポジウムや懇談会開催の立役者となっていく住民らは、一様にこの国際鉄鋼彫刻シンポジウムで再認識した高炉の魅力、価値といったものがその原動力となったと語った。また、平成元年十一月市長に保存要望書の書簡を送った世界的な鉄鋼彫刻家のフィリップ・キング氏や、この後平成三年のシンポジウムで講演者となる美術ジャーナリストのジャネット・コプロス氏は、このイベントに大きく関わった人物であった。ここで見出された高炉の価値はその芸術性にあり、地域的な視点や歴史的観点とはまた別の、新たな高炉の魅力が見出されていたといえる。

「保存困難」報告と運動の盛り上がり

しかし平成二年二月、教育委員会が九州工業大学に委託した調査結果は「腐食がひどく、保存は極めて困難」という結論であった。にもかかわらず、これを機に各方面からの保存運動はより一層活発化していった。前述の学会は再度動き、保存要望書を北九州市に提出、また三月に開催された北九州市文化財保護審議会（会長・米津三郎）は「保存は困難でも保存の方向を模索する」との結論を出した。そして四月には北九州市、教育委員会、北九州青年会議所主催によるシンポジウムが実現し、北九州市立商工貿易会館で三〇〇人を超す市民が聴衆として参加し、熱気あふれる会場で様々な意見が出された。そして平成三年八月には北九州市の文化財を守る会、北九州市教育委員会、北九州青年会議所主催で第二回となる東田第一高炉保存に関するシンポジウムが開催され、第一回以上の盛り上がりを見せた。またその同日、北九州青年会議所主催で「東田高炉を考える懇談会」（座長・迎静雄）が発足し、平成四年までに三回行われた。製鐵所関係者を始め、学識者・専門家、行政関係者、市民団体代表など二〇名に及ぶ関係者が一同に会しており、この時の議論はその後の高炉保存に対する各関係者の考えに影響力を持ったと言われる。そして、この第二回のシンポ開催を機に、西日本新聞北九州支社が紙上で「東田高炉への思い」という特集を組み、八月から十一月にいたる期間、のべ四五名分の意見を掲載した。

「史跡」に活路を見出す

こうしたマスコミも含めた保存運動が盛り上がりを見せる中、市も保存に向けて様々な方向を模索していた。市は製鐵所から東田第一高炉を引き取り、市の管理で保存することを検討していたが、高炉の保存費用はその老朽化した状況から相当高額になるとされた。ちょうどこの頃、文化庁が近代期の文化遺産保護を本格的に模索し始めた時期であったため、教育委員会では文化庁に対して、国による高炉保存の要望を再三にわたり提出していた。しかし東田第一高炉は、前述のように昭和三十七年に新たに建設されたものであり、文化庁が検討していた、五十年を経たものあるいは戦前期までのものという基準にはそぐわない建造物であった。そして、製鐵所はこうした建造物としての歴史の浅さから保存の必要性はないと訴え、特に「１９０１」のプレートが、建造年を示しているという住民らの誤解を招いていることを強調した。また昭和六十二年の大規模合理化以降進められていた東田地区再開発の問題も絡み、製鐵所は解体の方針を曲げなかった。

平成四年には製鐵所から北九州市側へ再度解体方針が申し入れられ、再び保存があやぶまれることとなった。しかし八幡区選出の議員がこうした状況を憂慮し、同年九月の市議会で高炉存廃問題を取り上げ、保存熱が再び高まっていった。ちょうどこの頃には市も「地域文化財保全事業」を活用した保存を検討し、高炉を建造物としてではな

『東田第一高炉（1901）の今後のあり方に関する調査委員会報告書』

『東田第一高炉保存調査委員会報告書』（平成７年）

修復されライトアップされた東田高炉

く、史跡としてとらえることで整備費用を捻出できる方法を考え出していた。

調査会と保存決定

ただしこの段階では、保存派と解体派の折り合いはつかなかったため、北九州市と製鐵所は専門家の調査分析に一任することを決定した。(財)北九州市都市協会が中心となり、まず地元大学教授などによる現地調査を踏まえた保存の可能性が検討された。そしてそれを受けて平成六年には、地元大学関係者、中央学識経験者らによる「東田第一高炉のあり方に関する調査委員会」(委員長・曽根幸一)が設置された。その中で、街づくりの観点、歴史的意義、保存上の技術的問題、展示のありかた、コスト負担等それぞれの立場から意見交換が行われた。数度の委員会開催の結果、同年六月に高炉は保存すべきであるという結論が出された。ただしこの時、当該高炉をありのまま保存することは老朽化やコスト、安全性の問題等から限界があったため、厳格な意味での保存は問われず、モニュメントとして位置付けられれば十分意義があるとされた。そして十一月、北九州市と製鐵所の間で高炉の移管契約が正式に交わされ、保存が決定した。その後平成七年には有識者、地元住民らで構成される「東田第一高炉保存調査委員会」(委員長・曽根幸一)が発足し、「東田第一高炉の今後のあり方に関する調査委員会」の具体的検討事項を引き継ぎながら、保存の具体的有様が話し合われた。そして平成八年、東田第一高炉は市の指定史跡となり、地域文化財保全事業として整備され、平成十一年公開された。

1901への想い

このように、多くの人々の東田第一高炉への想いが、平成元年から平成六年という五年の長きにわたる運動を支え続けた。そして、ここに十分に描き切れなかった製鐵所OBの思いももちろん大きかった。昭和四十七年時点で東田第一高炉保存を決定した元新日鐵八幡製鐵所所長、あるいは元八幡製鐵株式会社技術者幹部は、当時(財)北九州国際技術協力協会(KITA)で八幡の地域づくりに関与しつつ、保存の立場からその可能性を訴えた。保存に奔走した住民らは彼らの存在が精神的支柱であったと語った。また、前述した西日本新聞特集へのOBによる意見投稿や、OB会での新聞記事のスクラップを中心とする冊子作成など、思い入れの強さが表れている。

現在、東田第一高炉はスペースワールド駅前に特徴あるその姿を留めている。前述したように、高炉の老朽化した状況や費用の問題により制約のあった保存処理に不満が聞かれないわけではなく、高炉技術者や芸術家、保存運動に関わった人々からは、現存の高炉は「高炉ではない」という指摘も聞かれる。しかし同時に、他の町には見られない北九州市のシンボルが残ったことに安堵し満足する語りも多く聞かれた。全国的に産業・土木遺産が保存費用や土地利用の問題から次々と姿を消す状況にある中で、東田第一高炉の保存は必ずしも容易ではなかった。高炉への多くの人々の思い入れがこの難事業を成し遂げたといえる。

（山本理佳）

古河鉱業若松ビル

古河の筑豊進出と若松支店

蒸気機関の導入（一八八〇〈明治十三〉年に杉山徳三郎が目尾炭坑で成功）と撰定鉱区制（一八八八〈明治二十一〉年）とによって、筑豊石炭産業は大規模鉱区による採炭へと近代化され、それが同時に財閥系資本の進出となった。この先駆けは三菱であった。三菱が安川敬一郎などを仲介として新入炭坑を買収したのは一八八九〈明治二十二〉年のことである。古河は一八九四〈明治二十七〉年に下山田に鉱区を入手して進出を果たした。足尾銅山精錬用のコークス製造（東京深川の骸炭所）の原料炭を確保するために、古河は石炭業に進出した。明治二十九年に杉山から目尾《しゃかのお》炭坑を買収して、本格的な経営にあたった。明治三十二年には西部鉱業所を設置して、目尾・下山田・太田（長崎県）の三炭鉱を所管し、この販売担当として門司出張所（明治三十四年）、若松出張所（同三十六年）が置かれた。この時が、古河の若松進出の最初である。一九一四（大正三）年には、古河は伊藤伝右衛門と折半出資で大正鉱業（株）を設立し、一九一八（大正七）年に古河鉱業（株）若松営業所と改称した。「旧古河鉱業ビル」は、この時に建設された。目尾炭鉱はこの頃がピークであり、販売は一九二一（大正十）年に門司支店（大正元年昇格）が廃止され、若松営業所が支店に昇格して担当した。この頃、若松港における石炭商は、三井二〇％、三菱一三％についで古河が九％を占め、地元大手の安川商店七％を上回っていた。古河の取扱量は、これ以降停滞していったが、戦時期には再び増大し、三井・三菱・貝島・古河・安川の大手石炭商が若松港積み出しの過半を占めた。昭和十五年は若松駅の石炭輸送記録の年であった。一日に四八本の石炭列車二三〇〇両が三万五〇〇〇トンを若松駅に運び込んだ。若松港は「日本一の石炭積出港」を謳歌していた。若松南海岸通りには、石炭会社が軒を連ねた。戦後の出炭は、エネルギー政策の転換の中で、昭和三十三年頃がピークで、昭和四十四年に目尾鉱業所、昭和四十五年のいわゆる「なだれ閉山」の年に下山田鉱業所が閉山し、古河は筑豊から撤退した。昭和四十二年に若松営業所は九州営業所と改称し、同四十四年には九州営業所（福岡市）若松分室と縮小し、同四十五年二月、閉山・撤退とともに若松分室は閉鎖された。

旧古河鉱業ビルの前途が危うくなる

平成七年二月、旧古河鉱業ビルはテナントの「ひびき灘開発（株）」が移転し、新たな借り手がなく、空き家になる見込みとなった（実際には、その後若築建設（株）が一時的に借用し、翌年十二月に転出して空き家となった）。所有者の日鉄鉱業（株）は、当分の間取り壊すことなく静観する予定であった。以前から「買取」を企業に持ちかけたが、不調に終わっていた。

若松駅舎解体の無念から、地元が機敏に動き出す

地元住民が、間髪を入れず、機敏に動いた。平成七年三月二日、「～まちづくりフォーラム～　若松南海岸通りの歴史と景観を考える」が開催された。若松区商店街連合会が主催し、若松商工会議所・若松区自治総連合会・若松区婦人会連絡協議会・若松区活性化協議会・若松区役所などが後援した。出発点で、行政・経済界・地域住民挙げての取り組みとなった。

フォーラムは、山本博徳（北九州市都市計画局都市美デザイン室）が「若松の風景と景観を活かしたまちづくり」を基調講演し、「若松南海岸通りの歴史的情緒とまちづくり」をディスカッションした。ここでは、旧古河ビルなどの歴史的建造物を中心施設として、南海岸一帯を「生活レトロ地域」とし、既存の市街地を再生するまちづくりを行なっていくことが、これからの若松にとって必要だという意見で一致した。

こうした迅速で、熱気ある立ち上がりには、一つの大きな理由があった。石炭輸送を通して、かって日本一の貨物量を誇り、一九一六（大正五）年建築の由緒あるルネッサンス様式の若松駅舎を、昭和五十九年にいとも簡単に失ってしまったという無念と苦い経験であった。

「考える会」発足

フォーラム後の四月には、若松商店街連合会会長山口久の呼びかけで、「若松南海岸通りの歴史と景観を考える会」（十三団体、会長山口久、以下「考える会」）が発足した。以

〈上〉旧古河鑛業ビル

降の活動の主体が確立した。

「考える会」は、当初は関係機関との情報交換・意見交換を精力的にこなしていった。若松区長・まちづくり推進課・教育委員会と意見交換し、旧古河ビルの歴史的評価を確認し、区役所が関係団体の中継の役割を担うことになった。北九州市長にも協力を要請した。

所有者の日鉄鉱業北九州営業所および九州支店を訪問し、「ただちに取り壊す考えはない」、「地元の具体的な行動を見ていきたい」という意向を確認した。

他方で、「郷土若松ふるさと学習」にも取り組んだ。若松・浜町小学校の六年生八五人を対象に、若松の歴史と南海岸通りの学習会を行ない、若戸渡船の体験乗船を行なった。

「若松バンドの保存と今後の展開」シンポジウムポスター

調査報告書

平成九年十一月、北九州市教育委員会に調査委員会が設けられ、旧古河鉱業ビルの「歴史的・文化的価値及び建物の構造とその現状調査」を行った。翌年三月には『旧古河鉱業若松支店ビル調査報告書』（片野博、九州芸術工科大学）がまとめられ、歴史的、建築的、景観的に保存価値が高いことが認められた。ただし、なぜかこの『報告書』はしばらく公表されなかった。

（一）歴史的価値

本建築は、筑豊地域で炭鉱を経営し、日本の近代化を支えた財閥系企業である古河鉱業が、石炭積出港として重要な役割を果たした若松に開設した支店として建設されたものである。従って、財閥系中央資本の経営になる石炭産業を徴証する近代遺産として貴重な存在である。

また、若松の都市史を直截に物語る建築として貴重である。

（二）建築的価値

明治期の様式建築と昭和期の近代デザインの狭間に位置した大正建築の意匠的特質を明瞭に示し、その意匠的特質を伝える旧状を細部にわたるまで残した建築として貴重な存在である。

日本におけるオフィス建築の最初期の例に属し、現存する数少ないオフィス建築の遺構として重要である。鋭角性の強調された独特の景観を提供し、建物の各隅に塔屋を配置する古典様式の手法が忠実に守られており、大正初期のオフィスビルの平面的要素が凝縮されている。

（三）景観的価値

海岸通り＝バンドは、近世港町には存在しない近代港湾都市に固有の都市空間であり、バンドのオリジナルな景観を残す港湾都市は、早くに港湾機能を失った都市を除くと、日本では若松のみとなってしまった。このバンドの貴重な景観を構成する建築として、本建築物は貴重である。

また、灯台に見立てた塔を備え、内部空間に海への眺望を取り入れるなど、内外の建築意匠においても、海岸通り＝バンドの景観と一体性をなす建築として貴重な存在である。

（以上は要約）

会社の取り壊し方針

平成十年十一月、日鉄鉱業が取壊しの方針を明らかにした。これに対応して、一年以内（平成十二年十二月まで）に具体的な結論を出すことが迫られた。

署名と募金

切迫した中で、「考える会」は、まず連続シンポジューム「若松バンドの保存と今後の展開」を組織した。保存価値を確認し（第一回、平成十二年一月）、市民運動として取り組むこと（第二回、同年四月）、利用計画を検討した（第三回、平成十三年二月）。区役所が共催し、若松信用金庫が後援した。第一回では『報告書』調査者（片野教授）が基調講演し、保存価値を専門的・具体的に初めて公にした。二・三回ではトラスト運動、神戸の近代化遺産を保存活用したまちづくりという先進的な取り組みが当事者から報告され、若松における具体化を考える場を提供した。

こうした世論の盛り上がりを背景に、「考える会」は、署名と募金活動に乗り出した。

同年三月には、四万五〇〇〇の署名簿を携え、市長に保存・活用を要請した。この数日後には、若松区選出議員団が超党派で市長に働きかけた。

四月になると、「旧古河鑛業ビル保存期成会」が結成され、六月から寄付金募集を開始することにした。「期成会」は「考える会」の他に、若松信用金庫・ひびき灘開発・若築建設・鶴丸海運・中央興産の五企業から構成された。寄付承諾企業は三八団体に及んだ。特徴的であったのは「自治会がとりまとめを行った区民募金」である。「区内約三〇、〇〇〇世帯に対し、一世帯あたり一〇〇円の募金を依頼したところ、ほとんどの世帯から協力が得られ」、金額は二九〇万円に達した。十二月には、総額七四〇一万六二一二円の寄付承諾書を市長に引き渡した。

保存活用の決定と改修工事

他方で、北九州市は「旧古河鉱業若松支店ビル構造等調査」を行い、①構造体の把握、②外装材の劣化評価、③耐震診断、によって「補強の必要な建物」と判断した。

全体の診断値は比較的良い数値を示していることから、次のような補強を行うことにより、本建物の耐震性を確保することが可能と思われる。

・屋根面及び2階床面の剛床を鉄骨部材等を用いて成立させる
・壁の局部破壊を防ぐため、鉄筋による補強を行う
・一階の耐力に余力を持たせるため、コンクリート壁を追加する

（以上は要約）

こうして、平成十三年十二月末に、北九州市は保存活用を決定した。建物は所有者の日鉄鉱業から寄付を受け、用地費を含め四億円で改修を行い、コミュニティー拠点として活用する。管理運営は地元まちづくり団体などで構成される管理運営委員会に委託する、というものであった。

翌年になると、北九州市が用地を買収し、平成十五年から改修工事を始めた。他方でまちづくり団体などは、ワークショップを開催し、ビル活用策を検討した。コンセプトは「多くの人が集い、語らい、文化活動やまちづくり活動参画する地域のコミュニティ拠点」、サブタイトルを「南海岸生活創造館」とした。

実際の活用をにらんだまちづくりの論議が進行した。「のぞいてみよう／昔の若松　考えてみよう　これからの若松」が話し合われている。

南海岸通りの近代化遺産群の調査がNPO北九州COSMOSクラブによって実施された。旧麻生鉱業ビル、旧石炭会館、大正ビルなど。こうした近代化遺産群を町並みとして保存活用していく方向も提案している。

平成十六年九月十八日、改修工事を終えて、指定管理者制度による旧古河鉱業ビル管理運営委員会（山口久会長）がスタートした。

平成七から九年に及ぶ運動の成果が実を結んだ。この間、活気ある論議の輪は確実に拡がった。しかし若松中心街の「衰退」に歯止めがかかったわけでもない。また、旧古河鉱業ビル以外の南海岸通り近代化遺産群をどうするか。わずか一つが終わり、次が始まっている。

（山口久・清水憲一）

堀川運河

堀川運河は、運河本来の役割を終えて以降、度重なる洪水、水質悪化など河川としての環境悪化に見舞われていた。そして改修工事の進展により洪水が避けられるようになって以後、ふるさとの川を守り活かそうとする試みが行われている。その背景には、堀川が歴史的な価値を持つことに加え、住民の記憶に堀川が美しかった頃の思い出や、運河として機能していた頃の姿があるものと考えられる。

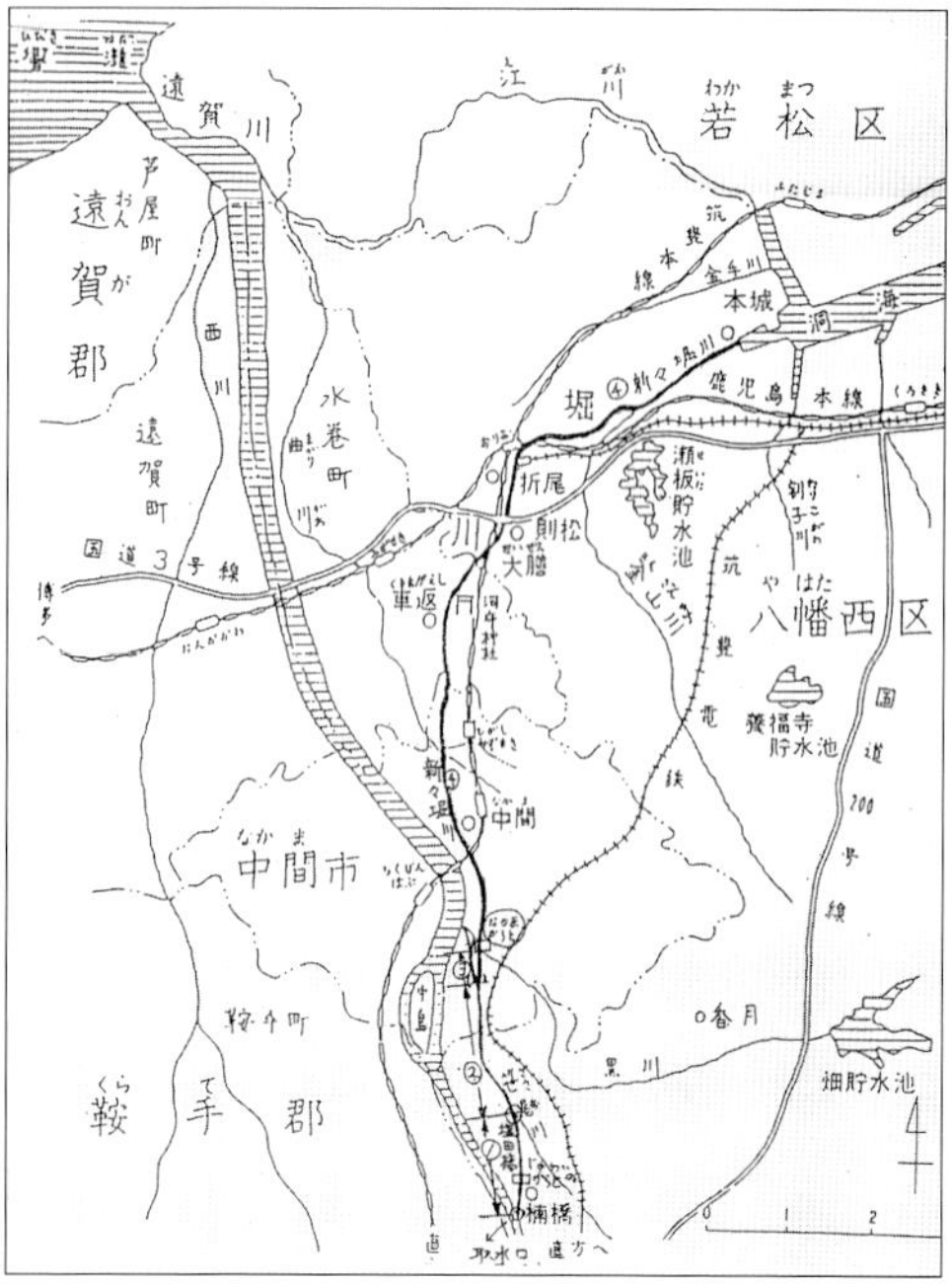

かつては清流の遊び場

「堀川再生の会五平太」が古老から聴き取った記録『昭和の遠賀堀川』（平成十七年）には、「昔はきれいな川だった」ことが、「再生」への思いと同時に多く語られている。周辺住民の複数の発言や手記によれば、戦前から昭和二十年代にかけて、堀川は今では考えられないほどの清流で、うなぎを取って食べることができるなど、食料事情の悪い時代には食べる手段にさえなっていた。また、子供が水遊びをするなど、堀川の原風景として美しい光景が脳裏に焼きついていることがうかがえる。

「無惨堀川」

とくに戦後復興期から閉山にいたる筑豊炭鉱のはなやかな頃、堀川の水質は洗炭によって著しく悪化した。堀川は

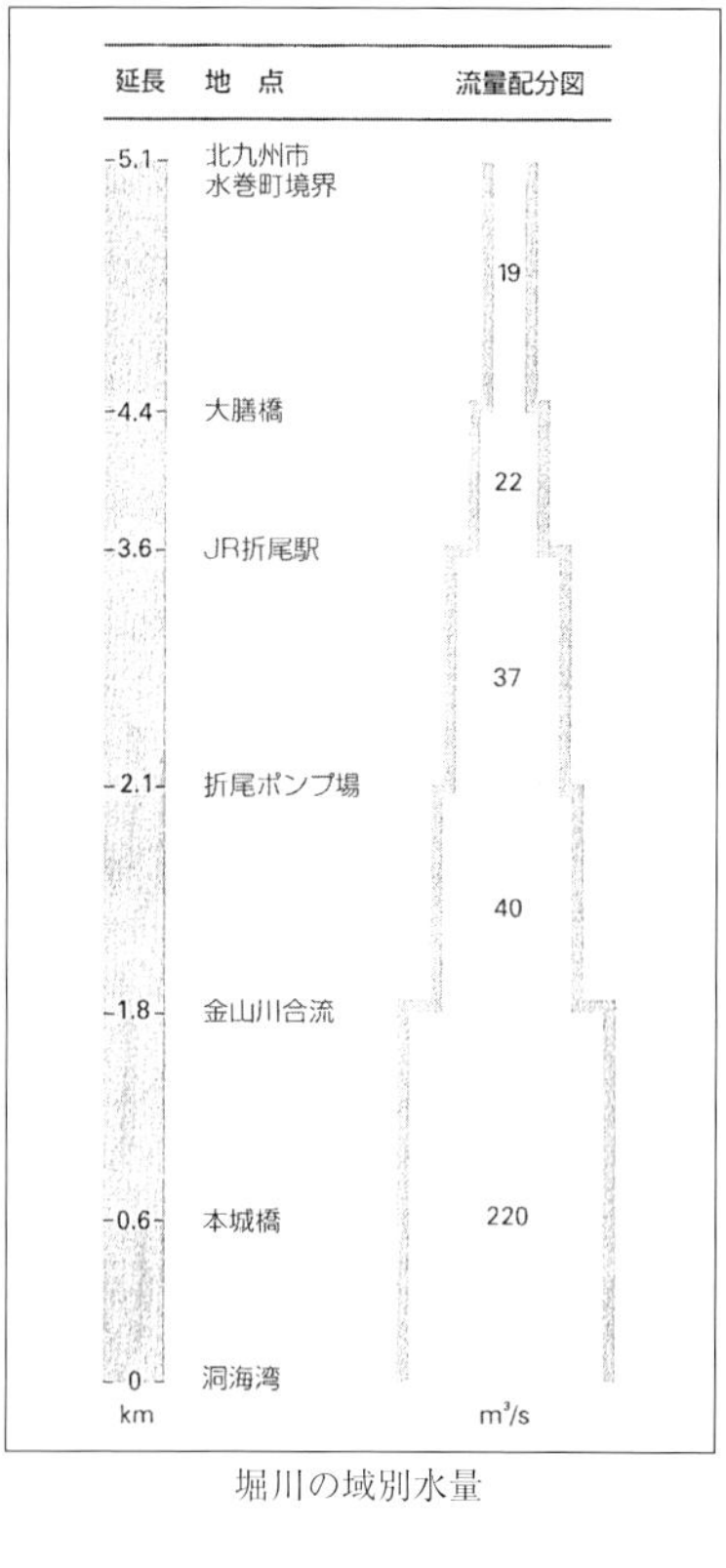

堀川の域別水量

その粉炭で薄汚れ、周辺住民は、これを集め丸めて乾燥させ、『ドベ炭』と称して燃料に使っていた。ドベタンが堆積して川底があがり、炭坑の閉山は相次いだが採掘跡は地盤沈下し、大雨のたびに水が溢れ、流域の洪水は深刻であった。梅雨時は毎年床下床上浸水に悩まされた。

昭和四十年代に入っても、洪水の発生、生活雑排水の流入、合成洗剤の普及、悪臭や害虫の発生など、環境はむしろ悪化した。この頃、折尾周辺住民らによる「堀川改善推進委員会」によって草刈やゴミ拾いなどの清掃活動が行われ、八ミリ映画「無惨堀川」が自主制作された。

大雨の時には、折尾駅前広場の暗渠にある柱に流入物が引掛かり、流れを妨げられた水は折尾の町にあふれ出た。その後、暗渠入口に異物の流入を防ぐための格子が設置されたが、逆に流れを堰き止めることになってしまい、状況の改善はみられなかった。また、さらに上流の「車返《くるまがえし》の切貫《きりぬき》」手前や、曲川と堀川の立体交差部分においても、大雨時に水が溢れ出る状況であった。

改修工事と「伏越《ふせこし》」撤去

このような生活をおびやかす状況に対応するために、中間唐戸から洞海湾にいたる堀川は「新々堀川」として、昭和四十七年から都市基盤整備事業「新々堀川都市基盤河川改修事業」（最終的には平成十九年度）が着手された。「折尾駅を中心とした地域は低地のまま都市化が進み、内水排除が非常に悪く、河川断面もヘドロの堆積で不足しているうえ、洞海湾からの潮の影響もあって」、整備の必要があった。平成九年までに定格橋下流までの改修と排水機場が整備された。折尾駅前では折尾駅東地区再開発によって暗渠の拡

〈上〉工事中の新発見：艜を進めるため、船頭が棹を差す小穴が掘られていた

〈下〉かつての川底はカラー舗装されて遊歩道に…

大や柱の撤去などの改善がなされた。また、曲川《まがりかわ》と堀川の立体交差「伏越」が、昭和六十一年に撤去されてしまった。この撤去で、堀川の水は曲川に注ぎ、曲川より一段と高い下流部の堀川には水が自然に流れ込まず、ポンプアップに頼らざるをえない状況となった。これらの改修工事によって、この地域は水害から逃れられるようになったが、堀川はコンクリートの壁に囲まれ、巨大な排水溝の様相を呈するようになった。この潤いと風情のない姿に、往年の美しい姿や歴史的価値を知る住民は心を痛めていた。

川底の掘削工事

「車返の切貫」川底掘削工事

平成十一年、六月の集中豪雨で冠水被害を受けた水巻町は、町長名で福岡県議会土木常任委員会へ「新々堀川の改修工事」を陳情した。これを受けて、堀川を管理する福岡県北九州土木事務所は、水の流れを確保するために、川底の岩盤を掘削する工事を始めた。平成十二年度に「車返の切貫」手前までの工事を終え、次に工事の延長が日程にのぼってきた。

「車返の切貫」とは、水巻町の河守《かわもり》神社から折尾高校下にかけての約四〇〇㍍が、江戸時代に槌とノミで岩を砕く幻の「とび切り技法」によって、苦難の末に開削された場所で、その跡を残していた。この区域の川底に、巾一㍍の溝を掘っていくというものであった。

「北九州市の文化財を守る会」など地元六団体は、「遠賀堀川の文化財を守る会」を発足させ、掘削工事の中止と「車返の切貫」を県文化財に指定して永久保存を求めて、福岡県知事に陳情を始めた。何度か協議がもたれ、その間工事は中断した。この問題がマスコミ報道される中、北九州市文化財保護審議会も現地調査し、「河床の掘削工事後の県指定文化財の指定申請ということよりも、今すべきことは現状保存である。当時の堀川を最も良く残した『車返の切貫』は、小学生が郷土の歴史を学習する大切な場所でもあるので、環境浄化は他の方法（水量確保など）で行って欲しい」と、県土木事務所に強く申し入れることを全会一致で決議した。

こうした中で、平成十四年に入ると県土木事務所の所長以下の人事異動があり、地元との協議は平行線をたどった。平成十五年五月、県事務所が工事着手を告げた。「守る会」は、県議会にも陳情したが、無視された。こうして、この年の十一月に掘削が始められた。岩盤を砕く轟音が山峡にこだまし、切貫の景観が変えられていった。

堀川「再生」の運動

この掘削工事をきっかけに、堀川「再生」を考える住民運動が本格化した。

平成十三年、周辺自治体、河川を管理する福岡県は「堀川再生を考えるシンポジウム」をもち、行政と住民が一体となって堀川について考え直し、地域の財産として今後の可能性を探る試みが行われた。翌年度は「わいが堀川塾」として名前を変えて実施され、折尾周辺住民による清掃活動、JR九州折尾駅主催による「堀川ウォーク」が連携して行われるなど、活動は広がりを見せた。さらに周辺住民による「堀川を考えるワークショップ」は堀川に関わる人のネットワークに着手し、「わいが堀川塾」の企画、堀川の将来像の検討、水質・生物の調査と改善への取り組みなどをグループごとに行っていった。EMだんごを投下して、水質を浄化する試みも始まった。その活動成果は「第二回わいが堀川塾」で発表された。

堀川開削二百周年事業のポスター

平成十六年には堀川開削二〇〇周年記念事業として、これまでの企画に加えて、水と風と光をテーマにしたアートとライブのイベントが行われるなど活動が着実に進展していった。このように、堀川運河の保存活用への取り組みは、行政と住民が一体となって継続的に行われ、参加者を増やしつつ発展が続いている。

変わり果てた「切貫」の景観を取り戻すためにも水の流れを復活し、「切貫」を永久保存しながら、「市街地を流れる川」として回復する必要がある。平成十六年から検討が始まっている「折尾地区総合整備計画」と連動し、由緒ある折尾駅舎などのこの地区の近代化遺産とともに、市民に親しまれる空間の創造を考えていく必要があろう。

（青地学、瓜生浩義、清水憲一）

北九州の近代化遺産一覧

門司

旧名称	現名称	分類	住所	現用途	竣工年	構造	見学可能	備考欄
浅野セメント門司工場	太平洋セメント旧門司工場守衛所	建築・工業	門司区風師1丁目4－51	不動産預		木?	外観○	二〇〇八年解体
浅野セメント門司工場工場棟	太平洋セメント旧門司工場工場棟	建築・工業	門司区風師1丁目4番	不明	大正期	コンクリート	外観○	二〇〇八年解体
浅野セメント門司工場本事務所	太平洋セメント旧門司工場本事務所	建築・工業	門司区風師1丁目4番	不明	1928	コンクリート	外観○	二〇〇八年解体
浅野セメント門司工場変電所	太平洋セメント旧門司工場変電所	建築・工業	門司区風師1丁目4番	不動産預	1918	煉瓦	外観○	二〇〇八年解体
磯部竹次郎邸	磯部邸	建築・生活	門司区風師3丁目4－13	住居	1933	木?	×	設計磯部竹次郎他
磯辺仁左衛門邸	料亭岡崎	建築・商業	門司区老松町11－7	商業施設		木	○	
飯野物産門司営業所	同上	建築・工業	門司区大里本町2丁目3－1	工業施設	大正期	煉瓦	外観○	
出光商会倉庫	出光美術館	建築・商業	門司区東港町2－3	余暇施設		木	○	
岩田商店	同上	建築・商業	門司区東本町2丁目6－24	余暇施設	1921	木	○	市指定文化財、近年改修
内山医院	同上	建築・医療	門司区葛葉2丁目4－9	医療施設		木	外観○	
大分銀行大里支店	岡野商事ビル	建築・商業	門司区中町1－17	事務施設	1954	コンクリート	×	設計施工佐伯建設
大久保貯水池	同上	土木・水道	門司区大字大里	水道施設	1925	煉瓦	○	
大阪商船門司支店	北九州市旧大阪商船	建築・商業	門司区港町7－18	静態保存	1917	木	○	国登録文化財／設計河合幾次／施工内海鶴松
燕島水雷特攻基地跡	同上	土木・軍事	門司区大字喜多久	放置	昭和戦前期	コンクリート	×	
関門鉄道トンネル	同上	土木・交通	門司区－下関市	交通施設	1942	コンクリート	×	設計施工／鉄道省下関工事事務所
関門鉄道トンネル試験坑道竪坑	同上	土木・交通	門司区小森江3丁目11番	交通施設	1939	コンクリート	外観○	設計施工／鉄道省下関工事事務所
関門連絡通路監視室	同上	土木・他	門司区西海岸1丁目5－31	静態保存	昭和初期	コンクリート	○	
九州鉄道客車チブ37	同上	機械・交通	門司区清滝2丁目3－29	静態保存	明治期	木など	○	
九州鉄道本社	九州鉄道記念館	建築・交通	門司区清滝2丁目3－29	静態保存	1891	煉瓦	○	近年内部喪失
豊国館	和生産業	建築・余暇	門司区風師3丁目6－18	事務施設	大正期	木	外観○	
芸者置屋建築	魚住酒店	建築・商業	門司区清滝4丁目2－35	商業施設	大正期	木	○	
神戸製鋼所門司工場	神鋼メタルプロダクツ株式会社事務所	建築・工業	門司区小森江2丁目2－1	事務施設	1935	コンクリート	×	
古城砲台跡	同上	土木・軍事	門司区大字大里	静態保存	1890	煉瓦	○	
小森江浄水場	同上	土木・水道	門司区羽山2丁目12番	不明	1911	コンクリート?	外観○	

小森江貯水池旧取水塔	同上	土木・水道	門司区大字小森江	静態保存	1911	煉瓦	○	
笹尾砲台跡	同上	土木・軍事	門司区大字大里	不明	1889	煉瓦	○	
三宜楼	同上	建築・商業	門司区清滝3丁目6－8	放置	1930	木	外観○	大工岡田孫治郎・柴嵜榮助
桜隧道	同上	土木・交通	門司区丸山吉野町14番	交通施設	1914	コンクリート	○	
さくら湯	同上	建築・商業	門司区大里本町2丁目9－3	商業施設		木	×	
主蒸気止弁	同上	建築・工業	門司区中町1－14	静態保存	1937	鉄	×	
新海運ビル	同上	建築・商業	門司区西海岸1丁目4－16	事務施設	1933頃	コンクリート	○	設計門司市職員・吉永／施工木下組／平成初期改装
鈴木商店醸造施設	ニッカウヰスキー門司工場醸造棟	建築・工業	門司区大里元町2－1	工業施設	大正期	煉瓦	許可制	近年屋根改修
大光明院旧鐘楼台座	同上	土木・宗教	門司区庄司町16－16	静態保存	1930	コンクリート	○	施工吉賀規矩夫
大里商業建築	柳荘	建築・商業	門司区高田1丁目8－25	商業施設		木	外観○	
大里精糖所倉庫棟	関門製糖株式会社倉庫棟	建築・工業	門司区大里本町1丁目2－1	工業施設	1904	煉瓦	×	
大里精糖所工場棟	関門製糖株式会社工場棟	建築・工業	門司区大里本町1丁目2－1	工業施設	1904	煉瓦	外観○	
大里製粉所製品倉庫	日本製粉旧門司工場製品倉庫	建築・工業	門司区大里元町5－19	倉庫	1910	煉瓦	外観○	設計林栄次郎／施工前田組／二〇〇九年解体
大里製粉所倉庫	ニッカウヰスキー門司工場倉庫	建築・工業	門司区大里元町3－1	倉庫	1916頃	煉瓦	外観○	近年屋根改修
大里倉庫株式会社倉庫	岡野バルブ製造第二機械工場	建築・工業	門司区中町1－17	工場施設	1920	煉瓦	外観○	
大連航路待合所	西海岸1号上屋	建築・港湾	門司区西海岸1丁目3－5	港湾施設	1929	コンクリート	外観○	設計大蔵省営繕管財局工務部工務課／施工清水組？
田原印刷	同上	建築・商業	門司区風師3丁目8－21	事務施設	1926	木	外観○	
田村歯科医院	同上	建築・医療	門司区風師3丁目8－23	医療施設			外観○	
畜産組合馬水飲場	同上	土木・他	門司区西海岸1丁目	静態保存	昭和初期	石	○	近年修景
帝国麦酒門司工場倉庫	門司赤煉瓦倶楽部	建築・工業	門司区大里本町3丁目11－1	商業施設	1913	煉瓦	外観○	
帝国麦酒門司工場変電所	赤煉瓦物産館	建築・工業	門司区大里本町3丁目	商業施設	1917	煉瓦	○	設計独ゲルマニア社
帝国麦酒門司工場仕込場	サッポロビール旧九州工場醸造棟	建築・工業	門司区大里本町3丁目11－1	静態保存	1913	煉瓦	外観○	設計独ゲルマニア社
帝国麦酒門司工場事務所	北九州市門司麦酒煉瓦館	建築・工業	門司区大里本町3丁目6－1	静態保存	1913	煉瓦	外観○	設計林栄次郎
鉄道院門司駅	JR門司港駅	建築・交通	門司区西海岸1丁目5－31	交通施設	1914	木	○	国重要文化財／設計鉄道院鉄道管理局工務課／施工菱川組
西鉄バス東本町定期券うりば	同上	建築・交通	門司区東本町1丁目3－3	交通施設			外観○	二〇〇六年解体
西海岸2号上屋	同上	建築・港湾	門司区西海岸1丁目3－43	港湾施設	1938	コンクリート	外観○	施工清水組
日本国有鉄道59634号蒸気機関車	同上	機械・交通	門司区清滝2丁目3－29	静態保存	1922～	鉄	○	製造川崎造船所
日本国有鉄道C59－1号蒸気機関車	同上	機械・交通	門司区清滝2丁目3－29	静態保存	1941～	鉄	○	製造汽車製造

旧名称	現名称	分類	住所	現用途	竣工年	構造	見学可能	備考欄
日本国有鉄道EF10－35号電気機関車	同上	機械・交通	門司区清滝2丁目3－29	静態保存	1941	鉄	○	製造芝浦電気・汽車製造
日本国有鉄道キハ07－41号	同上	機械・交通	門司区清滝2丁目3－29	静態保存	1937～	鉄	○	製造日本車輌
日本郵船門司支店	門司郵船ビル	建築・商業	門司区港町7－8	事務施設	1927	コンクリート	外観○	設計八島知／施工大林組
福岡銀行旧門司駅前支店	岡野バルブ製造電算室	建築・金融	門司区中町1－18	不動産預	昭和20年代	コンクリート？	外観○	
ふく料亭大和	同上	建築・商業	門司区清滝3丁目6－10	商業施設	1928	木	○	
藤本ビルブローカー銀行門司支店	福岡中央銀行門司支店	建築・金融	門司区浜町2－18	金融機関	1924	コンクリート	外観○	設計武田五一／施工竹中工務店／二〇一一年解体
双葉券番	錦町公民館	建築・余暇	門司区本町3－15	余暇施設	1937	木	○	施工中川組
部埼灯台	同上	土木・交通	門司区白野江部埼	港湾施設	1872	石	外観○	設計R．H．ブラントン
部埼灯台吏員退息所	同上	建築・交通	門司区白野江部埼	交通施設	1872	石	外観○	設計R．H．ブラントン／屋根部改装
芳翠園	同上	建築・商業	門司区丸山吉野町1－4	商業施設			外観○	
丸山山荘	同上	建築・商業	門司区丸山2丁目12－6	住居		木	×	
三井倉庫門司支店倉庫	同上	建築・商業	門司区東港町3－4	倉庫	1908	煉瓦	外観○	二〇〇六年十一月解体
三井物産門司支店	JR九州第一庁舎	建築・商業	門司区西海岸1丁目6－2	活用予定	1937	コンクリート	外観○	設計松田軍平／施工清水組
三井物産寮・菱和荘	カボチャドキヤ国立美術館	建築・生活	門司区谷町2丁目6－32	静態保存	1907	煉瓦	○	
三井物産旧社宅	同上	建築・生活	門司区谷町2丁目6－2・33～35	住居	1907	木	×	二〇〇八年頃解体
邑本倉庫	門司レトロ駐車場煉瓦壁	土木・商業	門司区東港町2番	静態保存		煉瓦	○	
明治天皇休憩所	御所神社	建築・宗教	門司区大里戸ノ上1丁目11番	宗教施設	1902	木	外観○	
門司港浮き桟橋跡	同上	土木・港湾	門司区東港町	静態保存	1919	石など	○	
門司公共臨港鉄道大久保線隧道	同上	土木・交通	門司区大字門司	不動産預		コンクリート	外観○	
門司鉱山	同上	土木・工業	門司区青葉台	放置	大正期	その他	×	
門司港第一船溜り岸壁	同上	土木・港湾	門司区港町	交通施設	1930	コンクリート	○	
門司市役所	門司区役所	建築・行政	門司区清滝1丁目1－1	事務施設	1930	コンクリート	○	登録文化財／設計倉田謙／施工大林組
門司信用組合	福岡ひびき信用金庫門司港支店	建築・金融	門司区東本町1丁目2－9	金融機関	1930	コンクリート	外観○	設計門司市技師／施工大倉土木／二〇〇九年解体
門司信用組合葛葉支店	オレンジ薬局	建築・金融	門司区葛葉2丁目3－8	医療施設	昭和戦後期	コンクリート	外観○	
門司信用組合小森江支店	福岡ひびき信用金庫小森江支店	建築・金融	門司区羽山1丁目3－18	金融機関		コンクリート	外観○	
門司税関	同上	建築・行政	門司区東港町1－24	静態保存	1912	煉瓦	○	設計妻木頼黄・咲寿栄一／施工清水組
門司税関3号上屋	同上	建築・港湾	門司区西海岸2丁目2－80	港湾施設	1934	コンクリート	外観○	施工間組

門司税関4号上屋	同上	建築・港湾	門司区西海岸2丁目2－19	港湾施設	1935	コンクリート	外観○	施工間組
門司税関大里仮置場詰所	和幸運輸	建築・工業	門司区大里本町1丁目1－2	工業施設	1910頃	煉瓦	外観○	
門司文化服装学院	同上	建築・教育	門司区庄司町3－18	教育施設		木	外観○	
門司米穀倉庫	福岡食糧事務所門司倉庫	建築・行政	門司区大久保2丁目11	不動産預	1927	コンクリート	×	施工大林組
門司米穀倉庫事務所	福岡食糧事務所門司倉庫事務所	建築・行政	門司区大久保2丁目10－1	不動産預	1927	コンクリート	×	
門司三井倶楽部	北九州市門司三井倶楽部	建築・余暇	門司区港町7－1	静態保存	1921	木	外観○	国重要文化財／設計松田昌平
門司郵便局電話課	NTT門司営業所	建築・行政	門司区浜町4－1	事務施設	1924	コンクリート	○	設計山田守／施工橋元組
矢筈山堡塁	同上	土木・軍事	門司区大字大里	不明	明治中期	煉瓦	○	
料亭醍醐	同上	建築・生活	門司区清滝3丁目3番	住居	大正期	木	×	
料亭ひろせ	同上	建築・商業	門司区清滝1丁目8－14	商業施設	昭和戦後期	木	○	
横浜正金銀行門司支店	山口銀行門司支店	建築・金融	門司区清滝2丁目3－4	金融機関	1934	コンクリート	外観○	設計桜井小太郎／施工竹中工務店
星木邸煉瓦倉庫	同上	建築・工業	門司区大里本町2丁目8－25	工業施設		煉瓦	外観○	

小倉

浅野セメント旧苅田採掘場貯鉱庫	同上	土木・工業	小倉南区大字呼野	放置	1918頃	コンクリート	外観○	
愛宕橋	同上	土木・交通	小倉北区板櫃町	交通施設	1934頃	コンクリート	○	
足立山高射砲陣地跡	同上	土木・軍事	小倉北区足原	放置		コンクリート	○	通称「砲台山」
到津遊園子供ホール	到津の森公園子どもホール	建築・余暇	小倉北区上到津4丁目1－8	余暇施設	1936	コンクリート	外観○	施工間組？
頂吉堰堤	同上	土木・水道	小倉南区大字頂吉	水道設備	1939	土	×	
かねやす百貨店	小倉ワシントンビル	建築・商業	小倉北区魚町3丁目1－10	商業施設	1936	コンクリート	外観○	
北川生あん所	同上	建築・工業	小倉北区紺屋町10－1	工業施設		木	外観○	
北九州市森鷗外旧居	同上	建築・生活	小倉北区鍛治町1丁目7－2	静態保存	1897？	木	○	市指定文化財
金邊隧道	同上	土木・交通	小倉南区大字呼野	交通施設	1917	煉瓦	外観○	
県立小倉中学校補習科	明陵学院	建築・教育	小倉北区愛宕2丁目7－3	教育設備	1934？	木	外観○	二〇〇七年解体
工兵第十二大隊旧倉庫	同上	土木・軍事	小倉南区若園町	放置	明治期	煉瓦	○	
湖月堂酒類施設	湖月堂赤煉瓦館	建築・商業	小倉北区京町2丁目6－14	商業施設	1918	煉瓦	外観○	
小倉かまぼこ本社	同上	建築・商業	小倉北区魚町4丁目4－5	商業施設		木	外観○	
小倉警察署	ブルーブルー小倉	建築・行政	小倉北区室町2丁目2－1	医療施設	1890以前	木	○	近年屋根改修
小倉造兵廠施設	ワイ・イー・テック小倉工場	建築・工業	小倉北区城内4－38	工業施設	昭和戦前期	木	外観○	

旧名称	現名称	分類	住所	現用途	竣工年	構造	見学可能	備考欄
小倉鉄道石原町駅	JR石原町駅	建築・交通	小倉南区大字新道寺	交通施設	1915	木	○	
小倉鉄道金辺《きべ》隧道	JR金辺《きべ》トンネル	土木・交通	小倉南区大字呼野	交通施設	1915	石	×	
小倉鉄道東小倉駅旧階段口	同上	土木・交通	小倉北区高浜1丁目	放置		石	外観○	
小倉陸軍造兵廠旧職員住宅群	同上	建築・軍事	小倉北区黒住町	住居	昭和初期?	木	×	
小倉陸軍造兵廠旧地下施設	同上	土木・軍事	小倉北区大手町	不明	1931	コンクリート	×	施工清水組
小倉陸軍造兵廠旧防空監視哨	同上	土木・軍事	小倉北区大手町15番	静態保存	昭和戦前期	コンクリート	○	
寿橋	同上	土木・交通	小倉北区堺町2丁目	交通施設	1937	コンクリート	○	
許斐鷹介築港岸壁	住友金属小倉岸壁	土木・工業	小倉北区許斐町1番内	港湾設備			×	
米七ビル	同上	建築・商業	小倉北区魚町1丁目魚町銀天街	商業施設	1934	コンクリート	外観○	
地獄橋	極楽橋	土木・交通	小倉北区平松町	交通施設		コンクリート	○	
昭和池余水吐・トンネル	同上	土木・水道	小倉南区大字朽網	水道設備	1944	石	○	
昭和ビル	同上	建築・商業	小倉北区昭和町13-16	事務施設		煉瓦	外観○	二〇〇七年解体
白洲灯台	同上	土木・港湾	小倉北区藍島沖	港湾施設	1873	石	×	設計R．H．ブラントン
新日本製鐵紫川取水場ポンプ室	同上	建築・水道	小倉北区木町2丁目4-10	水道施設	1918	煉瓦	外観○	施工鴻池組
住友金属小倉給水塔	同上	土木・工業	小倉北区許斐町1番内	工業施設		コンクリート	×	
西南女学院ロウ講堂	同上	建築・教育	小倉北区上到津1丁目10-1	教育施設	1935	コンクリート	許可制	設計W．M．ヴォーリズ／施工竹中工務店
ダイソー（大阪曹達）小倉工場製品倉庫	同上	建築・工業	小倉北区高見台8-1	工業施設	1916	煉瓦	外観○	一部解体
高蔵山堡塁	同上	土木・軍事	小倉南区大字沼	放置	1900	コンクリート	×	
手向山砲台跡	同上	土木・軍事	小倉北区大字赤坂	静態保存	1888	コンクリート	○	
手向山砲台旧変電所	同上	建築・軍事	小倉北区大字赤坂	静態保存	1888	煉瓦	○	天井部喪失
鉄道院小倉工場貨車修繕工場	JR九州小倉工場倉庫	建築・工業	小倉北区金田3-1	工業施設	1918	煉瓦	×	
鉄道院小倉工場鍛冶場	JR九州小倉工場自連バネ検修場棟	建築・工業	小倉北区金田3-1	工業施設	1913	煉瓦	×	
鉄道院小倉工場鋲釘工場	JR九州小倉工場鉄工改造場	建築・工業	小倉北区金田3-1	工業施設	1914	煉瓦	年1回	設計鉄道院鉄道管理局／施工清水組
鉄道院小倉工場事務所棟	JR九州小倉工場事務所棟	建築・工業	小倉北区金田3-1	工業施設	1930以前	コンクリート	×	
デニソン式ワイヤロープ試験機	同上	機械・工業	小倉北区高浜1丁目3-1	不明	1890	鉄	×	移動保管
東京製綱旧小倉工場事務所	同上	建築・工業	小倉北区高浜1丁目3-1	事務施設	1906	煉瓦	×	施工清水組
東京製綱旧小倉工場倉庫	同上	建築・工業	小倉北区高浜1丁目3-1	倉庫	1906	煉瓦	×	施工清水組、解体計画有

道原貯水池	同上	土木・水道	小倉南区大字道原429番	水道設備	1913	土	×	
富野保塁跡	同上	土木・軍事	小倉北区大字富野	静態保存	1889	煉瓦	○	
西日本鉄道148号電車	同上	機械・交通	小倉南区志井公園1－1	静態保存	1940	鉄	○	製造日本車輌製造／二〇一〇年門司港レトロ地区に移設
日本基督教団小倉日明教会	同上	建築・宗教	小倉北区日明2丁目2－33	宗教施設	1941？	木	外観○	
日本国有鉄道D51－542号蒸気機関車	同上	機械・交通	小倉北区金田3－1	静態保存	1973	鉄	年1回	製造鉄道省小倉工場
櫨ヶ峠隧道	同上	土木・交通	小倉南区－行橋市	交通施設	1931	石	○	
春吉眼鏡橋	同上	土木・交通	小倉南区大字春吉	交通施設	1919	石	○	市指定文化財／大工中山熊次郎・佐島榮治
歩兵第四十七連隊将校集会所	自衛隊小倉駐屯地史料館	建築・軍事	小倉南区北方5丁目1－1	静態保存	1898	木	許可制	
呼野水路橋	同上	土木・水道	小倉南区大字呼野	水道施設		煉瓦		
ラジアルボール盤	同上	機械・工業	小倉北区金田3－1	工業機械	大正期	鉄	×	製造独KOLB
陸上自衛隊九州補給処城野支処	同上	建築・軍事	小倉北区片野新町3丁目1－1	軍事施設	1914	木？	×	二〇〇八年解体
陸上自衛隊小倉駐屯地曽根訓練場	同上	建築・軍事	小倉南区下吉田1丁目1番	軍事施設	昭和初期	コンクリート	×	
櫓山荘公園野外ステージ	同上	土木・生活	小倉北区中井浜	行政施設	1920	煉瓦	○	
鷲峰山高射砲陣地跡	同上	土木・軍事	小倉北区熊谷	放置		コンクリート	○	

若松

麻生商店若松支店	麻生鑛業ビル	建築・商業	若松区本町1丁目11－19	事務施設	1936	木	外観○	施工清水組、二〇〇六年十二月解体
飯野海運事務所	まちのカルシウム工房	建築・商業	若松区浜町1丁目6－23	事務施設			外観○	
石峰山高射砲陣地跡	同上	土木・軍事	若松区藤木	放置	1941	コンクリート	○	
大貝醤油工場	大貝不動産貸倉庫	建築・工業	若松区白山2丁目6－3	倉庫		木	外観○	
大庭邸旧付属倉庫	同上	建築・生活	若松区修多羅1丁目8－3	倉庫		煉瓦	×	
加藤歯科	同上	建築・医療	若松区本町2丁目10－22	医療施設	1936	コンクリート	外観○	二〇一〇年解体
霧島海運商会	同上	建築・商業	若松区浜町1丁目5－26	住居など		木	×	
軍艦防波堤	同上	土木・軍事	若松区響町1丁目	港湾設備	～1948	鉄	○	
金光教若松教会	同上	建築・宗教	若松区本町1丁目1－9	宗教施設		木	外観○	屋根部改装
住友銀行若松支店	インテリアショップおあしす	建築・商業	若松区本町2丁目13－26	商業施設	1902	煉瓦	外観○	
石炭会館	同上	建築・商業	若松区本町1丁目13－15	事務施設	1905	木	外観○	
園山呉服店	あやどりマーケット	建築・商業	若松区本町2丁目10－11	商業施設	1918	木	外観○	
高塔山高射砲陣地跡	同上	土木・軍事	若松区修多羅	静態保存	1941	コンクリート	○	高塔山公園内

八幡

旧名称	現名称	分類	住所	現用途	竣工年	構造	見学可能	備考欄
谷弥合名会社旧若松支店	同上	建築・商業	若松区本町1丁目6-27	住居?		木	外観○	
為末医院	亀井医院	建築・医療	若松区本町1丁目12-6	医療施設		木?	外観○	
俵寿し	同上	建築・商業	若松区西園町11-35	商業施設		煉瓦	○	
筑豊本線江川橋梁	同上	土木・交通	若松区二島1丁目	交通施設	1891?	煉瓦	外観○	
仁方越食堂	同上	建築・商業	若松区本町2丁目15-23	住居		木	×	
杤木ビル	同上	建築・商業	若松区本町1丁目15-10	事務施設	1920	コンクリート	外観○	設計松田昌平
日本国有鉄道19633号蒸気機関車	同上	機械・交通	若松区久岐の浜	静態保存	1917	鉄	○	製造川崎造船所
日本国有鉄道セム1000号貨車	同上	機械・交通	若松区白山1丁目18-1	静態保存		鉄	○	
日本油脂工業若松工場施設	日華油脂若松工場施設	建築・工業	若松区北浜1丁目8-1	工業施設	1917頃	煉瓦	×	
日本油脂工業若松工場事務所	日華油脂若松工場事務所	建築・工業	若松区北浜1丁目8-1	工業施設		煉瓦?	×	
林芙美子幼少期居宅	大森時計店	建築・生活	若松区本町1丁目8-5	住居	明治末期	木	×	
火野葦平旧居「河伯洞」	同上	建築・生活	若松区白山1丁目16-18	静態保存	1941	木	○	
古河礦業若松支店	古河鉱業若松ビル	建築・商業	若松区本町1丁目11-18	事務施設	1918	煉瓦	○	設計施工大林組/近年復元改修
弁財天上陸場	同上	土木・港湾	若松区本町1丁目	静態保存	1917	石	○	
防火用手押しポンプ	同上	機械・生活	若松区本町2丁目他	水道設備	1941	鉄	○	
三菱鉱業施設	小野田邸	建築・生活	若松区山手町2-2	住居	1924	木	×	
三菱鉱業支店長宅	富澤邸	建築・生活	若松区白山1丁目5-23	住居	1918頃	木	×	
三菱合資若松支店	上野海運ビル	建築・商業	若松区本町1丁目10-17	事務施設	1913	煉瓦	○	設計保岡勝也/施工清水組
八幡製鐵所分譲住宅群・洞岡村	同上	建築・生活	若松区宮丸1丁目15・16番	住居	1931	木	×	一部解体改装
吉田伝七商店	同上	建築・商業	若松区本町2丁目16-23	住居	1900	木	×	近年1階改装
料亭金鍋	同上	建築・商業	若松区本町2丁目4-22	商業施設	明治末期	木	○	国登録文化財
若松公証役場	同上	建築・行政	若松区浜町2丁目5-14	事務施設		木	外観○	
若松築港岸壁	同上	土木・港湾	若松区浜町1丁目など	港湾設備	1892	石	○	施工若松築港
若松築港港銭収入所見張所	同上	建築・港湾	若松区浜町1丁目地先	放置		コンクリート?	○	設計友田、解体計画有
若松バプテスト教会施設	同上	建築・宗教	若松区栄盛川町9番	倉庫?		煉瓦	外観○	
若松連歌町病院	若松労働会館	建築・医療	若松区浜町2丁目6-7	事務施設	1926	コンクリート	外観○	解体計画有

亜字池	同上	土木・水道	八幡東区大字大蔵	水道施設	1925	コンクリート	○	設計沼田尚徳他／施工八幡製鐵
岩渕橋	同上	土木・交通	八幡東区昭和2丁目	交通施設		コンクリート	○	
内ヶ畑橋	同上	土木・水道	八幡東区大谷2丁目	交通施設	1925	コンクリート	○	設計沼田尚徳・青崎秀雄／施工八幡製鐵
内ヶ畑歩道橋	同上	土木・交通	八幡東区大字尾倉	交通施設	1925	コンクリート	○	設計沼田尚徳・青崎秀雄／施工八幡製鐵
枝光橋	同上	土木・交通	八幡東区大字枝光	工業施設	1930	鉄	○	設計沼田尚徳他／施工八幡製鐵
大河原橋	同上	土木・水道	八幡東区大字大蔵	水道施設	1923	鉄	○	設計沼田尚徳・内山秀信／施工八幡製鐵
大谷会館	同上	建築・余暇	八幡東区大谷1丁目2番	余暇施設	1927	コンクリート	外観○	設計施工八幡製鐵
大谷球場	同上	土木・余暇	八幡東区大谷1丁目2－10	余暇施設	1928	その他	○	施工八幡製鐵
折尾駅交差構造部	同上	土木・交通	八幡西区堀川町1－1	交通施設	1890	煉瓦	○	
折尾駅下橋梁	同上	土木・交通	八幡西区堀川町	交通施設	大正期	煉瓦	○	
折尾警察署	折尾女子学園記念保存本館	建築・行政	八幡西区堀川町12番	教育施設	1906	木	×	
折尾高架橋	同上	土木・交通	八幡西区南鷹見町	不明	1914	煉瓦	○	
折尾教育系建築	同上	建築・宗教	八幡西区東筑1丁目4－1	倉庫		コンクリート	外観○	二〇〇七年解体
貝島鑛業大辻炭坑旧購買所	同上	建築・商業	八幡西区香月西1丁目9－3	商業施設	1919	木	外観○	
貝島鑛業大辻炭坑旧変電所	同上	機械・工業	八幡西区香月西3丁目	放置	1912	煉瓦	×	二〇〇七年解体
貝島鑛業大辻炭坑旧ポケット	同上	土木・工業	八幡西区香月西3丁目	放置	1924	コンクリート	×	二〇〇七年解体
貝島鑛業大辻炭坑旧山神宮	同上	建築・宗教	八幡西区香月西1丁目3番	放置	1935		×	
兼二橋	同上	土木・交通	八幡東区竹下町	交通施設	1934	コンクリート	○	
河内貯水池堰堤	同上	土木・水道	八幡東区大字大蔵	水道施設	1927	コンクリート	○	設計沼田尚徳他／施工八幡製鐵
河内貯水池管理事務所	同上	建築・水道	八幡東区大字大蔵	事務施設	1927	コンクリート	×	設計沼田尚徳他／施工八幡製鐵
川艜	同上	他・交通	八幡西区堀川町折尾高校内	静態保存		木	許可制	
祇園原公園	同上	土木・余暇	八幡東区祇園4丁目4－1	余暇施設	1935	土	○	
北河内橋	同上	土木・交通	八幡東区大字大蔵	交通施設	1922	コンクリート	○	設計沼田尚徳・松尾愛亮／施工八幡製鐵
北九州市水道局山ノ神ポンプ場	同上	建築・行政	八幡東区大谷2丁目7－1	水道施設	大正期	コンクリート	外観○	
北九州市水道局山ノ神事務所	同上	建築・行政	八幡東区大谷2丁目7－1	水道施設	大正期	コンクリート	外観○	
北九州市立自然史博物館旧分室	同上	建築・行政	八幡東区尾倉3丁目9－1	不明		コンクリート	外観○	
九州専門学校武道場	三菱化学黒崎事業所武道場・敬止館	建築・余暇	八幡西区黒崎城石1番	余暇施設	1944	木	外観○	近年大幅改修
九州鉄道旧茶屋町橋梁	同上	土木・交通	八幡東区茶屋町4番	静態保存	1891	煉瓦	○	施工九州鉄道／市指定文化財

旧名称	現名称	分類	住所	現用途	竣工年	構造	見学可能	備考欄
九州鉄道旧尾倉橋梁	同上	土木・交通	八幡東区尾倉１丁目７番ほか	住居など	１８９１	煉瓦	○	施工九州鉄道
九州電気軌道皇后崎変電所	西日本鉄道皇后崎変電所	建築・交通	八幡西区皇后崎２－25	工業施設	１９１４	煉瓦？	外観○	
熊西小学校旧奉安殿	同上	建築・教育	八幡西区楠橋上方１丁目４－１	宗教施設		コンクリート		
クレーン用モータ	同上	機械・工業	八幡西区黒崎城石２－１	静態保存	１９２４	鉄	×	製造安川電機製作所
黒崎播磨岸壁	黒崎窯業岸壁	土木・工業	八幡西区東浜町１－１	工業施設		石	×	
黒崎播磨研究施設	黒崎窯業施設	建築・工業	八幡西区東浜町１－１	工業施設		木	×	
黒崎播磨丸窯	黒崎窯業丸窯	土木・工業	八幡西区東浜町１－１	工業施設	昭和戦後期	煉瓦	×	
黒田湯	同上	建築・商業	八幡西区八千代町７－17	住居	１９３８	木	○	
傾城ヶ谷橋	同上	土木・水道	八幡東区景勝町	交通施設	１９２３	コンクリート	○	設計沼田尚徳・青崎秀雄／施工八幡製鐵
県立東筑尋常中学校正門	県立東筑高等学校正門	土木・教育	八幡西区東筑１丁目１－１	教育施設	１９０２	煉瓦	○	解体計画有
指場橋	同上	土木・水道	八幡東区景勝町	交通施設	１９２３	コンクリート	○	設計沼田尚徳・青崎秀雄／施工八幡製鐵
猿渡橋	同上	土木・交通	八幡東区大字大蔵	交通施設	１９２７	コンクリート	○	設計沼田尚徳他／施工八幡製鐵
山王市場	同上	建築・商業	八幡東区山王１丁目15－６	不動産預	１９４９	木	×	二〇〇九年解体
受注第一号機（安川電機）	同上	機械・工業	八幡西区黒崎城石２－１	静態保存	１９１７	鉄	×	製造安川電機製作所
製鐵所Ｅ６０１電気機関車	同上	機械・工業	八幡東区東田２丁目３番	静態保存		鉄	外観○	製造芝浦製作所
製鐵所大型工場	軌条工場の一部	建築・工業	八幡東区大字尾倉	工業施設	１９０１	鉄骨	×	設計独ＧＨＨ／施工八幡製鐵
製鐵所鬼ヶ原浄水場施設	同上	建築・水道	八幡東区天神町５－17	水道施設		コンクリート？	×	設計沼田尚徳？／施工八幡製鐵
製鐵所外輪工場	軌条工場の一部	建築・工業	八幡東区大字尾倉	工業施設	１９０６	鉄骨	×	設計米ＪＡＣＫＳＯＮ／施工八幡製鐵
製鐵所軌条工場	同上	建築・工業	八幡東区大字尾倉	工業施設	１９０１	鉄骨	×	設計独ＧＨＨ／施工八幡製鐵
製鐵所旧堂山製品岸壁	同上	土木・港湾	八幡東区東田５丁目	静態保存	１９２２	石	○	施工八幡製鐵
製鐵所鉱滓線宮田山トンネル	同上	土木・交通	八幡東区宮田町－戸畑区西大谷	工業施設	１９２９	煉瓦	外観○	設計施工八幡製鐵
製鐵所公餘倶楽部	高見倶楽部	建築・余暇	八幡東区高見１丁目３－３	余暇施設	明治中期～	木	×	設計施工八幡製鐵／一部増築改装
製鐵所修繕工場	第一機械整備作業場	建築・工業	八幡東区大字尾倉	工業施設	１９００	鉄骨	×	設計独ＧＨＨ／施工八幡製鐵
製鐵所初代本事務所	同上	建築・工業	八幡東区大字尾倉	静態保存	１８９９	煉瓦	×	設計山口半六？／施工八幡製鐵
製鐵所史料室	同上	建築・工業	八幡東区大字尾倉	事務施設	大正期	煉瓦	×	施工八幡製鐵
製鐵所第一変電所	同上	建築・工業	八幡東区大字尾倉	事務施設	大正期	煉瓦	×	施工八幡製鐵
製鐵所転炉	同上	機械・工業	八幡東区東田２丁目３番	静態保存	１９５４	鉄	○	

製鐵所トーピードカー	同上	機械・工業	八幡東区東田2丁目3番	静態保存		鉄	○	
製鐵所分塊工場	同上	建築・工業	八幡東区大字尾倉	工業施設	1899	鉄骨	×	設計独GHH／施工八幡製鐵
製鐵所養福寺貯水池旧事務施設	同上	建築・水道	八幡西区養福寺町	放置	1927	コンクリート	花見期	設計沼田尚徳他／施工八幡製鐵
末松商店	同上	建築・商業	八幡西区田町2丁目5－33	事務施設	1919	煉瓦	外観○	
スリーブベアリングモータ	同上	機械・工業	八幡西区黒崎城石2－1	静態保存	1918	鉄	×	製造安川電機製作所
製釘機	同上	機械・工業	八幡東区枝光2丁目7－7	静態保存	1897	鉄	許可制	製造米TheClevelandPunchandShearWorks
精米器	同上	機械・工業	八幡西区洞北町1－1	静態保存	1947	鉄	×	製造村上精機工作所
敷島湯	鉱滓煉瓦建築	建築・工業	八幡西区田町1丁目4－13	住居？		煉瓦	外観○	
祐岡ビル	同上	建築・商業	八幡東区西本町1丁目9－2	事務施設		木？	外観○	
太鼓橋	同上	土木・交通	八幡東区大字大蔵	交通施設	1927	コンクリート	○	設計草場助士郎／施工八幡製鐵
高崎家旧住宅	同上	建築・生活	八幡西区木屋瀬4丁目12－5	静態保存	1835	木	○	市指定文化財
高見神社	同上	建築・宗教	八幡東区高見1丁目1番	宗教施設	1942	木	○	設計角南隆／施工八幡製鐵
只越歩道橋	同上	土木・水道	八幡東区東丸山町－大蔵3丁目	交通施設	1925	鉄	○	設計沼田尚徳・青崎秀雄／施工八幡製鐵
龍の城橋	同上	土木・交通	八幡東区西台良町	交通施設	1931	煉瓦	○	
茶屋橋	同上	土木・交通	八幡東区茶屋町	交通施設	昭和初期	コンクリート	○	
槻田小学校講堂	槻田第一区民館	建築・教育	八幡東区宮の町2丁目3－14	行政施設	1908	木	外観○	
出先商店	同上	建築・商業	八幡西区東浜町9－3	商業施設		木	外観○	
鉄道院折尾駅	JR折尾駅	建築・交通	八幡西区堀川町1－1	交通施設	1916	木	○	解体計画有
等比型天秤	同上	機械・工業	八幡西区黒崎城石1－1	静態保存	1945頃	鉄	×	製造島津製作所
独人カールキヨラー君墓	同上	他・生活	八幡東区祇園原町6－21	宗教施設	1903	石	○	
中河内橋	同上	土木・交通	八幡東区河内1丁目	交通施設	1927	コンクリート	○	設計沼田尚徳・内山秀信／施工八幡製鐵
中間隧道	同上	土木・交通	八幡西区永犬丸南町2丁目－中間市	工業施設	1934	コンクリート	外観○	施工津田工業／半埋没
中山の田橋	同上	土木・水道	八幡東区豊町	交通施設	1923	コンクリート	○	設計沼田尚徳・青崎秀雄／施工八幡製鐵
ナショナル製製釘機	同上	機械・工業	八幡東区枝光2丁目7－7	静態保存	1912	鉄	許可制	製造米TheNationalMachinery
西只越橋	同上	土木・水道	八幡東区西丸山町	交通施設	1925	コンクリート	○	設計沼田尚徳・青崎秀雄／施工八幡製鐵
九州電気軌道皇后崎電停ホーム	同上	土木・交通	八幡西区皇后崎町2－27	放置	1914		外観○	二〇〇九年頃解体
日本国有鉄道D51－244号蒸気機関車	同上	機械・交通	八幡東区桃園3丁目1－5	静態保存	1939	鉄	○	製造鉄道省大宮工場
日本聖公会八幡聖オーガスチン教会	同上	建築・宗教	八幡東区大蔵2丁目6－47	宗教施設	1932	コンクリート	外観○	近年大幅改装

旧名称	現名称	分類	住所	現用途	竣工年	構造	見学可能	備考欄
日本福音ルーテル八幡教会	同上	建築・宗教	八幡東区石坪町2-3	宗教施設		木	外観○	
八角コアー型モータ	同上	機械・工業	八幡西区黒崎城石2-1	静態保存	1918	鉄	×	製造安川電機製作所
波里写真館	同上	建築・商業	八幡東区祝町2丁目13-10	商業施設		木	外観○	
ヒノヤマ醤油	同上	建築・工業	八幡東区祇園3丁目2-15	醸造施設		木	外観○	
東只越橋	同上	土木・水道	八幡東区西丸山町	交通施設	1925	コンクリート	○	設計沼田尚徳・青崎秀雄／施工八幡製鐵
百三十銀行八幡支店	北九州市旧百三十銀行ギャラリー	建築・金融	八幡東区西本町1丁目20-2	静態保存	1915	コンクリート	○	市指定文化財／設計辰野片岡事務所／施工阿部組
ボールベアリング付きモータ	同上	機械・工業	八幡西区黒崎城石2-1	静態保存	1929	鉄	×	製造安川電機製作所
堀川通橋梁	同上	土木・交通	八幡西区西折尾町	交通施設	1891	煉瓦	○	
マルメディー製製釘機	同上	機械・工業	八幡東区枝光2丁目7-7	静態保存	1912	鉄	許可制	製造独MALMEDIE&Co.A.G.DUSSELDORF
ミツトモ醤油	同上	建築・工業	八幡西区南鷹見町12-7	醸造施設		木	外観○	二〇〇七年解体
南河内橋	同上	土木・交通	八幡東区大字大蔵	交通施設	1926	鉄	○	国重要文化財、設計沼田尚徳・西島三郎／施工八幡製鐵
南山の田橋	同上	土木・水道	八幡東区大字大蔵	水道施設	1927	鉄骨	○	設計沼田尚徳・青崎秀雄／施工八幡製鐵
三好鉱業エンドレスロープ台座	同上	土木・工業	八幡西区折尾5丁目9番	放置	1914	コンクリート	○	
三好徳松君像台座	同上	土木・工業	八幡西区三ツ頭1丁目11-20	静態保存	昭和初期		○	
モータ制作第一号機	同上	機械・工業	八幡西区黒崎城石2-1	静態保存	1916	鉄	×	製造安川電機製作所
安川電機本社	同上	建築・工業	八幡西区黒崎城石2-1	事務施設	1954		外観○	設計A・レーモンド／施工大林組、一部解体
安田工業八幡工場	同上	建築・工業	八幡東区枝光2丁目7-7	工業施設	1912	煉瓦	許可制	設計辰野片岡事務所、一部解体
八幡住宅建築	夢屋	建築・商業	八幡東区中央3丁目4-14	商業施設		木	○	
八幡市立大蔵小学校	北九州市立大蔵小学校	建築・教育	八幡東区勝山1丁目1-1	教育施設	1929	コンクリート	外観○	二〇一〇年解体
八幡市立平野小学校	北九州市立花尾小学校・平野校舎	建築・教育	八幡東区平野3丁目4-1	教育施設	昭和戦前期	コンクリート	外観○	
養福寺貯水池	同上	土木・水道	八幡西区養福寺町	水道施設	1927	石	花見期	設計沼田尚徳他／施工八幡製鐵
横尾旧邸	同上	建築・生活	八幡東区宮の町2丁目5-20	住居	1935頃	木	×	
龍潜寺太鼓橋	同上	土木・交通	八幡東区祇園原町6-21	宗教施設		煉瓦	○	
旅館鈴や	同上	建築・商業	八幡東区白川町10-22	住居？		木	×	二〇〇九年頃解体
煉瓦建築	同上	建築・商業	八幡東区枝光3丁目1-8	倉庫？		煉瓦	×	
戸畑								
旭硝子北九州工場事務所	同上	建築・工業	戸畑区牧山5丁目1-1	工業施設	1935	コンクリート	×	二〇一〇年解体

朝日湯	同上	建築・商業	戸畑区千防3丁目10－5	商業施設		木	○	
いくよ旅館	同上	建築・商業	戸畑区南鳥旗町7－3	商業施設	1913	木	○	
一文字岸壁及び記念碑	同上	土木・港湾	戸畑区銀座2丁目	港湾施設	1926	石	×	
往復動型空気圧縮機	同上	機械・教育	戸畑区仙水町1－1	静態保存		鉄	○	屋外保存
回転整流機	同上	機械・教育	戸畑区仙水町1－1	静態保存	大正期？	鉄	○	製作・芝浦製作所／屋外展示
北一枝跨線橋橋台	同上	土木・交通	戸畑区一枝2丁目	静態保存	1930頃	煉瓦	○	設計草場助士郎／施工八幡製鐵
明治専門学校表門守衛所	九州工業大学表門守衛所	建築・教育	戸畑区仙水町1－1	教育施設	1909	木	○	設計辰野葛西事務所／施工鴻池組
明治専門学校鉱山工学科	九州工業大学産学交流プラザ	建築・教育	戸畑区仙水町1－1	静態保存	1927	コンクリート	外観○	
共同漁業ビル	日本水産北九州営業所	建築・商業	戸畑区銀座2丁目6－27	事務施設	1936	コンクリート	外観○	設計施工竹中工務店
ジグ中ぐり盤	同上	機械・教育	戸畑区仙水町1－1	教育設備		鉄	×	製作・スイスSIP社
中将湯	同上	建築・商業	戸畑区三六町10－21	商業施設	大正期	木	○	
戸畑市役所	戸畑区役所	建築・行政	戸畑区新池1丁目1－1	事務施設	1933	コンクリート	○	設計福岡県営繕課／施工鴻池組
ニチモウ戸畑事業所倉庫	同上	建築・商業	戸畑区銀座2丁目6番	倉庫		煉瓦	外観○	
バックトン引張試験機	同上	機械・教育	戸畑区仙水町1－1	静態保存	1921頃	鉄	○	製作・英Buckton社／屋外展示
平削盤	同上	機械・教育	戸畑区仙水町1－1	教育設備		鉄	×	
豊前銀行戸畑支店	大分銀行戸畑支店	建築・金融	戸畑区旭町1－18	金融機関	1937	コンクリート	外観○	
ペルトン水車	同上	機械・教育	戸畑区仙水町1－1	静態保存		鉄	○	屋外展示
松本健次郎邸・日本館	西日本工業倶楽部・日本館	建築・生活	戸畑区一枝1丁目4－33	余暇施設	1911	木	年2回	国重要文化財／設計久保田小三郎／施工安川松本商店
松本健次郎邸・洋館	西日本工業倶楽部・洋館	建築・生活	戸畑区一枝1丁目4－33	余暇施設	1911	木	年2回	国重要文化財／設計辰野片岡事務所／施工安川松本商店
明治紡績工場施設？	新栄運送	建築・工業	戸畑区牧山新町2－15	工業施設		煉瓦	外観○	
明治紡績施設	日本溶接協会九州検定試験場	建築・工業	戸畑区牧山新町2－15	工業施設		煉瓦	外観○	
明治紡績戸畑工場	磯部組施設	建築・工業	戸畑区牧山新町7－8	工業施設	大正期以前	煉瓦	×	大部分二〇〇六年解体
安川寛旧邸	同上	建築・生活	戸畑区一枝1丁目4－23	住居	1938	木	×	設計施工清水組
ゐのくち式ポンプ	同上	機械・教育	戸畑区仙水町1－1	静態保存		鉄	○	製作・荏原製作所／屋外展示
ラジアルボール盤	同上	機械・教育	戸畑区仙水町1－1	教育設備		鉄	×	製作・米会社

＊このリストは編纂のため作成した一次リストです。リスト作成には注意を払い、個人宅などプライバシーに抵触する物件については極めて重要なものを除き掲載を自粛いたしました。お近くに建物・土木など、ここに掲載されていない物件がございましたら、是非ともご連絡の程、宜しくお願いいたします。（市原猛志）

参考文献・資料

《全般的共通文献》
『北九州市史』（平成三年）および旧五市史
『北九州市産業史』および『北九州市土木史』（ともに平成十年）
『北九州市の建築』および『北九州市の土木』（ともに平成八年）
『福岡県の近代化遺産』（一九九三年）
『北九州市における産業観光振興策』九州大学萩島研究室・北九州市、平成十七年

《門司地区》
宮澤智士『重要文化財門司港駅』門司港駅保存会、平成元年
『門司港駅九十年の歩み』門司港駅、昭和五十六年
門司税関『門司税関八十年のあゆみ』一九八九年
片野博『旧門司税関（報告書）』平成四年
北九州市『海峡の街　門司港レトロ物語』北九州都市協会、平成八年
門司教育支会編『門司市の地理』
刊行会編『門司郷土叢書』刊行会、一九五三〜一九七〇年
農林水産省福岡食糧事務所『門司政府倉庫六十年のあゆみ』同事務所、一九八八年
片野博『商船三井ビル　その建築的特徴と門司港との関係』北九州市、平成四年
『海峡の街　門司港レトロ物語』北九州都市協会、平成八年
日本経営史研究会編『創業百年史』大阪商船三井船舶、昭和六十年
Delirious New York, Rem Koolhaas,1994
中子真治・海野弘編『アールデコの世界3　アメリカン・デコの楽園』学習研究社、一九九〇年
片野博他『旧大連航路待合室調査委託報告書』一九九七年
北村隆夫『近代建築のコンテクスト』彰国社　一九九九年
堀勇良『文化庁調査報告書』
神戸製鋼所編『神戸製鋼七十年』神戸製鋼所、一九七四年
神鋼メタルプロダクツ編「All About Our Company」
塩山誠編S35．『日糖六十五年史』大日本製糖株式会社、昭和三十五年
宮武正三「大里臨海部の開発経緯と産業建築群の保存に関する研究」（九州工業大学大学院修士論文）平成十七年
渡邊祐介「名経営者決断の背景第十回　金子直吉」『PHP Business Review』ＰＨＰ総合研究所、平成十七年
日本製粉社史委員会編『日本製粉七十年史』日本製粉、昭和四十三年
村上嘉代子「曾祖父は近代製粉の父」『日本経済新聞』平成十三年八月一日
和田寿次郎編『浅野セメント沿革史』浅野セメント株式会社、昭和十五年
木村徹『浅野総一郎』時事通信社、昭和四十七年
山本公一「石灰石鉱山の盛衰（東谷地区を中心として一）」山本公一『三谷むかし語り合本第一巻』むかし話をする会、平成九年
原剛『明治期国土防衛史』錦正社、平成十四年
『わが町の歴史・小倉』総合出版、昭和五十六年
『足立山麓の史跡を探る』せいうん、平成十六年

《小倉地区》
『東京製綱七十年史』東京製綱、昭和三十二年
『昭和四十九年版環境白書』環境庁
『大曹七〇年のあゆみ』大阪曹達、昭和六十一年

松尾宗次「技術者群像8ソーダを作った先駆者たち」『ひろば北九州8月号』北九州都市協会、平成十六年
小倉警察署『小倉警察署記念写真帳　移転記念』昭和三年
福岡県議会史事務局『詳説福岡県議会史　明治編上巻』昭和二十七年
北九州市小倉医師会編『小倉医師会史』昭和五十六年
『公文録』『太政類典』国立公文書館所蔵
『閉鎖登記簿（旧小倉警察署）』福岡法務局北九州支局所蔵
奈良崎博保「小倉鉄道とその機関車」（『レイル』プレスアイゼンバーン、一九七八・五）
小野田滋「北九州地方に複線断面の単線トンネルを訪ねて」（『鉄道ピクトリアル』一九九二・三月増刊、鉄道図書刊行会）
『日本鉄道史』鉄道省、大正十年
『鉄道年表』国鉄門司鉄道管理局、昭和四十四年
『線路縦断面図（昭和三十九年一月現在）』国鉄門司鉄道管理局
伊東孝『日本の近代化遺産』岩波書店、平成十二年
『小倉、京町いまむかし－湖月堂創業史』湖月堂、平成十四年

《若松地区》

『社団法人若松石炭協会五十年史』社団法人若松石炭協会、昭和三十二年
石崎敏行『若松を語る』昭和九年
『若松百年年表（郷土若松特集号）』北九州市若松図書館、昭和四十四年
日本建築学会編『日本近代建築総覧』技報堂出版、昭和五十四年
『若築建設一一〇年史』若築建設、平成十二年
『若松石炭協会五十年史』若松石炭協会、一九五七年
長弘雄次「石炭積出港として栄えた若松港の生成と発展」『嘉飯山郷土研究会誌』一三　平成十一年
北九州COSMOSクラブ実測図（麻生鉱業）
麻生太吉傳刊行会『麻生太吉傳』昭和九年
『住友銀行三十年史』住友銀行、大正十五年
『住友銀行史』住友銀行、昭和三十年
『閉鎖登記簿（住友銀行）』福岡法務局八幡出張所所蔵
『麻生百年史』麻生セメント、一九七五年
『福岡県自治産業史』門司新報社、昭和十二年
『平成十六年文化庁登録有形文化財申請書（金鍋）』
久保田博『追憶の蒸気機関車』グランプリ出版、二〇〇二年
『車両形式図　蒸気機関車』日本国有鉄道車両局、昭和二十七年
『石炭と若松駅』若松駅史編集委員会、昭和六十一年

《八幡地区》

『八幡製鐵所八十年史』新日本製鐵株式会社八幡製鐵所、昭和五十五年
『わが故郷　八幡』北九州八幡信用金庫、一九九五年
中井励作『鐵と私』鉄鋼と金属社、昭和三十一年
開田一博「創立期における官営八幡製鉄所尾倉修繕工場の設計と建設について」日本建築学会九州支部研究報告、平成十六年
開田一博「官営八幡製鉄所の開設に向けた技術者の陣容と担当分野について」日本建築学会全国大会研究報告、平成十六年
開田一博「創立期における官営八幡製鉄所工場建築の設計と建設について」日本建築学会九州支部研究報告、平成十七年
開田一博「官営八幡製鉄所国産第一号工場のロール旋削工場建築について」日本建築学会全国大会研究報告、平成十七年
田中禎彦「日本人建築家の軌跡」『日本の美術』四四八、至文堂
青井哲人「角南隆　技術官僚の神域・機能主義・地域主義と〈国魂神〉」『建築文化』二〇〇〇年一月号（モダニスト再考Ⅱ）
「高見神社御由緒」高見神社所蔵

ゲーテ『イタリア紀行』岩波書店
『八幡製鐵所土木誌』八幡製鐵株式会社、昭和五十一年
成瀬輝男編『鉄の橋百選』東京堂出版
溝上宏明「官営八幡製鐵所河内貯水池の技術史的考察」九州芸術工科大学大学院修士論文、一九九八年
佐々暁生「明治～昭和戦前期における鉄筋コンクリート橋のデザインに関する史的研究」（東京大学生産技術研究所修士論文）一九九九年
「ARTISTIC BRIDGE DESIGN」TYRRELL、一九〇八年
時里奉明「官営八幡製鐵所の創業と都市社会の形成」『福岡県史 通史編近代産業経済（一）』平成十五年
田辺聖子『花衣ぬぐや　まつわる……我が愛の杉田久女』集英社、一九八七年
『黒崎窯業五十年史』黒崎窯業、一九六九年
『安川電機四十年史』（株）安川電機、昭和三十一年
『安川電機七十五年史』（株）安川電機、平成二年
『安川第五郎伝』安川第五郎伝刊行会、昭和五十二年
『道草人生：安川寛聞書』西日本新聞社、平成元年
『建築物調査報告書（本社事務所）』（株）安川電機、平成十五年
西村徹「敬止館道場物語」『KENDOJIDAI』二〇〇三年十二月号
『三菱化成社史』三菱化成工業、一九八一年
『増補水巻町誌』水巻町、二〇〇一年
田原耕作編『JR折尾駅一〇〇年のあゆみ』平成三年
『折尾駅開業一〇〇周年記念』JR九州折尾駅、平成三年
『建築三〇年記念史』門司鉄道管理局、一九七〇年
『鉄道記念写真帖』門司鉄道局折尾駅、昭和九年
小野田滋「組積造による斜めアーチに関する研究」『鉄道総研報告』特別第27号、（財）鉄道総合技術研究所、一九九八年
小野田滋「西鉄北九州線の煉瓦構造物を訪ねて」『鉄道ピクトリアル』No.668、鉄道図書刊行会、一九九九年
小野田滋『JTBキャンブックス鉄道構造物探見』JTBパブリッシング、二〇〇三年
大塚孝「廃止を目前に控えた西鉄の本流北九州線」『鉄道ファン』No.475、交友社、二〇〇〇年
『アーチ高架橋現況図』西日本鉄道
「大辻炭礦七十年史（稿本）」『石炭研究資料叢書』No.1、九州大学石炭研究資料センター、一九八〇年

《戸畑地区》

田辺朔郎『トンネル』丸善出版、大正十一年
『若松戸畑市新地図』駸々堂旅行案内部、大正九年
岡本信男『近代漁業発達史』水産社、昭和四十年
『福岡県蒲鉾史』福岡県蒲鉾組合連合会、平成四年
松尾宗次「技術者群像17　戸畑漁港を発展させた人たち」『ひろば北九州』北九州都市協会　平成十七年
『社史』旭硝子㈱、一九六八年
『九州工業大学　資料館案内』九州工業大学、平成元年
『明治専門学校写真帖』明治専門学校、大正二年
『撫松餘韻』松本健次郎、昭和一〇年
『松本健次郎懐旧談』清宮一郎、昭和二十七年
『福岡県工場鉱山大観』福岡県鉱工連合会、昭和十二年

《補論》

一柳正樹『官営製鉄所物語　上巻』鉄鋼新聞社、一九五八年
景山齊『製鐵むかしがたり』一九六四年
『製鐵所写真帖』製鐵所購買会、大正三年、昭和七年
富増万左男『絵本　八幡製鐵所今昔』一九八一年

朝日新聞西部本社『九州のまつり　秋冬篇』葦書房、一九八三年
福岡県『福岡県文化百選　1　祭り・行事編』西日本新聞社、一九八八年
『製鉄文化』
『増補改訂遠賀郡誌』下巻、遠賀郡誌復刊刊行会、一九六二年、原本は一九一五年
『大正12年4月1日現在製鉄所事業一覧』一九二三年
橋本能保利「本邦製鉄業労働事情概説」『社会政策時報』一九二六・七年
『昭和8年2月現在製鐵所福利施設概要』一九三三年
『厚生課五十年史』八幡製鐵所総務部厚生課、一九五八年
大坪純『わが七十七年の生涯』一九七六年
古賀良一編『北九州地方社会労働史年表』西日本新聞社、一九八〇年
『新日本製鐵所株式会社社宅史』新日本製鐵株式会社、一九八三年
『八幡製鐵所病院九十年史』八幡製鐵所病院、一九九〇年
『くろがね』八幡製鐵所所内報
『遠想　沼田尚徳の事績と詩情』つちき会四十年記念小誌、平成十七年
『福岡県史　通史編近代産業経済（二）』福岡県、平成十二年
徳本正彦『北九州市成立過程の研究』九州大学出版会、一九九一年
金尾宗平『福岡県地誌』刀江書院、昭和十および十三年
杉野國明「北九州における工業立地と土地利用問題」『立命館経済学』二一－六、一九七三年
金森誠之「北九州都市群の形成」『都市計画』一、昭和十七年
赤岩勝美「北九州地方計画上の諸問題」『都市計画』四、昭和十八年
成田龍一編『近代日本の軌跡9都市と民衆』吉川弘文館、一九九三年
大石嘉一郎・金澤史男編『近代日本都市史研究』日本経済評論社、二〇〇三年
「北九州の建築１００選」『建築ジャーナル』二〇〇二年七月号〜二〇〇四年八月号
「もじまちづくりニュースNo.1〜No.24」門司まちづくり21世紀の会
『門司港レトロ物語』北九州市（財）北九州都市協会、平成八年
『北九州市観光動態調査報告書』北九州市、平成十六年
「レトロタイムズNo.1〜No.19」門司港レトロ倶楽部
『門司百年』北九州市門司区役所
『北九州都市計画事業　東田土地区画整理事業のあゆみ』北九州市東田土地区画整理組合、平成十四年
『鋼構造物施工の変遷』新日鐵㈱エンジニアリング事業本部プラント事業部、昭和五十八年
北九州市・新日本製鐵株式会社『東田第一高炉（１９０１）の今後のあり方に関する調査委員会報告書』一九九四年
出口隆「遊休化した生産施設の保存と活用　ルール地方（ドイツ）の事例と北九州」『ひろば北九州』北九州都市協会
吉田一芳「東田高炉記念広場協賛会始末記」『ひろば北九州』北九州都市協会、一九九一年
山本理佳「新聞報道における「市民運動」の構築－北九州市の高炉保存をめぐる動きから」『人間文化論叢』お茶の水女子大学大学院人間文化研究科、第七巻、二〇〇五年
山本理佳「近代産業景観をめぐる価値－北九州市の高炉施設のナショナル／ローカルな文脈」『歴史地理学』歴史地理学会、四八－一、二〇〇六年
『創業一〇〇年史』古河鉱業株式会社、昭和五十一年
『旧古河鉱業若松支店ビル調査報告書』
防衛庁防衛研修所戦史室『（戦史叢書）本土防空作戦』朝雲新聞社、一九六八年

防衛庁防衛研修所戦史室『（戦史叢書）陸軍軍需動員2－実施編』朝雲新聞社、一九七〇年

防衛庁防衛研修所戦史室『（戦史叢書）本土決戦準備2－九州の防衛』朝雲新聞社、一九七二年

下志津修親会『高射戦史』同会、一九七八年

佐藤昌一郎『陸軍工廠の研究』八朔社、一九九九年

吉野興一『風船爆弾－純国産兵器「ふ号」の記録』朝日新聞社、二〇〇〇年

航路啓開史編纂会『日本掃海－航路啓開五十年の歩み』国書刊行会、二〇〇二年

松野誠也『日本軍の毒ガス兵器』凱風社、二〇〇五年

編集委員会『小倉陸軍病院の思い出』小倉陸軍病院戦友会、一九七五年

編纂委員会『北部九州砲兵概史』山吹会、一九七六年

北部九州郷土部隊史料保存会編『兵旅の賦－北部九州郷土部隊七十年の足跡 第1巻明治大正編』西日本新聞社、一九七六年

案浦照彦『兵旅の賦－北部九州郷土部隊70年の足跡 第2巻昭和編』北部九州郷土部隊史料保存会、一九七八年

林えいだい『風船爆弾』あらき書店、一九八五年

『下関重砲兵聯隊史』刊行委員会、一九八五年

編集委員会『歩兵第十四聯隊史』編者発行、一九八七年

編集委員会『小倉陸軍造兵廠史』小倉陸軍造兵廠同窓会、一九八八年

編集委員会『続 小倉陸軍造兵廠史』小倉陸軍造兵廠同窓会、一九八九年

月輪時祺『芦屋飛行場物語－建設から米軍撤収まで（昭和十四年～昭和三十五年）』航空自衛隊芦屋基地

工藤瀞也『小倉と原爆－軍都小倉と毒ガス爆弾・風船爆弾製造の記録』あらき書店、一九九七年

工藤洋三（講演）『ターゲットはＫＯＫＵＲＡ』北九州の戦争を記録する会（準備会）、一九九八年

後藤新八郎「第二次大戦末期における関門海峡の防衛について」『軍事史学』第五十三号、一九七八年

坂本悠一「米軍による八幡製鐵所空襲について－原料コークス問題との関連で」長野暹編『八幡製鐵所史の研究』日本経済評論社、二〇〇三年

戦争遺跡保存全国ネットワーク編『戦争遺跡は語る』かもがわ出版、一九九九年

寺田近雄『日本全国保存兵器ガイド』文春ネスコ、二〇〇二年

十菱駿武・菊池実編『しらべる戦争遺跡の事典』柏書房、二〇〇二年

十菱駿武・菊池実編『続 しらべる戦争遺跡の事典』柏書房、二〇〇三年

戦争遺跡保存全国ネットワーク編『戦争遺跡から学ぶ』岩波書店、二〇〇三年

安島太佳由『日本の戦跡を見る』岩波書店、二〇〇三年

飯田則夫『図説 日本の軍事遺跡』河出書房新社、二〇〇四年

戦争遺跡保存全国ネットワーク編『保存版ガイド 日本の戦争遺跡』平凡社、二〇〇四年

歴史教育者協議会編『増補 平和博物館戦争資料館ガイドブック』青木書店、二〇〇四年

菊池実『近代日本の戦争遺跡』青木書店、二〇〇五年

北九州地区軍施設保存の会編『北九州地区軍施設保存の会回顧録』編者、一九七四年

北九州史跡同好会編『北九州の史跡探訪－知的なレジャーのために（増補・改訂版）』福岡自費出版センター、一九九〇年

島崎義弘・大石正信編『戦後五十年 給水塔（旧陸軍小倉造兵廠）保存推進の記録』給水塔保存推進会議、一九九五年

編集委員会『大牟田・荒尾の戦争遺跡ガイド』大牟田の空襲を記録する会、二〇〇〇年
砂田光紀・九州運輸局『九州遺産－近現代遺産編１０１』弦書房、二〇〇五年
北九州平和資料館をつくる会編『戦争の語り部 北九州の戦争遺跡』編者、二〇〇六年
工藤洋三編・奥住喜重訳『米軍資料 八幡製鉄所空襲－Ｂ29による日本本土初空襲の記録』北九州の戦争を記録する会、二〇〇〇年
工藤洋三編・奥住喜重訳『米軍資料 北九州の空襲－八幡・門司・佐世保・大分への焼夷空襲の記録』北九州の戦争を記録する会、二〇〇二年
今村元市『ふるさとの思いで 写真集 明治大正昭和 小倉』国書刊行会、一九七九年
今村元市『ふるさとの思いで 写真集 明治大正昭和 八幡』国書刊行会、一九八二年
北九州市住まい・生活展実行委員会編『北九州思い出写真館』北九州都市協会、一九九三年
北九州市編『北九州・戦時下の市民のくらし』北九州市立歴史博物館、一九九五年
出口隆監修『目で見る北九州の１００年』郷土出版社、二〇〇一年
工藤洋三編『（ＶＴＲ）戦略爆撃調査団が記録した北九州の空襲』北九州の戦争を記録する会、一九九九年
工藤洋三編『（ＶＴＲ）八幡製鉄所空襲－Ｂ29による日本本土初空襲の記録』北九州の戦争を記録する会、二〇〇一年
文化庁文化財部記念物課「近代遺跡の所在調査（戦跡）一覧」二〇〇二年六月二十八日（畑野君枝参議院議員の調査にたいする回答）

ウェブサイト

近代化産業遺産総合リスト（市原猛志）
http://bunhaku.hp.infoseek.co.jp/heritage-top.html
歴史的建築総目録データベース
http://glohb-ue.eng.hokudai.ac.jp/　日本建築学会
門司税関　http://www.moji-customs.go.jp/
北九州の観光案内
http://www.city.kitakyushu.jp/page/kankou/midokoro/index.html 北九州市経済文化局観光課、平成十八年
分離派建築博物館　－山田　守の建築－
http://www.sainet.or.jp/～junkk/
アジア歴史資料センター　http://www.jacar.go.jp/
戦捜録（望月創一）　http://www1.linclub.or.jp/
北九州の戦争を記録する会
http://kirokusurukai.hp.infoseek.co.jp/
北九州市まちかど探検
http://members.jcom.home.ne.jp/eirakuan/
国土画像情報（カラー空中写真）
http://w3land.mlit.go.jp/WebGIS/index.html
門司港ＴＶ
http://mojiko.tv/

あとがき

本書刊行のきっかけは、九州産業考古学会北九州メンバーで月例読書会を始めたことである。メンバーの市原猛志君がまとめた『北九州市における産業観光振興策』に触れ、近代化遺産を産業観光だけでなく、まちづくりデータにしよう、その出版を目指そう、そのために執筆メンバーを募ろう、と話が急展開した。「勢い」だったのだろう、出版の実現性も考えずに出発した。執筆項目を具体化した企画と本書「はじめに」にある「呼びかけ文」を清水が作成し、周辺に声をかけていった。昨年六月からボランタリーな月例の研究会を始めた。出版は、①主要近代化遺産の「物語り」、②保存運動、③一覧リスト、という三部構成として、既成出版物との違いを打ち出すことを確認した。

十月に入ると弦書房の小野氏と面談し、出版の了解を得た。弦書房は『九州遺産』の出版が好評を博しており、地域文化の担い手として願ったりであった。出版社が確定すると、作業に弾みがついた。それ以降は、原稿を持ち寄って検討会の形をとり、隔週で集まった。本年四月末に原稿渡しをするまで、十三回の会合を持った。

わずか一年余で出版にこぎ着けることができた。短期間での執筆が可能な、それぞれの分野の専門家が集まった結果といえる。しかし、執筆者はバラエティに富んでおり、建築・まちづくりの専門家ばかりではない。それどころか、私を含めて建築に関しては素人が多い。このために先行刊行物には多いに助けられた。また、所期の目的であった「物語り」が十分に語られているか、忸怩たる思いにかられる。いつものように、出版した途端に、改訂への思いも募る。本書執筆者を中心に「北九州地域史研究会」を拡充して、地道な研究作業を積み重ねていくことで、この思いを形にしていきたい。

二〇〇六年十月

代表して　清水憲一

〈資料提供者・協力者〉

北九州市立中央図書館、北九州市立文書館、北九州都市協会、北九州市門司区役所まちづくり推進課、北九州市八幡西区役所まちづくり推進課、北九州市若松区役所まちづくり推進課、農林水産省福岡食糧事務所、洋建築計画事務所、ＮＰＯ法人門司赤煉瓦倶楽部、神鋼メタルプロダクツ、ＮＰＯ法人北九州ＣＯＳＭＯＳクラブ、湖月堂、わかちく史料館、料亭金鍋、あやどりマーケット、園山質店、新日本製鐵八幡製鐵所、高見神社、三菱化学黒崎事業所、黒崎播磨、末松商店、旭硝子北九州工場、東京製綱九州支店、安田工業八幡工場、日華油脂若松工場、ＮＴＴ西日本門司営業所、聖林公司、ＪＲ九州小倉工場、石炭会館、社団法人日本溶接協会福岡県支部、九州工業大学（総務課、１００周年記念事業推進室、機械工学教室）、九州国際大学（図書館、社会文化研究所）

（多くの個人の方々にもお世話になりましたが、ご氏名は割愛させていただきます）

〈執筆者紹介〉

赤川貴雄　１９６６年、大阪府生まれ。北九州市立大学環境空間デザイン学科助教授（建築論・アーバンデザイン）

瓜生浩義　１９２３年、福岡県生まれ。元日本炭砿（株）職員組合長（郷土史）

大久保裕文　１９４９年、福岡県生まれ。大久保計画アトリエ代表取締役（都市計画）

大塚　孝　１９４８年、福岡県生まれ。(社)日本鉄道車両機械技術協会九州支部（鉄道車両工学）

尾道建二　１９４６年、長崎県生まれ。九州共立大学工学部建築学科教授（建築史）

坂本悠一　１９４７年、高知県生まれ。九州国際大学経済学部教授（経済史）

菅　和彦　１９４６年、徳島県生まれ。新日本製鐵（株）ＯＢ（開発プランニング）

砂場一明　１９４５年、福岡県生まれ。九州産業考古学会（軍事遺産）

竹中康二　１９６８年、福岡県生まれ。ＮＰＯ法人門司赤煉瓦倶楽部事務局長

陳　昊　１９７２年、中国生まれ。九州工業大学附属図書館史料室研究員（日本教育史）

時里奉明　１９６３年、福岡県生まれ。筑紫女学園大学文学部助教授（日本近代史）

長妻靖彦　１９３６年、愛知県生まれ。毎日新聞ＯＢ、九州国際大学・九州産業大学非常勤講師（九州経済論）

西村博道　１９４５年、福岡県生まれ。(有)西村建築事務所・ＮＰＯ法人北九州ＣＯＳＭＯＳクラブ会長（建築設計・監理）

開田一博　１９４４年、熊本県生まれ。新日本製鐵（株）ＯＢ（建築技術）

松田　寛　１９７１年、福岡県生まれ。和田電機工業㈱、産業技術史学会理事（炭坑史）

迎由理男　１９４８年、兵庫県生まれ。北九州市立大学経済学部教授（近代財政・金融史）

山口　久　１９３８年、佐賀県生まれ。若松南海岸通の歴史と景観を考える会々長

山本理佳　１９７６年、長崎県生まれ。お茶の水女子大学大学院人間文化研究科博士課程（社会・文化地理学）

吉崎　祥　１９５２年、福岡県生まれ。ＬＣＡ代表

若宮幸一　１９４８年、福岡県生まれ。中央興産（株）常務取締役・若松郷土史会事務局長（郷土史）

（編集代表）

清水憲一　１９４８年、島根県生まれ。九州国際大学大学院企業政策研究科長・教授（近代地域経済史）
〔業績〕『北九州市産業史』（編著、北九州市、１９９８）、『八幡製鐵所史の研究』（共著、日本経済評論社、２００３）

（編集）

青地　学　１９７６年、兵庫県生まれ。（独）雇用・能力開発機構八幡職業能力開発促進センター機械系講師（溶接施工学）
〔業績〕「実用マグネシウム合金継手の溶接施工に関する研究」（共著、軽金属溶接、２００４年）、「堀川の現状と産業遺産」（技能と技術、２００４年）

市原猛志　１９７９年、福岡県生まれ。九州大学人間環境学府博士課程（産業考古学）
〔業績〕『北九州市産業観光ガイドブック』（監修：北九州市、２００６）、「北九州市の近代化遺産」（共著、『県史だより』１２１、福岡県地域史研究所、２００５年）

北《きた》九《きゅう》州《しゅう》の近《きん》代《だい》化《か》遺《い》産《さん》

二〇〇六年十一月二十五日第一刷発行
二〇一一年 四 月二十五日第三刷発行

著　者　北九州地域史研究会©
発行者　小野静男
発行所　弦　書　房
（〒810・0041）
福岡市中央区大名二－二－四三
ELK大名ビル三〇一
電　話　〇九二・七二六・九八八五
FAX　〇九二・七二六・九八八六

印刷　アロー印刷株式会社
製本　篠原製本株式会社

ISBN978-4-902116-71-7 C0026

◆弦書房の好評既刊

九州遺産　近現代遺産編101
砂田光紀

近代九州を作りあげた産業・文化遺産の数々を迫力ある写真と共に紹介。見どころを地図を付して詳細にガイド。旧国鉄施設、ダム、教会、軍事遺産、橋、炭鉱等を掲載。
【A5判・並製　272頁　オールカラー版】2100円

有明海の記憶
池上康稔

有明、母なる海よ――。180点のモノクロ写真でたどる昭和30年～40年代のいとおしくも懐かしき人と風物が織りなす交響詩。心のなかの風景が甦る写真集。
【菊判・並製　176頁】2100円

不知火海と琉球弧
江口司

豊饒の海・不知火海沿岸から黒潮洗う沖縄、八重山、奄美まで、現地を歩き船に乗り、写真を撮り続けてきた著者が、海と人とが紡ぎ出す民俗世界にわけ入り、ペンとカメラで描き出す探索行。
【A5判・並製　256頁】2310円

天草潮風紀行
小林健浩

生まれ育った天草を撮り続けて11年。天草全島の四季折々の魅力を、海、里、祭、子ども、花、彩り、自然の七つの分野別に約180点のカラー写真で紹介する写真紀行。
【A5判・並製　160頁】1995円

九州・鉄道ものがたり
桃坂豊

鉄路の旅の話から、歴史、技術や設備、そして鉄道を支える人々まで、九州の鉄道にまつわる90の物語を約350点の写真と共に紹介。鉄道を愛するすべての人に贈る一冊。
【A5判・並製　176頁】2100円

＊表示価格は税込